THE STATE

IN THE CHANGE OF
SOCIAL RELATIONS (Vol.1)

（第一卷）

关系中的
国家

徐勇 著

社会科学文献出版社
SOCIAL SCIENCES ACADEMIC PRESS (CHINA)

社会并不只由个人所组成，它还体现着个人在其中发现自己的各种联结和关系的总和。

　　人们在研究国家状况时很容易走入歧途，即忽视各种关系的客观本性，而用当事人的意志来解释一切。但是存在着这样一些关系，这些关系既决定私人的行动，也决定个别行政当局的行动，而且就像呼吸的方式一样不以他们为转移。

　　现实的关系决不是国家政权创造出来的，相反地，它们本身就是创造国家政权的力量。

——马克思

自　序

　　任何一门科学的产生，都是为了让人们的生活更美好，尽管其成效有限，因此也才有了对科学的不懈追求。政治学也是如此。

　　政治学是以国家为主要研究对象的科学。

　　国家是人们为了生活得更美好而产生的，尽管它经常会给人们带来巨大的痛苦和伤害。由此就有了对国家的治理，有了对善治的追求，尽管有恶治相随。

　　国家和国家治理是在漫长的历史过程中形成的，也是一个不断改进完善的过程。

　　国家和国家治理受制于历史条件，也是人为的活动，从而会形成一定的具有持续性的制度，并伴随着复杂的政治现象。

　　制度是凭空而来，偶然产生的，还是有其内在依据和基本逻辑？复杂和反复发生的政治现象是主观意志的产物或者互不关联的一堆碎片，还是有内在的条件所限，有其必然性？这是国家和国家治理研究中的深层问题。

　　进入世界体系以后，任何国家的进程都处于世界历史之中，必然面临着道路选择和对自己历史的认知问题。由于西方国家的近代领先地位，人们很容易以西方为政治范本。同时，对本国文明与政治历程抱有偏爱的人也不少。[①] 这两种看法都没有意识到，国家的演进不只是

---

① 钱穆先生是在近代以来西化声中对中国政治抱有极高评价的代表性学者。（转下页注）

观念的产物，更是历史条件的产物，受历史条件形成的各种关系的制约。

马克思以深邃的目光，透过复杂的现象发现内在的根据。他认为："人们在研究国家状况时很容易走入歧途，即忽视各种关系的客观本性，而用当事人的意志来解释一切。但是存在着这样一些关系，这些关系既决定私人的行动，也决定个别行政当局的行动，而且就像呼吸的方式一样不以他们为转移。"①

"现实的关系决不是国家政权创造出来的，相反地，它们本身就是创造国家政权的力量。"② 处于各种关系制约中的国家，如何处理各种关系，便是国家治理的基本问题。

本书将从人类社会关系的视角研究国家，运用历史比较方法，研究中国的国家和国家治理是如何生成、演进和改变的。

本书的核心观点是：

随着人类社会关系的不断扩展丰富，形塑和改变着国家和国家治理；在中国的文明进程中，依次出现的社会关系不是简单的断裂和重建，而是长期延续、不断扩展和相互叠加，由此造成制度的重叠式变迁和政治现象的反复性出现，并通过国家治理体系的改进而不断再生产出新的关系模式。

简而言之：关系构造国家，国家再造关系。

科学的原始动力来自好奇。写作本书的重要动因是为这样一个问题所吸引，它就是在中国这个古老而巨大的政治舞台上，反复上演着似曾相识，甚至惊人相似的故事。演员变了，导演和舞台没有变，剧情也没有变。这既是这个古老国家长期延续的表征，又表明中国的政

（接上页注①）但他将中国政治的优良归之于天赋能力。在他看来："中国人自古代历史开始，实已表现出有一种极大的民族性的天赋能力，即是政治的能力。就空间讲，能完成而统治此广大的国土。以时间言，能绵延此一大一统规模达于几千年之久而不坠。此何以故？一言蔽之，因其能有一种良好的政治故。何以能有此良好政治？则因中国民族天赋有此能创立优良政治制度之能力故。"（参见钱穆《中国历史研究法》，九州出版社，2011）

① 《马克思恩格斯全集》第 1 卷，人民出版社，1995，第 363 页。
② 《马克思恩格斯全集》第 3 卷，人民出版社，1960，第 377~378 页。

治是在长期历史中形成并与历史保持着紧密的关联。我供职学校的老校长曾经说过，历史是画上句号的过去。但在我看来，历史没有过去，历史活在当下。对于中国更是如此。

任何一门学科的产生都是时代需要，并在特定的历史土壤中形成，从而带有历史土壤的特性。由于城邦国家的产生，政治学作为一门科学率先在西方发源。但西方文明和国家有一个重要特点，这就是空间的位移，文明和国家形态不断在炸毁的"废墟"和开拓的"空地"上建立。这种文明进程使久远的历史与当下缺乏紧密的关联性。如美国建国才200多年时间，并是在历史"空地"上建立的，历史对这个国家和人民仅仅只是一种记忆，人们更多是活在当下。在这种文明和国家进程中产生的政治学，缺乏深厚的历史根基，它更关注的是现代与当下。因此，西方现代政治学的重要特点，就是从当下的政治形态出发，进行政治体系的横向研究，从而形成了政治学的基本范畴，如阶级、国家、政府、政党、权力、权威、民主、政治文化、政治发展等。其好处是横向清晰，其弱点是缺乏历史的纵深感。实际上，政治学概念是一个历史形成的过程。如果不将这些概念置于特定的历史时空中考虑，便很难理解其确切含义和价值，以致用简单的概念剪裁丰富的政治过程。

更重要的是，中国有自己独特的文明和国家进程，这就是时间的延续。文明和国家形态不是在"废墟"和"空地"上建立的，而是在同一空间里长期发展和自我演进。早期中国从血缘母体上脱落后，不仅没有摧毁血缘氏族社会，反而不断在血缘母体的脐带上汲取养分，直至模拟远古血缘氏族社会建立国家形态。文明和国家演进与历史有着世界上独一无二的紧密关联性。政治现象反复重演，举手投足都可触摸久远的历史。历史不仅仅是过去，在书本中，更是在当下，在生活中。不了解历史，就无法深刻理解中国政治。中国的政治学本质上是历史科学。

但是，政治学毕竟不是历史科学，而是理论科学。它的使命不在于对历史现象的记录和描述，而在于以历史事实为依据，透过历史现象寻找形成历史现象背后的原因，对历史现象进行理论解释，通过政治学概念将碎片化的历史现象加以关联，发现历史现象中蕴藏的规律与特点。它主要不是叙事，"述而不作"，而重在"说理"，要在"是什么"的基础上追问"为什么"？它不作"应怎样"的肤浅表达，重在"为什么这样"的深入探析。与历史学偏重"摆事实"有所不同，历史政治学偏重的是"讲道理"。

只有从历史政治学的角度，我们才能深刻理解"我国今天的国家治理体系，是在我国历史传承、文化传统、经济社会发展的基础上长期发展、渐进改进、内生性演化的结果"① 这一重大命题，才能深刻理解历史对于中国政治的制约和影响是何等的深刻！

将历史之维引入政治学研究的方法自觉，来源于长期的田野调查。20 世纪 80 年代初，我大学毕业进入高校从事政治学研究。那是一个激情燃烧的年代。人们的血脉跳动着国家政治的节奏。一场大的政治事故将处于亢奋状态中的人们拉回到现实，促使人们重新认识和思考中国与中国政治。1992 年，我出版了《非均衡的中国政治：城市与乡村比较》一书，提出将政治视角转向基层社会，重点是占人口大多数的农民社会。研究方法从书本走向田野。之后一直扎根于基层自治和田野调查。2015 年，我主持和推进了"深度中国调查"，包括对全国七大区域的传统农村形态的调查。已是六旬的我，参与了所有区域的田野调查，在调查中我的思维受到了极大冲击。就在距高度现代化的广州市不远的粤北山区，竟然保留了大量完整的宗族村落。宗族是一种十分古老的社会现象。19 世纪的著名人类学家摩尔根曾经说这些现象在西方国家早已不复存在，并为中国还保留着这一古老现象而惊叹！进入 20 世纪以后，宗族被作为封建因素受到强力摧毁，但进入 21 世纪，宗族的力量仍然存在。宗族村落不仅在广东，而且在江西、福建、湖南、浙江、湖北、广西广泛存在。而在西部云南农村的调查，竟然发现大量还保留原始形态的农村。这一现象对为现代化浸淫已久的本人思维造成极大冲击，也生发出问题：为什么古老的宗族社会形态保

---

① 《习近平谈治国理政》，外文出版社，2014，第 105 页。

留如此长久，在反复打击下仍然存续？

以上问题又自然延伸到政治领域。20 世纪 80 年代的政治改革兴起于邓小平的《党和国家领导制度的改革》一文。该文深刻反思了造成"文化大革命"的体制和历史原因。邓小平指出："家长制是历史非常悠久的一种陈旧社会现象，它的影响在党的历史上产生过很大危害。陈独秀、王明、张国焘等人都是搞家长制的。"① 众所周知，陈独秀是以民主和科学为旗帜的"五四运动"的旗手之一。中国共产党是在"五四运动"的影响下成立的先进政党。为什么成为中共党的领袖之后，陈独秀等人却沿袭了古老的政治样式，之后这类现象反复发生？这不能不令人深思。80 年代之后的政治体制改革取得了相当大的进展，但也出现了预想不到的问题。这都表明，中国的政治有着深厚的历史根基，不可轻易视之。中国的国家演进是在内外交互作用下长期自我蜕变的过程。其背后受一种内在的结构性因素所支配。只有进入历史深处才能到寻找问题的答案。

"深度中国调查"将我的思维引向历史深处，我将反复发生的社会和政治现象置于漫长的历史长河中考察。没有这种深入历史和底层的田野调查，我不可能有写作本书的冲动。

田野调查是对事实的了解，但仅仅了解事实还远远不够。如何从政治学理论的角度将碎片化的事实联结起来并加以解释和分析，是"深度中国调查"过程中面临的重要任务。农村是一个多学科研究的领域。自 90 年代起，我及所在机构主要是从政治学的角度来研究农村问题，重点在于乡村治理。而我们的"深度中国调查"的重要内容是对传统农村社会形态的调查，以发现中国政治的根基。仅仅是乡村治理研究还存在相当的局限性。调查者们期待将农村调查与政治学研究关联起来。2017 年，我所在高校的政治学科被确定为世界一流学科建设的学科。学科建设要求强化学科意识。正是在这一背景下，我的思维焦点回到政治学的中心视域——国家。30 年之后，国家问题重新回归

① 《邓小平文选》第 2 卷，人民出版社，1994，第 329~330 页。

到我的主要研究领域。只是这时对国家问题的认识，是基于田野调查的发现，基于田野调查发现后的扩展思考，是要回答长期萦绕在脑海里的问题——为何古老的社会和政治现象长期存续、反复发生？2018年我申报了国家社会科学基金重点项目"关系变迁视角下中国国家治理体系发展、改进和演化研究"，从而正式开启了本书的写作。

决定写作本书时，我阅读了大量的著作文献，受益良多。40年前我学习的政治理论，主要是马克思主义理论。现在在大量阅读其他著作之后，还是觉得马克思主义理论为解答我的问题提供了最好的方法论。与其他思想家相比，马克思和恩格斯特别擅长透过纷繁复杂的社会政治现象，揭示产生社会和政治现象背后的原因和机理；当人们热衷于将政治结果归于大人物的主观意志时，他们却致力于发现造成主观意志背后的客观支配因素；当人们对瞬息万变的政治现象感到困惑时，是他们深刻地揭示了："人们自己创造自己的历史，但是他们并不是随心所欲地创造，并不是在他们自己选定的条件下创造，而是在直接碰到的、既定的、从过去承继下来的条件下创造。"[①] 列宁为了弄清国家这一最复杂最难弄清的问题，从科学的方法入手。他在《论国家》一文中讲："要非常科学地分析这个问题，至少应该对国家的产生和发展作一个概括的历史的考察。在社会科学问题上有一种最可靠的方法，它是真正养成正确分析这个问题的本领而不致淹没在一大堆细节或大量争执意见之中所必需的，对于用科学眼光分析这个问题来说是最重要的，那就是不要忘记基本的历史联系，考察每个问题都要看某种现象在历史上怎样产生、在发展中经过了哪些主要阶段，并根据它的这种发展去考察这一事物现在是怎样的。"[②] 这对于解答我的问题具有重要的指导意义。与此同时，我还阅读了其他重要文献，包括当今学界非常有影响的美国学者福山的重头著作《政治秩序的起源》，为中国学界所推崇的英国学者芬纳的大部头著作《统治史》等，希望能够从这些重量

---

① 《马克思恩格斯选集》第 1 卷，人民出版社，2012，第 669 页。
② 《列宁全集》第 37 卷，人民出版社，2017，第 65 页。

级的著作中寻找到我的问题的答案。但结果未能如愿。即使是声名更为
显赫的摩尔根和韦伯，也只是描述了现象而未能解答现象背后的原因。
看来，自己设的问题，还是只能由自己解答了。

　　写作本书是基于自我解题，在解题的过程中有过不少乐趣。但是，
我也深知解题的不易，深知我的解题能力的有限性。只是解题有多种
解法，希望我的解法能够成为其中一种，能够对读者有所启迪！

徐　勇

2019 年 6 月

目　录

绪论
关系与国家

国家是通过政治权力体系将一定地域上的人口联结起来并加以治理的政治共同体。国家是可以从多个角度加以定义的。每当国家的地位上升时，对国家的讨论和定义便特别丰富繁杂，以至于让人不得要领。19世纪是对国家问题讨论最多的世纪。列宁曾经为之苦恼，深感国家问题是一个"困难的问题"，是"一个最复杂最难弄清的问题"。① 20世纪，"国家"曾经一度消失在政治学研究的视野里，直至20世纪下半叶才有人提出要"找回国家"。进入21世纪，随着国家在世界体系中的地位日益上升，国家问题再次引起广泛关注。在中国，国家治理更是成为人们关注的热点。但大量的研究主要是研究"谁来治"和"怎样治"，而忽略了"治什么"，是一种没有治理对象的国家治理。而国家治理，实际上指治理国家。由此就有两个"国家"，一个是作为治理对象的国家，另一个是作为治理主体的国家。这两者既相区别，又紧密联系。

---

① 《列宁全集》第37卷，人民出版社，2017，第63页。

一　国家：国家治理的对象与主体

（一）作为治理对象的国家

人类进入文明进程之后，人们便生活在国家之中。早在古希腊时期，亚里士多德便说，"人类自然是趋向于城邦生活的动物。"① 社会越发展，国家越成为人们生活的基本单元，每个人都具有一定国籍，成为某个国家的国民。从而有了中国、美国、英国、法国等国家之分。因此，国家首先是人们生活其中的政治单位。作为政治单位的国家，构成了国家治理的对象。在亚里士多德看来，"研究每一事物应从最单纯的基本要素（部分）着手。"② 恩格斯在谈到国家的特性时认为："国家和旧的氏族组织不同的地方，第一点就是它按地区来划分它的国民。""第二个不同点，是公共权力的设立，这种公共权力已经不再直接就是自己组织为武装力量的居民了。"而是"特殊的公共权力"。③ 这一概括就包括国民、地区、公共权力等要素。而公共权力是处理与一定地域上国民的相关事务的。所以，作为政治单位的国家的基本要素主要有四个方面。

1. 人口

构成一个国家的首要要素是人口。没有人，也就无所谓国家。国家本身就是人类社会的高级组织形态。

国家作为人类社会的高级组织形态，必须有一定的人口数量。合适的人口数量对于一个国家来说，具有重要价值。这在于人口的存在和延续都需要一定的物质基础。当物质条件不能满足人口的需要时，人的存在和延续便会受到影响。在相当长的时间里，人口的存续处于自生自灭状态。进入 20 世纪以后，作为治理主体的国家可以运用一定

---

① 〔古希腊〕亚里士多德：《政治学》，吴寿彭译，商务印书馆，1965，第 7 页。
② 〔古希腊〕亚里士多德：《政治学》，吴寿彭译，商务印书馆，1965，第 10 页。
③ 《马克思恩格斯全集》第 28 卷，人民出版社，2018，第 199 页。

政策干预人口的数量，如实行计划生育，以控制人口，或者实行鼓励生育，以增加人口。

人口数量的合适并不是简单的数量，在相当程度取决于历史条件与作为治理主体的国家行为。一般来说，人口数量太少，难以构成国家，特别是构成有实力有影响的大国。人口太多，治理的难度更大。亚里士多德认为，"一国人口太少则不足自给，太多则难于维持秩序。"① 中国人经常说，"人多嘴杂""众口难调""人上一百，形形色色。"这是指人口不是仅仅有物质需要，还是有意识的高级动物。要将众多人口的意志统一起来，较为困难。正因为如此，古代先贤都主张"小国寡民"。中国的老子是典型代表。西方的卢梭的理想制度是大众参与的民主制，但其前提是"小国寡民"。

人口数量的合适性，还取决于作为治理主体的国家行为。当一个国家的经济处于相对封闭状态，人口数量太多，会造成沉重的经济负担。而当一个国家的经济处于开放状态，能够从更广阔的世界获得资源和市场时，人口数量会转化成为所谓的"人口红利"。

人口数量是指人口多少。对于一个国家和国家治理来说，人口的特性更为重要。人口特性是指什么样的人。

人口特性可以分为自然特性和社会特性。人口的自然特性是指与生俱来的人的生理属性构成的特质。在人口的自然特性中，可以从年龄分为童年、青年、中年、老年。不同年龄的人群结构是国家和国家治理的影响因素。一个国家所获得的人口红利，主要指具有劳动能力的中青年人口。相反，老龄人口太多，会形成社会压力，增加国家财政负担。在现代国家，只有成年人才具备公民资格，这是因为成年人才具有健全的理智，能够理性地支配自己的行为。

从性别来看，人口可以分为男性、女性。在以体力劳动为主的时代，男性由于体力的优势而在国家和国家治理中居于优势地位。随着劳动方式和养育方式的变化，女性在国家和国家治理中的地位日益提

---

① 〔古希腊〕亚里士多德：《政治学》，吴寿彭译，商务印书馆，1965，第460页。

高，由此兴起女权主义。随着性别差异而来的是性别模糊问题，男女之间的性别边界模糊化，则成了国家治理的新的难题。

从人种来看，人口可以分为不同种族，即在体质形态上具有某些共同遗传特征的人群。种族本来是人与生俱来的自然属性，但一旦进入国家和国家治理领域，便具有了政治意义。一些国家长期实行种族隔离政策，将不同种族的人隔离开来并享有不同的地位。

人口的社会特性是指人出生后由于特定的社会环境而获得的一种社会属性。它包括的内容非常丰富。

职业。职业是人们为了获得生活来源和财富而从事的活动。在马克思看来："人们首先必须吃、喝、住、穿，然后才能从事政治、科学、艺术、宗教等等"[1]。人们为了生存和延续，必须从事某种劳动活动，构成其职业。中国古代有"士农工商"的职业之分。由社会分工造成的职业群体是国家和国家治理的重要因素。马克思认为，19 世纪的法国不断发生王权复辟，重要原因是小农太多。"小农的政治影响表现为行政权支配社会。"[2]

财产。财产是人们所获得和拥有的物质及精神财富。以拥有财产的多少为标准，人口可以分为富人和穷人及介于两者之间的中产阶级。通常讲的欠发达国家，即穷人占多数的国家。发达国家的重要标志则是人口以中产阶级为主。由富人居于政治统治地位的国家被称为有产阶级国家。由以往一无所有的人获得统治地位后的国家被称为无产阶级国家。许多国家在法律上明确规定只有拥有一定数量的财产才能获得选举权与被选举权。

教育。教育是人们获得知识的活动。一个人出生以后，不能自动获得生活所需要的知识，需要通过受教育来满足。孟子因此说"得天下英才而教育之"。以受教育程度的高低为标准，人口可以分为文盲、文化水平较低者和文化水平较高者。受教育程度决定了人口的素质，

---

① 《马克思恩格斯选集》第 3 卷，人民出版社，2012，第 1002 页。
② 《马克思恩格斯选集》第 1 卷，人民出版社，2012，第 763 页。

也关系到国家和国家治理。列宁曾经为俄国人口受教育程度低深感苦恼，表示："在一个文盲的国家里是不能建成共产主义社会的。"① 一个国家在经济发展中获得的"人口红利"中的人口是受到一定教育的人口。

信仰。信仰指人对某种事物、精神、宗教或某人的信奉敬仰，将其作为自己行为的准则或榜样。人是有意识有目的的活动者。信仰成为人们活动的重要依据。根据信仰，可以将人分为有神论者和无神论者。许多国家被称为宗教国家，是指依据某一宗教信仰组织和治理国家。这一国家的主体成员共同信奉某一宗教。

民族。民族是指经长期历史发展而形成的稳定共同体，是基于历史、文化、语言等因素与其他人群有所区别的群体。民族赋予人们以社会身份，人们根据其社会身份与他人交往，并成为国家重要的构成要素。根据民族多少，国家可以分为单一民族组建的国家和多民族共建的国家。多民族国家治理的难度显然大于单一民族国家治理。

组织。组织是一定的人口根据其需要和功能结合而成的团体。人生而有群。群便是一种组织。人们根据其不同的活动而联结为不同类型的组织，如生活组织、生产组织、商业组织、社会组织、文化组织、政治组织等。组织因为规模、要素的不同，可以分为不同层级。一是初级组织，如家庭、家族、部落等。二是中级组织，在初级组织之上更大的群体，如村落、企业等。三是高级组织，即包括大量初级、次级组织在内的高层次组织。

组织对于国家和国家治理来说具有最重要的意义。这是因为作为治理对象的国家是人们生活其中的高级组织。这一组织所包括的元素比其他任何组织都要多和复杂。因此，国家的组织化程度直接影响国家治理。马克思认为，"小农的政治影响表现为行政权支配社会"，其重要依据是"小农人数众多，他们的生活条件相同，但是彼此间并没有发生多种多样的关系。他们的生产方式不是使他们互相交往，而是

---

① 《列宁选集》第39卷，人民出版社，2017，第34X页。

使他们互相隔离"①。组织层级也非常重要。在马克思看来，小农是以作为初级组织的家庭为基本单位，他们的生产方式制约了他们形成更高一级的政治组织来自我表达。"各个小农彼此间只存在地域的联系，他们利益的同一性并不使他们彼此间形成共同关系，形成全国性的联系，形成政治组织，就这一点而言，他们又不是一个阶级。""他们不能代表自己，一定要别人来代表他们。"②

2. 地域

人是自然之子，任何人都要生活在一定地域空间内，俗称"一方水土养一方人"。作为一方水土的地域构成国家的基本要素。亚里士多德认为："每一城邦的建立，其政治体制必须把某些东西加以组合，至少是每一分子的住所应该在大家共同的境界以内。"③ 任何一个国家都存在于一定地域范围内。地域状况形塑着国家形态，并影响着国家治理，如国家治理中的"因地制宜"。

规模。规模指地域范围。通常讲的大国和小国，主要是指地域范围。合适的地域面积，是一个国家存续的基础。亚里士多德认为："国境不可太小也不求太大"④。如果一个国家的地域空间太小，人口增长使原有地域难以容下，人口就有可能向国家的地域空间以外流动。地域规模为国家提供了足够的战略空间。近代列强入侵中国但未能完全占领中国，重要条件是地域规模为中国的持久抗战提供了地域基础。毛泽东在《论持久战》中所作的中日力量对比，其中有一项是"日本是小国，地小、物少、人少、兵少，中国是大国，地大、物博、人多、兵多"⑤。

规模指地域范围。而在地域范围内的自然条件却不一样，并构成地域特性。

---

① 《马克思恩格斯选集》第 1 卷，人民出版社，2012，第 763、762 页。
② 《马克思恩格斯选集》第 1 卷，人民出版社，2012，第 762~763 页。
③ 〔古希腊〕亚里士多德：《政治学》，吴寿彭译，商务印书馆，1965，第 44 页。
④ 〔古希腊〕亚里士多德：《政治学》，吴寿彭译，商务印书馆，1965，第 460 页。
⑤ 《毛泽东选集》第 2 卷，人民出版社，1991，第 452 页。

地理状况。地理状况是有关地域的自然形态和区位状况的总称。从地形来看，可以分为平原、高原、丘陵、盆地、山地等。不同的地形对于文明及其国家的形成发展都有重要影响。最早的文明和国家产生于有河流经过的平原地域。这在于平原地域有利于人们生产并积累更多的物质财富。"在这些区域里发生了伟大的王国，并且开始筑起了大国的基础。因为这里的居民生活所依靠的农业，获得了四季有序的帮助，农业也就按着四季进行；土地所有权和各种法律关系便跟着发生了——换句话说，国家的根据和基础，从这些法律关系开始有了成立的可能。"①

地域位置指的是特定的地域所处于的方位。古希腊尽管属于山地，不利于农业生产，但是由于依傍海洋，便于商业贸易和突破地域限制的战争，因此也成为文明与国家的发源地。这在于"大海给了我们茫茫无定、浩浩无际和渺渺无限的观念；人类在大海的无限里感到他自己的无限的时候，他们就被激起了勇气，要去超越那有限的一切。大海邀请人类从事征服，从事掠夺，但是同时也鼓励人类追求利润，从事商业"②。孟德斯鸠认为，政体与土壤、地形有关系，"山民拼死要求平民政体，平原居民主张建立权贵政体，而沿海居民则希望建立兼具上述两种性质的政体"③。山民被征服的危险小，政体比较宽和，人民多自由，易建平民政体。④ 岛民面积小，不易形成压迫、暴政，自由、民主更多。⑤

气候。气候是地球上某一地区多年时段大气的一般状态，通常以天气指称。从气候类型来看，可以分为热带、亚热带、温带、亚寒带、寒带等。不同的气候条件为人们提供不同的生存条件，也形塑着国家

① 〔德〕黑格尔：《历史哲学》，王造时译，商务印书馆，2007，第55页。
② 〔德〕黑格尔：《历史哲学》，王造时译，商务印书馆，2007，第55页。
③ 〔法〕孟德斯鸠：《论法的精神》（上），许明龙译，商务印书馆，2012，第328～329页。
④ 〔法〕孟德斯鸠：《论法的精神》（上），许明龙译，商务印书馆，2012，第328页。
⑤ 〔法〕孟德斯鸠：《论法的精神》（上），许明龙译，商务印书馆，2012，第331页。

的特质。在黑格尔看来，历史的真正舞台是温带。① 马克思说："俄国是在全国范围内把'农业公社'保存到今天的唯一的欧洲国家。"② 其重要原因是俄国寒冷的气候。也正是严寒，帮助俄国战胜了不可一世的法国和德国的入侵。

灾害。地理和气候能够为人们的生活提供必要的物质条件，也能够为人们的生活造成灾难，其后果甚至会毁灭一个国家。为了战胜自然灾害，化害为利，人们联合起来，形成共同力量，由此造成国家的产生。中国很早就有"大禹治水"的传说，反映了自然灾害对于国家和国家治理的影响。

资源。资源是一定地域内拥有的可以创造物质财富的自然要素。资源的富裕与匮乏直接形塑着国家与国家治理。中东地区本来是一片荒漠，但由于大量石油资源的开发和利用，这里的国家迅速成为富裕国家。而丰富的石油资源也使这一地区的国家经常处于动荡之中。

聚落。聚落是人类聚居和生活的场所，是人类有意识地开发利用和改造自然而创造出来的生存环境。任何人都生活在一定的聚落里。聚落主要区分为城市和乡村。城市聚落的特性是集中、规模大，乡村聚落的特性是分散、规模小。在马克思看来，"城市已经表明了人口、生产工具、资本、享受和需求的集中这个事实；而在乡村则是完全相反的情况：隔绝和分散。"③ 而城市则是文明和国家产生的象征和标志。"随着城市的出现，必然要有行政机关、警察、赋税等等，一句话，必然要有公共机构，从而也就必然要有一般政治。"④

由于聚落是人类根据环境自然选择和创造出来的生存环境，因此成为国家和国家治理的地域要素中最为重要的要素。在发达国家，人口主要居住在城市；而在发展中国家，人口主要居住在乡村。对于发展中国家来说，"城市的作用是一个常数，它永远是支持反对派的力量

---

① 〔德〕黑格尔：《历史哲学》，王造时译，商务印书馆，2007，第50页。
② 《马克思恩格斯选集》第3卷，人民出版社，2012，第824页。
③ 《马克思恩格斯选集》第1卷，人民出版社，2012，第184页。
④ 《马克思恩格斯选集》第1卷，人民出版社，2012，第184页。

根源；农村的作用是个变数：它不是稳定的根源，就是革命的根源。"①

3. 事务

人类要生存和延续，必须结成各种关系，从事各种各样的活动，由此产生各种涉及众多人利益的共同事务。这些事务成为国家构成的基本要素。根据人的活动，事务可分为不同类型。

经济事务。人们要生存延续，必须从事生产活动，以获得生活资料和创造财富。与此相关的经济事务，伴随着人类的全过程，也是国家产生的物质条件和国家存续的经济基础。正是剩余财富的出现，才可能使一部分人脱离直接的物质生产，专门从事管理活动。国家的存续和强弱，都与经济实力相关。经济事务也因此纳入国家治理的范围。马克思指出："利用水渠和水利工程的人工灌溉设施成了东方农业的基础。"② "那些通过劳动而实际占有的共同的条件，如在亚细亚各民族中起过非常重要作用的灌溉渠道，还有交通工具等等，就表现为更高的统一体，即凌驾于各小公社之上的专制政府的事业。"③

社会事务。人的生命活动是一个过程，包括一系列需要与他人共同完成的生活活动。如教育、医疗、养老、居住、就业、治安、婚姻、家庭等，即人们经常说的"学有所教，病有所医，老有所养"等民生活动。这些活动直接关系到人口的存续与生命价值，也是构成国家的重要因素。从 1347 年至 1353 年，席卷整个欧洲的被称为"黑死病"的鼠疫大瘟疫，夺走了 2500 万欧洲人的性命，他们占当时欧洲总人口的 1/3！这一灾难改变了欧洲文明进程。随着国家的力量生长，将疾病治理作为国家治理的重要内容。

文化事务。人是有思想意识的高级动物。人类通过精神文化活动不断提升自己，摆脱自然的野蛮状态，进入文明状态。如文字的创造扩大了人的交往而具有更大的社会属性，信仰的产生使人们从精神世

① 〔美〕塞缪尔·P.亨廷顿：《变化社会中的政治秩序》，王冠华等译，三联书店，2012，第 850 页。
② 《马克思恩格斯选集》第 1 卷，人民出版社，2012，第 850 页。
③ 《马克思恩格斯选集》第 2 卷，人民出版社，2012，第 727~728 页。

界里寻找到自己的生命价值，人们通过规范习俗调整人与人的关系，通过思想意识的表达获得影响他人的话语。这些文化活动直接导致了国家的产生和发展，并成为国家的文化基础，如"软实力"。

政治事务。人类是由不同的个体、群体构成的。随着物质财富的增多，个体、群体意识的增长，人们之间势必产生矛盾和冲突，甚至激烈的斗争。由此需要一种公共权威建立秩序，调节冲突，分配财富和价值。围绕公共权威便产生一系列的政治事务。当公共权威的特性发生变化，便有了国家。可以说，国家最开始便是由于政治事务而产生，因此将政治事务作为国家治理的直接内容。

军事事务。军事活动是一种有组织的暴力活动。人类最初以分散孤立的部落形式存在，人们不知自己的生活的边界在那里。部落之间的最初交往，很多是以暴力方式进行的。国家的产生只是有组织的暴力的扩大，有了专门化的军事活动，并构成国家的存续基础。中国的孙子认为：兵者，国之大事，死生之地，存亡之道，不可不察也。一些国家兴起，开疆拓土，保护领土；一些国家衰败，割让领土，甚至失去自己的生存空间，无不与军事力量相关。亚里士多德因此认为："一个城邦所备的武装应该不仅可以保证境内的安全，还须有时用到境外。"①

外交事务。任何人和组织的存在发展，都要与自己生活领域之外的世界交往。人类初始，正因为不知道如何与自己部落之外交往，更多的是暴力的本能反应。国家之所以是文明社会的标志，便是能够确立人们的边界，使人们学会与外部世界的交往，或者和平共处。外交事务因此构成国家的要素。

4. 政府

政府是国家权力的总称，是特殊公共权力的组织载体，是国家作为一个国家得以存在的核心要素。

人类要生存发展，必须从事各种的活动，产生各种事务，还需要

---

① 〔古希腊〕亚里士多德：《政治学》，吴寿彭译，商务印书馆，1965，第63页。

对这些事务进行管理。孙中山先生认为，"管理众人的事便是政治"①。但并不是有众人，有众人的事，就是国家。

氏族组织同样也存在人、地、事，为何不是国家，根本原因在于氏族组织是人类的低级组织，不需要也没有政府这一特殊的公共权力，处于无政府的自然状态。只有当产生特殊的公共权力时，才有了国家这一高级组织。政府便是特殊的公共权力，即国家权力的组织载体。

人类进入文明时代，是以国家这一高级组织形式为标志的。而国家不止一个。在多个国家存在的状况下，任何一个国家要作为高级组织形式存在，必须具有独立的地位，这种地位的获得是以拥有独立的国家权力为标志的，在现代称之为主权。一个国家只有一个主权者，这就是政府。换言之，没有政府，也就无所谓国家。

正是有了政府，原始氏族社会才转换为国家。亚里士多德认为，"城邦成为一个组合物就好像许多'部分'结成为一个'全体'"。②"没有一个政府（治理者）就不成其为城邦"。③ 只有通过政府才能将国家的要素联结成为一个与其他任何组织所不同的政治整体。没有政府，构成国家的其他要素就无法形成一个政治整体，并具有国家属性。政府赋予人口、地域和事务以国家意义，对其进行再定义。

政府赋予人口以国民身份，将人口以国家的方式联结起来。在恩格斯看来，"国家和旧的氏族组织不同的地方，第一点就是它按地区来划分它的国民。""这种按照居住地组织国民的办法是一切国家共同的。"④ "以血族团体为基础的旧社会，由于新形成的各社会阶级的冲突而被炸毁；代之而起的是组成为国家的新社会，而国家的基层单位已经不是血族团体，而是地区团体了。"⑤ 在现代，人们要获得一个国家的国民资格，更是通过政府直接办理相关手续。只有通过政府才能

① 中国大百科全书总编辑委员会《政治学》编辑委员会、中国大百科全书出版社编辑部编《中国大百科全书·政治学》，中国大百科全书出版社，1992，第482页。
② 〔古希腊〕亚里士多德：《政治学》，吴寿彭译，商务印书馆，1965，第112页。
③ 〔古希腊〕亚里士多德：《政治学》，吴寿彭译，商务印书馆，1965，第191页。
④ 《马克思恩格斯全集》第28卷，人民出版社，2018，第199页。
⑤ 《马克思恩格斯全集》第4卷，人民出版社，2018，第32页。

将众多的人联结为一个整体，获得统一性。如《中华人民共和国宪法》规定，凡具有中华人民共和国国籍的人都是中华人民共和国公民。中华人民共和国年满十八周岁的公民，不分民族、种族、性别、职业、家庭出身、宗教信仰、教育程度、财产状况、居住期限，都有选举权和被选举权。

政府赋予地域以领土地位，将地域以国家的方式联结起来。地域本身是一种自然存在。只有通过政府才能赋予其领土的地位，即统一的归属权，使不同的地域合为一个整体。在领土范围内，无论是高山，还是平原，无论是城市，还是乡村，都共同属于一个国家的领土，人们根据其居住地，而获得国民身份。

政府赋予事务以国家属性，将事务以国家的方式联结起来。只要有人的地方便会有相应的事务。许多事务都是人们自己处理的。只有通过政府才能赋予其事务的国家属性，并将各种各样的事务联结为一个整体。生老病死本是人们生命活动的自然过程，在原始氏族社会，人们只能自生自灭。对于政府而言，生老病死便不再是个人自己的事务，而关系国家的兴衰。"老有所终，壮有所用，幼有所长"成为理想国家的图景。人类的事务很多，人们各司其事。只有政府才能将所有的事务整合为一体，形成一个国家的整体力量。

（二）作为治理主体的国家

作为治理对象的国家是人类的高级组织形式，由人口、地域、事务和政府等基本要素所构成，其中，政府的要素最为关键。这在于，只有通过政府，才能将人口整合在一起，否则就会发生逃离和反叛。只有通过政府才能开疆拓土，获得更大的地域空间，并有效控制地域空间，否则会发生分裂，其人口甚至成为没有地域归属的逃亡者。只有通过政府才能处理各种事务，让人们感受生活在政府状态比在无政府状态更好，否则会回归到原始的部落状态。但是，这一切都不是自然发生的，不是有了政府自动会实现的。这就需要国家的有效治理。由此便产生作为治理主体的国家。

国家治理是通过国家权力体系将一定地域上的人口联结起来，并处理其事务的统治和管理过程。国家治理的首要问题是"谁来治"，即治理主体。作为治理主体的国家，是以政府为核心，但不限于政府的国家权力体系。

恩格斯在谈到国家产生时说："国家并不是从来就有的。曾经有过不需要国家，而且根本不知国家和国家权力为何物的社会。"① 在谈到国家的特性时认为："国家和旧的氏族组织不同的地方，第一点就是它按地区来划分它的国民。""第二个不同点，是公共权力的设立，这种公共权力已经不再直接就是自己组织为武装力量的居民了。"而是"特殊的公共权力"。② "国家是以一种与全体固定成员相脱离的特殊的公共权力为前提的"③。从这里可以看出，恩格斯将"国家"和"国家权力"是分开的，他讲的国家的第一个特征是从国家作为人类一种高于氏族的组织形态讲的，是一种包括地区和国民在内的国家组织实体，可以视作为治理对象的国家；第二个特征便是特殊的公共权力，即国家权力，可以视作为治理主体的国家。"韦伯对'国家'的界定包括以下三个要件：（1）存在着固定的行政官员；（2）他们能坚持合法地垄断暴力工具这一要求；（3）他们还能在既定的地域内维持这种垄断。韦伯的定义已凸显出暴力（violence）和领土权（territoriality）这两个特征。"④ 其定义也主要是从治理主体的角度来确定国家的。无论如何，公共权力是作为治理主体的国家的基本含义。

与氏族公共权力不同，国家公共权力是一种特殊的公共权力。这种特殊的公共权力具有以下特征。

一是强制性。在恩格斯看来："文明国家的一个最微不足道的警察，都拥有比氏族社会的全部机构加在一起还要大的'权威'"。⑤ 这

---

① 《马克思恩格斯全集》第28卷，人民出版社，2018，第2012页。
② 《马克思恩格斯全集》第28卷，人民出版社，2018，第199页。
③ 《马克思恩格斯全集》第28卷，人民出版社，2018，第115页。
④ 〔英〕安东尼·吉登斯：《民族—国家与暴力》，胡宗泽、赵力涛译，三联书店，1998，第19页。
⑤ 《马克思恩格斯全集》第28卷，人民出版社，2018，第200页。

种权威便是有组织的暴力，从而可以强制人们服从。马克思认为："国家权力，也就是利用集中的、有组织的社会暴力"①。恩格斯认为："这种具有组织形式的暴力叫做国家。"② 因此，国家权力或者说政治权力是高于并远远大于其他权力的一种特殊强制力。

二是专门性。国家权力来自社会又凌驾于社会之上，有专门的人员和机构掌握和运用国家权力。"构成这种权力的，不仅有武装的人，而且还有物质的附属物，如监狱和各种强制设施"，"为了维持这种公共权力，就需要公民缴纳费用——捐税。"③ 国家权力比其他权力高和大的重要原因，就在于有专门掌握和行使权力的人员和机构，即政府。"这个机构，这个管理别人的集团，总是把持着一定的强制机构，实力机构"④。

三是唯一性。恩格斯认为："国家是整个社会的正式代表，是社会在一个有形的组织中的集中表现"⑤。国家权力对一定地域上的人口行使统治权，并具有对外的主权地位，因此具有唯一性。在一定地域内，可以有多个同类型的组织，但只有一个共同认可的合法政府。

国家权力的以上特性，使其成为特别重要的资源。有了这一资源，人们可以达到其他任何方式所不可能达到的目的。"只要国家存在，每个社会就总有一个集团进行管理，发号施令，实行统治，并且为了维持政权而把实力强制机构、其装备同每个时代的技术水平相适应的暴力机构把持在自己手中。"⑥ 人们希望通过获得国家权力取得支配性地位，将国家权力作为实现目的的工具。国家权力因此成为国家的核心要素，也是构成国家治理的基本主体要素。

作为一种特殊的公共权力资源，国家权力存在着所有、配置和行使，并因此构成国家制度及其由这些制度组合的国家治理体系。

---

① 《马克思恩格斯全集》第 42 卷，人民出版社，2016，第 770 页。
② 《马克思恩格斯全集》第 26 卷，人民出版社，2014，第 371 页。
③ 《马克思恩格斯全集》第 28 卷，人民出版社，2018，第 199~200 页。
④ 《列宁全集》第 37 卷，人民出版社，2017，第 70 页。
⑤ 《马克思恩格斯全集》第 26 卷，人民出版社，2014，第 298 页。
⑥ 《列宁全集》第 37 卷，人民出版社，2017，第 70 页。

国家权力的所有，指国家权力归谁所有，即主权者。从所有者的多少来看，国家权力可以分为个别人、部分人和全体人民所有。如《中华人民共和国宪法》规定："中华人民共和国的一切权力属于人民"，便属于后者。国家权力为谁所有，属于国体，决定一个国家的基本性质和不同的人在国家中的地位。国家权力的归属是国家治理的根本基础。

国家权力的配置，指国家权力通过一定方式配置在具体的人和机构手中，构成国家权力的实现形式。这种配置主要表现为横向和纵向两个方面。从横向来看，表现为权力集中在个别人，还是由不同的人和机构分别平行执掌，如现代国家中的集权制或分权制。从纵向来看，表现为国家整体与国家部分之间的分别执掌状况，如现代国家中的单一制或联邦制等。这种权力的配置，通常又称为政体。国家权力的配置是国家治理的体制条件。

国家权力的行使，又可称为施政、理政，指国家权力通过一定方式和手段运行，发挥其功能。主要包括：政治方式，通过政治地位和其他资源行使权力；法律方式，通过法律制度行使权力；行政方式，通过行政组织和体制行使权力；经济方式，通过分配资源和财富行使权力；精神方式，通过分配价值和文化行使权力；军事方式，通过有组织的武装力量行使权力等。国家权力的运行是一个过程，包括诸多环节，如决策、执行、监督等。国家权力的行使是国家治理的具体行为。

国家权力不是凭空而生的，它的产生在于其有特定的职能。恩格斯从社会分工的角度，认为："社会产生它不能缺少的某些共同职能。被指定执行这种职能的人，形成社会内部分工的一个新部门。这样，他们也获得了同授权给他们的人相对立的特殊利益，他们同这些人相对应而独立起来，于是就出现了国家。"① 首先是政治职能，即国家权力主体的自我保护。如果失去了国家权力，某一权力主体便不复存在。

---

① 《马克思恩格斯选集》第 4 卷，人民出版社，2012，第 609 页。

因此，权力主体必须通过各种方式维持自己的地位，使人们自愿或者被迫服从国家权力的统治。国家权力主体要履行政治职能，必须使自己足够强大。其次是社会职能，即国家权力主体处理各种公共事务，以维持国家的存续。"国家正是这种从人类社会中分化出来的管理机构。"① 只有行使管理公共事务的职能，才能获得人们对国家权力的自愿服从。恩格斯认为："政治统治到处都是以执行某种社会职能为基础，而且政治统治只有在它执行了它的这种社会职能时才能持续下去。"② 国家权力主体要履行社会职能，必须有强大的国家能力，能够处理好各种事务。任何一个国家，这两种职能都是相互并存，缺一不可的。履行国家职能的过程，也是国家治理的过程。

作为治理主体的国家，其核心要素是国家权力。只有获得了国家权力才能成为国家治理的主体。由此便产生了获得国家权力的方式，通常包括自然的，如默认、继承；人为的，如暴力、选举等。

国家权力作为一种资源并不是均衡分布的。从权力大小和层级来看，有最高权力，这种权力具有支配所有权力的地位；有次级权力，这种权力置于最高权力之下，有一定的限度；一般权力，这种权力属于微小权力，作用范围和力量都较小，如恩格斯所说的"文明国家的一个最微不足道的警察"③。

权力是主体与客体的互动过程，体现着一种关系。权力主体要获得权力客体的认可和服从，便会产生权威和合法性问题。恩格斯对比氏族组织与国家组织的分别时说："文明国家的一个最微不足道的警察，都拥有比氏族社会的全部机构加在一起还要大的'权威'；但是文明时代最有势力的王公和最伟大的国家要人或统帅，也可能要羡慕最平凡的氏族酋长所享有的，不是用强迫手段获得的，无可争辩的尊敬。"④ 为了获得合法性，形成统治权威，国家权力主体会利用各种方

---

① 《列宁选集》第 37 卷，人民出版社，2017，第 67 页。
② 《马克思恩格斯选集》第 3 卷，人民出版社，2012，第 560 页。
③ 《马克思恩格斯全集》第 28 卷，人民出版社，2018，第 200 页。
④ 《马克思恩格斯全集》第 28 卷，人民出版社，2018，第 200 页。

式达到自己的目的，包括物质和精神的，人为和制度的，等等。只有拥有一定的权威，国家治理才能获得广泛的社会基础和必要条件。

（三）时间国家：国家的成长性

无论是作为治理对象的国家，还是作为治理主体的国家，都是在历史过程中产生、形成并发展和演化的。国家不是从来就有的，也不是永恒存在的。由此需要引进时间的维度考察国家的成长过程，形成时间国家观。

时间是物质运动、变化的持续性、顺序性的表现。通过时间的概念，人们可以认识到物质的变化过程。时间的第一认识维度：时是一个流动的过程，间是变化的节点。重大节点即性质的转换，如白天与黑夜。时间节点构成了事物的质的规定性和由此产生的形态差别。

从时间国家来看，国家是一个从产生到成长的历史过程。从时间维度的重大节点来看，国家可以分为前国家形态、传统国家形态、现代国家形态。

从时间国家的角度来看，前国家形态并不是毫无意义的。因为国家是从前国家，即没有国家的时间里产生的，这种形态是国家产生的母体。在母体里，已孕育国家的某些因子。如已有氏族人口、氏族人口活动的地域、氏族公共事务、氏族处理公共事务的人员和机构、氏族公共权力和权威。只是因为按地区划分国民和特殊公共权力的产生，这些前国家形态的要素才发生了质的转换。但是，并不是所有的前国家要素都在一夜之间消失殆尽，相反，大量的元素长期延续，甚至一直延续至今。如原始状态下的血亲复仇现象。在摩尔根看来，"氏族是人类最古老、流行最广的制度之一，这种制度同人类的进步过程密切相应，对后者产生过强烈的影响。"[1] 在前国家形态，人们生活在一种自然状态中，社会进行着自我管理。这种社会的自我管理对于氏族社

---

① 〔美〕路易斯·亨利·摩尔根：《古代社会》上册，杨东莼、马雍、马巨译，商务印书馆，1977，第83页。

会内部是一种自然天成的秩序，但是在氏族部落之间又表现出"无序的暴力"。各个氏族之间为了争夺生存资源和空间以暴力相向。只是因为政府的产生，人们才进入一个有政府的时代，将"无序的暴力"变为国家控制下的有组织的暴力。在有政府状态下，大量的事务由政府管理，但社会的自我管理并没有完全消失，相反它还会延续下来。在洛克看来，人们是为了更好的生活才进入有政府状态。为了防止政府这一特殊权力对人们生活的伤害，人们还得保留自然状态的基本权利。

传统国家是自国家产生以后的一种初级国家形态。在这种形态下，已具备国家的基本要素，形成了国家，但这些要素还处于初步发育之中，犹如人的成年前时期。

从人口要素来看。在传统国家，人口的数量较少。古希腊城邦国家的人口大体上只有上万人。人口的特性主要是农业和游牧业人口，工商业人口极少。财产总量少，富人是极少数。受教育程度低，存在大量文盲。信仰与世俗生活联系紧密。人们更多的是以家庭、家族、部落等初级组织方式生活，并形成其基本认同。

从地域要素来看。在传统国家，地域规模起初都较小。尽管后来规模扩大，但这种规模缺乏稳定的界定，疆域经常发生变化。人们对自然地理条件有更多的依赖，"人的生产能力只是在狭小的范围内和孤立的地点上发展着。"① 自然灾害造成的危害较大，人对自然灾害的治理能力较低。尽管有资源的存在，但对资源的开发和利用能力不高。人们大多居住在乡村聚落而不是城市。

从事务要素来看。在传统国家，各种事务比较简单。经济事务主要是农业生产，属于自然经济，创造财富的能力较弱。绝大多数社会事务都是由社会自我承担，生命活动质量不高。文化生活单一。人们更多地依据长期延续的文化习俗支配自己的行为。一般人对政治事务的参与度不高，甚至没有参与。军事事务单一，大量军事事务分散在社会当中。对外交往事务有限，更多的是邻近地域的交往。

---

① 《马克思恩格斯文集》第8卷，人民出版社，2009，第52页。

从政府要素来看。在传统国家，政府权力有限，国家行政还没能成功地垄断合法使用暴力的权力，大量权力分散在社会当中。政府能够支配的资源和运用的手段也有限。政府还不能有效地控制自己的疆域和民众，并赋予民众以国民身份，取得民众的高度认同。对一般民众来说，政府不是内生的，而是遥不可及的外在物。

从国家治理主体来看。国家权力更多的是为个别人或者少数人所有。权力资源的配置较为简单，权力分化不够。国家职能更多的是统治职能。施政方式更多的是政治、军事、行政等。国家权力更多的是暴力强制获得权威。国家的治理能力有限。

现代国家形态是一种与传统国家形态有着质的区别的高级国家形态。在这一形态下，国家的基本要素发育成熟，犹如独立的成年人。

从人口要素来看。在现代国家，一个国家的人口数量有多有少。多的比历史上任何国家都要多，少的也比历史上的大多数国家都要多。人口的特性除了农业和游牧业人口，更多的是工商业人口。财产总量迅速扩大。富人的数量增多，更重要的是产生了数量庞大的中产阶级。受教育程度普遍提高，文盲基本消除。信仰与世俗生活开始分离。除了家庭等初级组织以外，产生了大量高于家庭的社会组织。

从地域要素来看。在现代国家，地域规模有大有小，但绝大多数国家都有相当的地域规模。更重要的是地域边界清晰和固定。人们除了依赖自然条件以外，改造自然条件的能力大大增加。人们突破地域的限制，"形成普遍的社会物质变换，全面的关系，多方面的需求以及全面的能力的体系。"[1] 人对自然灾害的治理能力提高，灾害后果降低。大量资源被发现，特别是对资源的开发和利用能力大大提高。人们大多居住在城市而不是乡村。

从事务要素来看。在现代国家，各种事务比过去复杂得多。经济事务主要是除了农业生产，更主要的是工业，产业形态增多。经济形态主要是具有交换性的市场经济。人们创造财富的能力大大提高。如

---

[1] 《马克思恩格斯全集》第46卷（上册），人民出版社，1979，第104页。

马克思所说："资产阶级在它的不到一百年的阶级统治中所创造的生产力，比过去一切世代创造的全部生产力还要多，还要大。"① 经济风险增大的同时，抗风险能力也增强。大量的社会事务由政府承担，生命活动质量提高。文化生活空前丰富。人们更多的是依据法律制度支配自己的行为。普通民众参与甚至决定政治事务。政治事务空前复杂和多变。军事事务增多，大量军事事务由政府组织承担。军事能力的提高使战争规模和烈度大大提高。世界性交往取代地域性交往，"过去那种地方的和民族的自给自足和闭关自守状态，被各民族的各方面的互相往来和各方面的互相依赖所代替了。"② 对外交往事务因此迅速增多。

从政府要素来看。在现代国家，政府权力急剧增大，"其行政机构成功地垄断了合法使用暴力的权力，并以此维持秩序。"③ 过去散落在社会当中的权力集中到国家手中。"各自独立的、几乎只有同盟关系的、各有不同利益、不同法律、不同政府、不同关税的各个地区，现在已经结合为一个拥有统一的政府、统一的法律、统一的民族阶级利益和统一的关税的统一的民族。"④ 政府能够支配的资源和运用的手段大大增强。政府能够有效控制自己的疆域和民众，并赋予民众以国民身份，取得民众的认同。对一般民众来说，政府已开始内生于自己的生活之中，无政府状态难以想象。

从国家治理主体来看。国家权力更多的是为全体国民所有。国家权力增大，权力资源的配置大大复杂，权力更多的分别由不同机构和人员掌握。专门从事国家治理的人员增多。在国家职能中，公共职能越来越大，且统治职能只有在履行了公共职能之后才能得到保障。施政方式更多，除了政治、军事、行政以外，更多的是经济、精神的。国家权力更多的是通过非暴力强制的方式获得权威。国家的治理能力大大提高。国家的治理难度不断增大，对国家治理体系和治理能力要

---

① 《马克思恩格斯选集》第 1 卷，人民出版社，2012，第 405 页。
② 《马克思恩格斯选集》第 1 卷，人民出版社，2012，第 404 页。
③ 转引自王焱编《宪政主义与现代国家》，三联书店，2003，第 31 页。
④ 《马克思恩格斯选集》第 1 卷，人民出版社，2012，第 405 页。

求更高。

时间国家不是一般的物质时间，属于单一的线性运行。时间国家强调国家的成长性。这种成长不是与过去相断裂的，而是在过去的基础上生长的。在马克思看来："历史不是作为'源于精神的精神'消融在'自我意识'中而告终的，历史的每一阶段都遇到一定的物质结果，一定的生产力总和，人对自然以及个人之间历史地形成的关系，都遇到前一代传给后一代的大量生产力、资金和环境，尽管一方面这些生产力、资金和环境为新的一代所改变，但另一方面，它们也预先规定新的一代本身的生活条件，使它得到一定的发展和具有特殊的性质。"① 由此需要引述时间国家的第二维度，即时间是一个新陈代谢的过程。新由陈来，陈在新中，历史基因是未来的底色。国家的成长过程具有不可逆性与可逆性。

根据时间国家的第二维度，可以发现，不同类型的国家只是一种质的区分。这种质的规定性的表现是一个过程。在具体的历史进程中，不同类型的国家并不是仅仅有一种类型国家的元素。一个国家从总体上已进入传统国家，但还大量保留着前国家的元素。一个国家从形式上具有现代国家的特性，但在内容上还处于传统国家。一个国家的成长，犹如人的成长一样，具有不可逆性；但在某些时间，却回复着过去发生的状况，甚至反复发生和出现。马克思说："黑格尔在某个地方说过，一切伟大的世界历史事变和人物，可以说都出现两次"②。重要原因是，"人们自己创造自己的历史，但是他们并不是随心所欲地创造，并不是在他们自己选定的条件下创造，而是在直接碰到的、既定的、从过去承继下来的条件下创造。"③ 这种历史的重叠性在国家形态发生转变时表现得尤其突出。以研究传统国家向现代国家转变而著名的美国学者摩尔看来："在两大文明形态起转承合的历史关节点上，分崩离析的传统社会所遗留下来的大量阶级因子，会对未来历史的造型

---

① 《马克思恩格斯选集》第 1 卷，人民出版社，2012，第 172 页。
② 《马克思恩格斯选集》第 1 卷，人民出版社，2012，第 668 页。
③ 《马克思恩格斯选集》第 1 卷，人民出版社，2012，第 669 页。

发生强烈影响。"①

时间国家的两个维度提示着人们，国家是一个不断成长的过程，国家治理要"因时而变"，不可固守成规；同时也要注意国家成长中的延续性、复杂性和回复性。

（四）空间国家：国家的地域性

无论是作为治理对象的国家，还是作为治理主体的国家，都是在特定的空间中产生、形成并发展和演化的。由此需要引进空间国家的概念进行考察。

空间是物体存在、运动的（有限或无限的）场所。空间的第一认识维度表示：空是一种存在，存在是有间隔的，重大的间隔即特性的不同。国家是在特定地域里存续的。在同一时间下，存在不同的国家，表示不同国家有着不同的特性，这种特性在于国家的构成要素不同。

从人口的空间分布来看。不同国家的人口数量、特性有所不同。古希腊世界地域不大，产生了多个城邦国家，由不同的人口构成。一些国家的人口主要是工商业人口，一些国家的人口主要是农业人口。

从地域的空间分布来看。不同国家的地域特性不同。有的国家自然条件优越，得天独厚，率先跨入文明的门槛。有的国家自然条件恶劣，不得不依靠突破自然条件的限制而获得生存空间。就是在一个国家内部，地域条件也有很大的不同。规模越大的国家，地域差异性越大。中国有条著名的"胡焕庸线"，即中国人口的地域分布以黑河—腾冲为界而划分为东南与西北两大基本差异区，绝大部分人口居住在黑河—腾冲线以东。在相当长的时间里，中国的政治重心在北方，重要原因是北方生活着以一个游牧为生的民族。

从事务的空间分布来看。不同国家的事务有所不同。一些国家的经济事务主要是农业，财富创造能力弱，称之为农业国家。一些国家

---

① 〔美〕巴林顿·摩尔：《民主和专制的社会起源》，拓夫、张东东等译，华夏出版社，1987，第2页。

的经济事务主要是工商业，财富创造能力强，称之为工业国家。就是在一个国家内，各个地域的事务也有所不同。中国南方的经济发展较快，北方的军事事务和政治事务较多。

从政府的空间分布来看。不同国家的政府对于人口和疆域的控制能力有所不同。一个国家有一个政府，但一个政府对于不同地域的控制能力也不一样。特别是中心和边缘、城市与乡村之间的差别。韦伯在论述中国政治时说："政权领域的各个部分，离统治者官邸愈远，就愈脱离统治者的影响；行政管理技术的一切手段都阻止不了这种情况的发生。"① 为此，他认为，在传统中国，"'城市'是没有自治的品官所在地，——'乡村'则是没有品官的自治区！"② 在一些边远地带，人们长期生活在"不知国家为何物"的状态。这正是费孝通所说的，"广阔的大陆交通网络很差，权力只是名义上集中，而不是事实上集中。"③

国家首脑和国家权力机构主要在首都。中央权力越大的国家，首都的地位越重要。首都的失去，意味着政权地位的不稳。各个层级的政府机构所在地构成中央和地方的政治中心，成为权力的集散地。国家权力依托这些政治中心将权力传递到各地。行政区划的划分对于国家权力的施行具有重要意义。

空间是一种区隔，区分为彼此。但空间的区隔只是相对的，并不意味着空间的阻隔。由此便产生空间的第二维度：空间是一个由不同要素构成的形态，彼与此不同，彼与此又通过交往发生联系和要素传递。特别是随着交通的便利，空间的阻隔性越来越弱。

国家本身是一种空间产物，它因为其地域范围的相对性而成为一个具有独立地位的政治实体。但在传统国家时代，各个国家的物理边界不确定，变动性大。不同国家，特别是邻近国家在交往中传递不同的要素，相互吸收对方的元素。没有哪一个国家是在没有外部交往中成长的。现代国家的重要特征是有确定的国家边界，但这种边界并不

---

① 〔德〕马克斯·韦伯：《经济与社会》下卷，林荣远译，商务印书馆，1997，第375页。
② 〔德〕马克斯·韦伯：《儒教与道教》，王容芬译，商务印书馆，1995，第145页。
③ 费孝通：《中国绅士》，惠海鸣译，中国社会科学出版社，2006，第115页。

能阻隔不同国家的人员往来。"由于一切生产工具的迅速改进，由于交通的极其便利，把一切民族甚至最野蛮的民族都卷到文明中来了。"①商品的低廉价格，成为"摧毁一切万里长城、征服野蛮人最顽强的仇外心理的重炮"②。就是在一个国家内，不同区域之间也会因为交通的便利不断增进相互间的交往。早在19世纪，马克思在谈及英国殖民者进入印度时就认为，"村庄的孤立状态在印度造成了道路的缺少，而道路的缺少又使村庄的孤立状态长久存在下去。在这种情况下，公社就一直处在既有的很低的生活水平上，同其他村庄几乎没有来往，没有推动社会进步所必需的愿望和行动。现在，不列颠人把村庄的这种自给自足的惰性打破了，铁路将造成互相交往和来往的新的需要。"③ 正是交通和信息的发达，国家权力可以一直延伸到偏远的乡村。

国家之间及其国家内部的交往越多，其在交往中获得的要素越多，越有助于国家的成长。空间国家反映了国家的地域性，也提示着有效的国家治理要"因地制宜"，同时又要求国家的治理者努力改变地域条件，增进多方面的交往。

二 制度：国家治理的根本性问题

无论是作为治理对象的国家，还是作为治理主体的国家，都是在制度中存续和发展的。制度决定了国家的类型，支撑着国家实体的存在与运行。对于国家治理来讲，制度问题具有长期性、稳定性和全局性。制度是一个体系，其中包括不同层次的制度。

（一）国家在制度中演进

制度是规范人的行为，调整人的关系的规则，也指在一定历史条件下形成的法令、礼俗等规范或一定的规格。"制度意味着一种社会秩

---

① 《马克思恩格斯选集》第1卷，人民出版社，2012，第404页。
② 《马克思恩格斯选集》第1卷，人民出版社，2012，第404页。
③ 《马克思恩格斯选集》第1卷，人民出版社，2012，第859页。

序或模式。"①

任何人都会存在一个组织内。组织是由不同的人组成的。不同的人有不同的利益和意识，处于不断分化的状态。没有分化就没有组织的运行。但无限分化，必然导致组织的崩溃。这就需要通过公共权威对具有不同利益和意识的人加以整合，从而形成一个整体。这种整合不是临时的，随意的，而是能够持续的，由此便会产生出相应的规范性制度。只要有人群的地方就有制度。早在原始社会，便存在氏族制度，通过这一制度规范人的行为。正是通过氏族制度，氏族社会才能获得秩序与权威，从而得以存续。与氏族社会相比，国家是崭新的高级组织形态，更是需要通过一系列制度来维系国家的存续。从一定意义上说，国家便是因制度而生的。

在契约论者看来，人们起初生活在没有国家的自然状态中，信奉和遵循的是物竞天择的丛林法则。这种法则导致人与人之间的状态处于战争状态。正因为如此，人们需要有一个超越社会之上的国家，来建立秩序与权威，使人们能够以文明的方式存续。洛克认为："处在政府之下的人们的自由，应有长期有效的规则作为生活的准绳，这种规则为社会一切成员所共同遵守，并为社会所建立的立法机关所制定。这是在规则未加规定的一切事情上能按照我自己的意志去做的自由，而不受另一人的反复无常的、事前不知道的和武断的意志的支配；如同自然的自由是除了自然法以外不受其他约束那样。"②

马克思主义者则通过实地材料，对国家因制度而生做了精确的回答。恩格斯详细考察了氏族社会的演变过程。由于私有制、阶级及阶级矛盾的产生，原有的氏族制度已不能包容和化解新的社会冲突。国家由此被呼唤出来。恩格斯说："国家是社会在一定发展阶段上的产物；国家是承认：这个社会陷入了不可解决的自我矛盾，分裂为不可调和的对立面而又无力摆脱这些对立面。而为了使这些对立面，这些

---

① 〔意〕罗纳德·L. 杰普森：《制度、制度的影响与制度主义》，载薛晓源、陈家刚主编《全球化与新制度主义》，社会科学文献出版社，2004，第 265 页。

② 〔英〕洛克：《政府论》（下），叶启芳、瞿菊农译，商务印书馆，1982，第 15 页。

经济利益互相冲突的阶级，不致在无谓的斗争中把自己和社会消灭，就需要有一种表面上凌驾于社会之上的力量，这种力量应当缓和冲突，把冲突保持在'秩序'的范围以内；这种从社会中产生但又自居于社会之上并且日益同社会相异化的力量，就是国家。"① 从恩格斯的表述可以看出，作为治理主体的国家权力的产生，正是因为原有的氏族社会及其制度已不能解决新社会带来的问题和冲突，只有通过国家才能把冲突保持在"秩序"的范围内。这一"秩序"便是新的制度，是国家建构起来的制度，并对社会进行重新定义、组织和规范。一是按地区划分国民；二是划分国民的主体是作为特殊公共权力的国家权力。可以说，作为特殊公共权力的国家权力的产生，就是为了订立新的制度而产生的。谁掌握了国家权力，谁就拥有了订立制度，从而规范和支配社会的权力。恩格斯因此提出，"由于国家是从控制阶级对立的需要中产生的，由于它同时又是在这些阶级的冲突中产生的，所以，它照例是最强大的、在经济上占统治地位的阶级的国家，这个阶级借助于国家而在政治上也成为占统治地位的阶级，因而获得了镇压和剥削被压迫阶级的新手段。"② 这个新手段便是在暴力支持下制定规则，从而形成统治秩序的政治制度。正是基于此，人类社会的政治制度存在不同的类型。

当国家产生以后，有了新的秩序及支持这一秩序的制度，以往的氏族社会因此被新型的国家实体替代。国家从无到有，从不成熟到成熟的重要标志，就是制度的进步。国家与国家治理正是在制度中不断演进的。

从国家要素来看。人口最初处于自然放任状态。随着国家的产生，用以调节人口的制度产生了，甚至出现了国家权力干预生育行为的计划生育制度。人类最初只是氏族成员，有了国家之后，其特性被定义为国民，并重新加以组织，如作为城邦制度的成员。人们最初的生活

① 《马克思恩格斯文集》第4卷，人民出版社，2009，第189页。
② 《马克思恩格斯文集》第4卷，人民出版社，2009，第191页。

地域是自然形成的。由于国家的产生，按地区划分它的国民，有了户籍制度。随着人类事务的产生，对事务的处理需要制度，由此有了经济制度、社会制度、文化制度等。这些存在于国家实体内的制度，是国家能够有序存续的基础。恩格斯因此指出："国家就是通过保护关税、自由贸易、好的或者坏的财政制度发生作用的。"①

从国家治理来看。作为治理主体的国家本身就是基于订立制度，保持秩序而生。"天地节而四时成。节以制度，不伤财，不害民。"（《易·节》）国家权力在为社会订立制度，有效治理国家的同时，也要为自己订立制度，使自己能够有序运转，并能够得到社会的认可。如因为国家权力资源的配置而产生集权或者分权制度，有了君主制、民主制、共和制等。

制度对于国家具有至关重要的意义。制度要解决的是什么问题呢？换言之，国家为何要通过制度才能把冲突保持在"秩序"的范围内呢？

制度的强制性。制度是对人的行为的规范，一旦形成便具有相当的强制性，即如果违背制度便要受到惩罚。"国家具有权力对社会成员之间所犯的不同罪行规定其应得的惩罚（这就是制定法律的权力），也有权处罚不属于这个社会的任何人对于这个社会的任何成员所造成的损害"②。恩格斯认为作为特殊的公共权力的国家，"不仅有武装的人，而且还有物质的附属物，如监狱和各种强制设施"③。掌握特殊公共权力的官僚机关，"作为同社会相异化的力量的代表，必须用特殊的法律来取得尊敬，凭借这种法律，他们享有了特殊神圣和不可侵犯的地位。"④ 可以说，没有强制性，就不成其为制度。正是通过具有强制性的制度，才能将人们的行为控制在一定的秩序范围以内，以维持共同体的存续。共同体范围越大，对制度的需求越高。国家是人类高级共同体，更需要制度加以维持。

---

① 《马克思恩格斯选集》第4卷，人民出版社，2012，第649页。
② 〔英〕洛克：《政府论》（下），叶启芳、瞿菊农译，商务印书馆，1982，第53页。
③ 《马克思恩格斯全集》第28卷，人民出版社，2018，第199页。
④ 《马克思恩格斯全集》第28卷，人民出版社，2018，第200页。

制度的合法性。合法性是指强制力只能为政府所拥有，并且得到人们对强制性权威的认可。秩序需要权威加以维持。国家要订立具有强制性的制度，同时也要通过各种方法使制度能够为人们所接受和认可，从而获得合法性。制度的合法性程度越高，制度的实施越有成效。恩格斯之所以认为最平凡的氏族酋长比文明时代最有势力的王公和最伟大的国家要人或统帅，更能够获得尊重，就在于其权威"不是用强迫手段获得的"①。而当国家通过多种手段，使制度具有合法性时，便能够获得更大的权威，从而有效控制秩序。

制度的根本性。国家包括对人的组织，国家治理更是人为的活动。国家治理的好坏取决于人，更取决于制度。这是因为，与人的意识和活动相比，制度具有根本性，在国家发展与国家治理中具有决定性意义。有了制度，人变换了，某一种事物仍然会存续。在毛泽东看来，秦始皇这个人早已不在，但他开辟的制度一直延续下来，"百代都行秦政法"②。与秦始皇这个伟大人物相比，秦制更为重要。这也是古代先贤都努力探讨合适的国家制度的重要原因。只有好的制度才能实现长治久安。

制度的全局性。人的活动总有一定的时间和空间，而制度具有全局性，能够在整体上发挥作用，所谓"牵一发而动全身"，特别是由国家订立的制度，将对一个国家的人和事做出重新安排和定义。恩格斯考察了德意志国家的产生时说，"国家是直接从征服广大外国领土中产生的，氏族制度不能提供任何手段来统治这样广阔的领土"，③ 于是产生了按地区来划分它的国民的国家。"这种按照居住地组织国民的办法是一切国家共同的。"④ 共同的办法就是制度，这种制度具有超越时空的全局性和普遍性。只有通过这样的制度，才能解决由血缘关系形成

---

① 《马克思恩格斯全集》第 28 卷，人民出版社，2018，第 200 页。
② 毛泽东：《七律·读〈封建论〉，呈郭老》，转引自陈晋《晚年毛泽东对读书的矛盾情结》，人民网，2014 年 7 月 16 日。
③ 《马克思恩格斯全集》第 28 卷，人民出版社，2018，第 198 页。
④ 《马克思恩格斯全集》第 28 卷，人民出版社，2018，第 199 页。

和联结起来的旧的氏族公社难以解决的问题。

制度的稳定性。一种制度的形成和订立是一个漫长的过程，经过无数反复才能定型为一种制度。因此，与人的活动相比，制度具有稳定性。恩格斯指出，"按照居住地组织国民的办法是一切国家共同的"，但是"当它在雅典和罗马能够代替按血族来组织的旧办法以前，曾经需要进行多么顽强而长久的斗争"①。而经过了顽强而长久的斗争才形成的新制度，必然具有相当的稳定性，它不会因一时的人为因素而发生根本性的改变。与此同时，制度具有自我复制的功能。不同的行为进入制度体系以后，便会成为一种反复出现的行为模式，而无论行为者是否意识到。如果将国家比喻为一座大厦，那么，制度便是支撑这一大厦的四梁八柱。一个国家的存续和治理成效，从根本上取决于制度。

制度的长期性。制度是在漫长的过程中形成的，也会在漫长的过程中发生作用。它不会简单地成立，也不会简单地消失。恩格斯考察了德意志国家的产生时说，尽管有了"按照居住地组织国民的办法"，但是由于国家是依靠外部征服产生的，其内部经济基础没有发生根本性变化，"所以，氏族制度能够以改变了的、地区的形式，即以马尔克制度的形式，继续存在几个世纪，甚至在以后的贵族血族和城市望族的血族中，甚至在农民的血族中，例如在迪特马申，还以削弱了的形式复兴了一个时期。"②

正是基于新中国成立以后的曲折经验，邓小平对于制度的功效作出了精辟的理解，指出："我们过去发生的各种错误，固然与某些领导人的思想、作风有关，但是组织制度、工作制度方面的问题更重要。这些方面的制度好可以使坏人无法任意横行，制度不好可以使好人无法充分做好事，甚至会走向反面。""不是说个人没有责任，而是说领导制度、组织制度问题更带有根本性、全局性、稳定性和长期性。这

① 《马克思恩格斯全集》第 28 卷，人民出版社，2018，第 199 页。
② 《马克思恩格斯全集》第 28 卷，人民出版社，2018，第 198 页。

种制度问题，关系到党和国家是否改变颜色，必须引起全党的高度重视。"①

（二）基于历史形成的制度

制度对于国家和国家治理具有特别重要的意义，国家正是在制度的订立和变迁中演进的。那么，制度又是如何产生的呢？

制度作为一种规范、规则，是在历史中形成的。人类历史是一个由多种要素及变迁构成的时间过程。人们在长期的历史活动中，基于内在的需要，逐步形成规范自己行为的制度。这种历史形成的制度有以下特点。

其一，从制度的产生动力来看，属于自生自发的，即不是外部干预的。

人类在自己的生活中，为了使生活能够有秩序地持续下去，会在生活中自我形成规则，以规范当事人的行为。这种由当事人自我生成和自我发展的规则，就是历史形成的制度。

历史形成的制度是基于各种历史条件而产生和发展的。氏族制度是人类历史上最早的组织制度。恩格斯在描述这一制度时说："氏族制度的前提，是一个氏族或部落的成员共同生活在纯粹由他们居住的同一地区中。"② 这一制度包括"原始的自然形成的民主制"③。"原始的自然形成的"，就表示这一制度是人类在生活中，当事人自己在生活中形成的，如果没有这样一种制度，就无法维系氏族共同体的存续。与此同时，这种制度的存续也是有条件的。"氏族制度是从那种没有任何内部对立的社会中生长出来的，而且只适合于这种社会。除了舆论以外，它没有任何强制手段。"④ 这种在社会中生长出来的制度是特定社会的自然产物，制度本身与社会融为一体，当事人自觉遵循这种制度，

---

① 《邓小平文选》第 2 卷，人民出版社，1994，第 333 页。
② 《马克思恩格斯全集》第 28 卷，人民出版社，2018，第 196 页。
③ 《马克思恩格斯全集》第 28 卷，人民出版社，2018，第 197 页。
④ 《马克思恩格斯全集》第 28 卷，人民出版社，2018，第 197 页。

并将其作为自己存续的条件。换言之，没有这种制度，相关的当事人也不成立。

在人类社会发展中，这种完全在当事人中自我生成的制度比比皆是。如最初的家庭制度完全是在家庭成员中自我生成的。在马克思看来，"人和人之间的直接的、自然的、必然的关系是男女之间的关系。"① 由这种关系所产生的家庭制度是当事人自我生成的，男女结合为一个家庭，便会形成相应的制度规范。市场制度也是如此。人们在市场交易活动中，买卖双方按照自愿原则进行交易，从而自我形成交易秩序。哈耶克将这种秩序称为"自生自发"的自然秩序。

其二，从制度的形态来看，大量的是以习惯、不成文的、自我约定的方式展现的。

历史中形成的制度，是在社会生活中自然产生的，并由于长期生活而内化于人的心中，成为一种习惯成自然的法则。它无须来自外部的成文规定和明确告示。它开始可能只是一种惯例，久而久之，便成为一种共同认可的规范。这种不言自明的制度，开始可能只是一种惯例，久而久之，便成为一种共同认可的规范。人们一出生，便按照这一规范支配自己的行为，而不产生疑义。早在国家产生之前，人类便是以这种制度而存续。恩格斯在谈到氏族社会时说，"一切问题，都由当事人自己解决，在大多数情况下，历来的习俗就把一切调整好了。"② 即使有了国家，这种制度仍然会长期延续下来。经历过美国和中国两种生活形态的费正清表示，"对一个享有较高物质生活水平的美国人来说，使他感到惊异的是中国农民在这样困苦的生活条件下，竟能维持一种高度文明的生活。问题的答案在于他们的社会习俗，这些习俗使每个家庭的人员，按照根深蒂固的行为准则经历人生的各个阶段和变迁。这些习俗和行为准则，一向是世界上最古老而又最牢固不变的社会现象。"③

---

① 《马克思恩格斯全集》第 42 卷，人民出版社，1979，第 119 页。
② 《马克思恩格斯全集》第 28 卷，人民出版社，2018，第 116 页。
③ 〔美〕费正清：《美国与中国》，张理京译，世界知识出版社，1999，第 21 页。

其三，从制度的权威性来看，主要是基于共同认可，为共同体成员默认一致。

制度用于规范人的行为，同时又要为行为人所遵守。历史形成的制度，主要是基于历史上各种共同体成员的共同认可和默认一致。尽管除了舆论以外，它没有任何强制手段，但是却能够获得极大的权威。在滕尼斯看来："共同体是持久的和真正的共同生活"。"相互之间的共同的、有约束力的思想信念作为一个共同体自己的意志，就是这里应该理解为默认一致（consensus）的概念。它就是把人们作为一个整体的成员团结在一起的特殊的社会力量和同情。"[①] 正是通过这种共同体成员默认一致的规则，才能维系共同体的存续。反之，共同体便无法存续。恩格斯在谈到氏族公社解体时说到，由于氏族和部落的杂居，有了新的需要和利益，"这些新的需要和利益不仅同旧的氏族制度格格不入，而且还千方百计在破坏它。"[②] 这就是说，由新的需要和利益而产生的社会成员，不仅不能与原有的氏族制度形成默认一致，存在于氏族共同体之内的舆论对他们也没有约束力，而且会以他们的需要和利益破坏它的权威性，从而造成氏族制度的解体。由此可见，历史形成的制度的权威性也是以历史条件为依据的。

（三）基于目标建成的制度

基于历史形成的制度贯穿着人类历史的全过程。但人类是有意识有目的的活动者。人类在历史进程中一方面会依据自生自发的制度支配自己的行为，同时又会根据一定目标，主动建成一定的制度。与历史形成的制度相比，基于目标建成的制度有以下特征。

其一，从制度的产生动力来看，属于规划设定的，即具有外部安排性。

氏族制度是长期历史自然形成的。随着新社会因素的成长，旧的

---

① 〔德〕斐迪南·滕尼斯：《共同体与社会》，林荣远译，商务印书馆，1999，第54、71~72页。
② 《马克思恩格斯全集》第28卷，人民出版社，2018，第197页。

氏族制度被破坏，于是产生了国家。从一定意义上讲，国家是因为订立新制度而产生的。诺斯认为，"制度是一个社会的游戏规则，更规范的讲，它们是为决定人们的相互关系而人为设定的一些制约"①。诺斯这里讲的制度，主要是指国家产生以后的人为设定的制度。这是因为国家权力与氏族权力不同，它是"从社会中产生但又自居于社会之上并且日益同社会相异化的力量"，"后者是站在社会之中，而前者却不得不企图成为一种处于社会之外和社会之上的东西。"② 国家权力的执掌者为了把冲突保持在秩序的范围以内，就得建立制度，以规范不同利益群体的行为。国家权力执掌者在订立制度时，必然会有自己的目标和意图。这也是不同的利益群体都希望获得国家权力的重要目的。有了国家权力，就有了订立制度的可能，而订立制度的过程也是体现人的主观意志的过程，由此就有了制度的人为更替。

制度的更替是历史的产物，也是人为的结果。为了改变旧制度，建立新制度，就需要解决制度的合理性。合理性是合法性的前提，它通过赋予某种目标以神圣价值而获得人们的认同。在恩格斯看来，"文明时代越是向前进展，它就越是不得不给它所必然产生的种种坏事披上爱的外衣，不得不粉饰它们，或者否认它们"。③ 这种外衣便是某种"合理性"和表述。中国古代哲学家董仲舒说，"天不变，道亦不变"。以至高无上的"天"赋予统治制度的"道"以神圣性。而马克思主义力图通过探索人类社会发展规律来寻求新制度的合理性。

其二，从制度的形态来看，主要以成文的、具有明确指向的方式展现的。

与氏族相比，国家面对的是一群与旧氏族不同的异质性人口。恩格斯指出："氏族制度的前提，是一个氏族或部落的成员共同生活在纯

---

① 〔美〕道格拉斯·C. 诺斯：《制度、制度变迁与经济绩效》，刘守英译，上海三联书店、上海人民出版社，1994，第 3 页。
② 《马克思恩格斯全集》第 28 卷，人民出版社，2018，第 199、200 页。
③ 《马克思恩格斯全集》第 28 卷，人民出版社，2018，第 206 页。

粹由他们居住的同一地区中。"① 这种范围很小的共同体，依照习俗便可以自然调节。而随着社会的发展，"氏族和部落到处都杂居在一起，到处都有奴隶、被保护民和外地人在公民中间居住着。""他们人数太多，不可能被逐渐接纳到血缘亲属的血族和部落中来。"② 国家正是在这种异质性人口中产生的，也需要国家权力用统一明确的成文制度来规范人的行为，以告知这些不同的人应该做什么，不能做什么，从而建立和维持秩序。这种成文制度的最高表现便是成文法律。在洛克看来，"在自然状态中，缺少一种确定的、规定了的、众所周知的法律，为共同的同意接受和承认为是非的标准和裁判他们之间一切纠纷的共同尺度。""所以，谁握有国家的立法权或最高权力，谁就应该以既定的、向全国人民公布周知的、经常有效的法律，而不是以临时的命令来实行统治"。③ 国家愈是成长，愈会用成文法律将各种制度确定下来，并告知全社会。

其三，从制度的权威性来看，主要是基于强制力，无论是否所有成员共同遵守。

与氏族相比，国家面对的是一群具有不同利益的人。氏族制度的前提是在一个小型共同体内，氏族成员利益的同一性。在恩格斯看来，随着人类社会发展，"产生了这样一个社会，它由于自己的全部经济生活条件而必然分裂为自由民和奴隶，进行剥削的富人和被剥削的穷人，而这个社会不仅再也不能调和这种对立，反而必然使这些对立日益尖锐化。"④ 面对这样一个全新的社会，"氏族制度已经过时了。它被分工及其后果即社会之分裂为阶级所炸毁。它被国家代替了。"⑤ 国家作为"第三种力量似乎站在相互斗争着的各阶级之上，压制它们的公开

---

① 《马克思恩格斯全集》第 28 卷，人民出版社，2018，第 196 页。
② 《马克思恩格斯全集》第 28 卷，人民出版社，2018，第 196～197 页。
③ 〔英〕洛克：《政府论》（下），叶启芳、瞿菊农译，商务印书馆，1964，第 77～78、80 页。
④ 《马克思恩格斯全集》第 28 卷，人民出版社，2018，第 197 页。
⑤ 《马克思恩格斯全集》第 28 卷，人民出版社，2018，第 197 页。

的冲突，顶多容许阶级斗争在经济领域内以所谓合法形式决出结果来"①。这里说的"合法"，便是由国家强制力支撑的成文制度。这种制度一是让所有人都知晓，二是无论是否同意，任何人都得遵守，否则便会受到惩罚。因此，国家成文制度的巨大权威主要是基于国家强制。

将制度分为形成的和建成的，只是一种分类。这两类制度并不是截然分立的，恰恰相反，是相互渗透的。

从国家建成的制度来看，大量的制度来源于历史形成的习惯和规范，甚至是直接借用历史形成的制度，并加以扩展。愈是早期国家，愈是这样。如"杀人偿命"便来自久远的原始习惯。即使是成熟国家，许多制度也来源于历史形成的制度。这时因为历史形成的制度的依据是历史条件。只要历史条件没有变化，历史形成的制度就具有生命力。国家制度愈是汲取这些制度的精华，便愈能发挥其功效。

从历史形成的制度来看，大量制度也会汲取国家制度的精神。这是因为，自国家产生以后，国家也是历史条件的一部分。历史形成的制度不可能离开国家而独立存在，它们在形成的过程中也会汲取国家制度的精神。如现代乡规民约的形成，就需要汲取尊重个人权利的国家制度精神，而不能像过往那样为了整体而简单压制，甚至牺牲个体。

（四）制度体系与核心制度

国家是在制度中成长和演进的。国家愈是成长，制度愈发展；国家愈是成熟，制度愈丰富。由此便会形成由多种制度构成的制度体系。

从制度类型来看，在国家要素方面，有人口制度、行政区划制度、经济事务制度、社会事务制度、文化事务制度、政治事务制度、政府制度。在国家权力方面，有权力归属制度、权力配置制度、权力运行制度、民众权利制度等。

从制度范围来看，有低层次制度，如基层社会制度；有中级层次

---

① 《马克思恩格斯全集》第 28 卷，人民出版社，2018，第 197 页。

制度，如地方制度；有高层次制度，如国家制度。

这些制度相互联系，相互衔接，形成一个整体性的制度体系，共同支撑着国家发展与国家治理。

在制度体系中，存在着核心制度。所谓核心制度，就是居于整个制度体系中最关键的根本性制度。这一制度决定着国家和其他制度的性质与运转，属于"牵一发而动全身"的制度，即"国之本"。其他制度都居于从属性和辅助性地位。当这一制度改变，国家实体及其性质便会发生变化，动摇国本。在一些传统国家，君主制属于最核心的制度。君主是国家最高权力的拥有者，是国家的组织和治理的最高领导者，也是国家的精神象征。君主的改变意味着原有国家的不复存在。在现代国家，宪法被视为根本大法，属于法上之法，具有最高的法律效力。宪法规定了国家的根本性质和基本准则。其他法律都要以宪法为依据。人们获得了统治权，首先是制定宪法；人们要调整国家治理，也需要修订宪法。与此同时，即使是现代国家，也需要组织，需要组织者。谁来组织国家，如何组织国家，如何通过国家的力量对具有不同利益和意识的人群进行整合，将其结合为一个政治整体的制度，便成为国家的核心制度。

三　关系：国家治理的支配性逻辑

（一）国家、制度与人

国家和制度不是抽象的概念。国家和制度的核心问题是人。政治学以国家和制度为主要对象，但往往忽略了人。大量的政治学教材和著作中，都只是国家和制度的陈述，没有看到人，更没有研究国家和制度为何而生，又为什么是这样，而不是那样，其背后的支配性逻辑是什么？国家与制度的演进是历史的偶然，还是有规律可循？如果有规律，是什么规律？国家与制度演进的背后有无依据，如果有，是什么？这一系列问题，使我们不得不寻求国家与制度演进背后的决定性因素。这就是人。

国家和制度的产生是基于人的需要。国家和制度不是从来就有的，也不是一成不变的。其依据便是人的需要。古希腊时期的亚里士多德认为"人类自然是趋向于城邦生活的动物"，一个人若能离开国家而生存，他不是个野兽，便是一个神。不加入城市国家，就不可能过人的生活。① 在霍布斯、洛克看来，人类最初生活在自然状态，但这种状态并不是美好的状态，要么处于人与人之间的战争状态，要么有各种不方便，所以需要政府。"人们联合成为国家和置身于政府之下的重大的和主要的目的，是保护他们的财产；在这方面，自然状态有着许多缺陷。"② 恩格斯依据历史事实，认为，"国家是社会在一定发展阶段上的产物；国家是承认：这个社会陷入了不可解决的自我矛盾，分裂为不可调和的对立面而又无力摆脱这些对立面。而为了使这些对立面，这些经济利益互相冲突的阶级，不致在无谓的斗争中把自己和社会消灭，就需要有一种表面上凌驾于社会之上的力量，这种力量应当缓和冲突，把冲突保持在'秩序'的范围以内；这种从社会中产生但又自居于社会之上并且日益同社会相异化的力量，就是国家。"③ 国家是因人类不致在无谓的斗争中把自己和社会消灭的需要而产生的。有了国家，有了国家订立的制度把冲突保持在秩序的范围以内，才有了人的存续，才能使人摆脱那种动物一般的生活。有国家，有制度，才有了真正的"人的生活"，使人类进入了文明时代。正因为如此，恩格斯将国家产生后的人类时代称为文明时代，将以前的时代称为"蒙昧时代"和"野蛮时代"，从而认为"国家是文明社会的概括"。④

进入有国家的文明时代以后，国家和制度一直在改变，从根本上说，是适应人的需要的丰富和扩展。

国家和制度的构成与运行取决于人。作为治理对象的国家，是由

① 〔古希腊〕亚里士多德：《政治学》，吴寿彭译，商务印书馆，1965，第 7 页、绪论。
② 〔英〕洛克：《政府论》（下），叶启芳、瞿菊农译，商务印书馆，1964，第 77 页。
③ 《马克思恩格斯全集》第 28 卷，人民出版社，2018，第 198~199 页。
④ 《马克思恩格斯选集》第 4 卷，人民出版社，2012，第 193 页。

人组成的。没有人，也就无所谓国家，也就无所谓管理人们共同事务的政府。有什么国民，就有什么国家，就有什么政府。作为治理主体的国家，是由人组成的。国家作为特殊的公共权力，掌握在人的手中。掌握在什么人手中，掌握者如何运用国家权力，直接关系着国家治理的好坏和国民的命运。孔子讲"苛政猛于虎"（《礼记·檀弓下》），而"苛政"正是执掌统治权力的人造成的。正是基于国家治理会造成"苛政"，老子主张统治者要"无为而治"。

制度支撑着国家和国家治理。但是，制度是人订立的，也是针对人的。制度的订立和实施取决于什么人订立和实施。没有好人，便难以订立好制度。孙中山先生将人分为先知先觉者、后知后觉者和不知不觉者。先进的制度正是那些先知先觉者订立的。制度再好，没有人的贯彻和落实，也只能停留在条文上。

国家和制度是以人为中心展开的。只有深刻理解国家和制度背后的人，才能发现国家和制度产生和发展的支配性逻辑。

（二）人是社会关系的总和

国家和制度的核心问题是人，但人是什么？这又是一个关键问题。

在相当长时间，人们将人视为"理性"的产物。人之所以为人，而不同于动物，就在于具有理性。

而在马克思看来，"人的本质不是单个人所固有的抽象物，在其现实性上，它是一切社会关系的总和。"[①] 人是社会关系的产物，人不能脱离社会关系而孤立地存在。

关系是事物之间的相互联系。社会关系意味着两个不同的人由于某一纽带进行联结并发生的联系。马克思认为："社会并不只由个人所组成，它还体现着个人在其中发现自己的各种联结和关系的总和。"[②] 个人通过各种联结和关系，形成社会。"社会，即联合起来的单个

---

① 《马克思恩格斯选集》第1卷，人民出版社，2012，第139页。
② 《马克思恩格斯全集》第3卷，人民出版社，1958，第24页。

人"①。任何人一出生就生活在各种联结和关系之中，都不可能脱离社会而存在。

在社会关系中，生产关系与利益关系贯穿人类始终，是根本性的关系。这是因为，人要生活必须获得生活资料，从而要进行生产并会在生产中形成生产关系。这种生产关系决定了不同的人能够从生产中获得什么，从而形成决定人的得失的利益关系。"人们为之奋斗的一切，都同他们的利益有关"②。利益关系则决定着国家和制度。马克思指出："每种生产形式都产生出它所特有的法的关系、统治形式等等。"③ "旧法律是从这些旧社会关系中产生出来的，它们也必然同旧社会关系一起消亡。"④

利益关系存在于各种社会联结中，要以社会联结作为自己的载体。社会联结是通过交往将一个个单个的人联系为一个组织群体。马克思认为："社会关系的含义在这里是指许多个人的共同活动。"⑤ 从人的合作形成的组织联结来看，主要有以下方面的关系。

一是血缘关系，是以血亲或生理联系为基础而形成的社会关系。在恩格斯看来，"根据唯物主义观点，历史中的决定性因素，归根结底是直接生活的生产和再生产。但是，生产本身又有两种。一方面是生活资料即食物衣服、住房以及为此所必需的工具的生产；另一方面是人自身的生产，即种的繁衍。"⑥ 在人自身的生产和再生产活动中，形成血缘关系，如父母与子女的关系，兄弟姐妹关系，以及由此而派生的其他亲属关系。它是人先天的与生俱来的关系，在人类社会产生之初就已存在，是最早形成的一种原生的社会关系。血缘关系又可分为家庭关系、家族关系、宗族关系、氏族关系等。人们通过血缘关系的联结，形成家庭、家族、宗族、氏族社会组织。

① 《马克思恩格斯全集》第 30 卷，人民出版社，1995，第 526 页。
② 《马克思恩格斯全集》第 1 卷，人民出版社，1995，第 187 页。
③ 《马克思恩格斯选集》第 2 卷，人民出版社，2012，第 688 页。
④ 《马克思恩格斯全集》第 6 卷，人民出版社，1961，第 292 页。
⑤ 《马克思恩格斯选集》第 1 卷，人民出版社，2012，第 160 页。
⑥ 《马克思恩格斯全集》第 28 卷，人民出版社，2018，第 2 页。

二是地域关系，是直接建立在人们空间与地理位置关系基础上的社会关系。最初的人们以采摘果实和狩猎为生，劳动和生活的地点变动不居。比较稳定和牢固的地域关系是人类采取定居形式后才形成。它是次于血缘关系而产生的。相对定居之后的任何人都会生活在一定的地域空间里。因为地域相近而产生的交往，将不同的血缘关系的人联结起来，并形成地域关系。如不同的部落因为地域上的联系形成部落联盟组织。不同的家庭因为地域联系形成村落和城市组织。

三是民族关系，是各民族之间在政治、经济、文化、语言等方面相互交往而形成的社会关系。由于在共同的地域中长期生活，从而将一定地域的人联结为一个具有共同文化和语言特性的民族，并形成不同民族之间的关系。民族是比家庭、村落更大的社会群体，是家庭、村落等血缘和地域群体的集合体。任何人都是一定民族的成员，具有某个民族的身份，并相互依赖。

四是全球关系，是不同民族和国家因为全球性的相互交往和相互依赖而形成的社会关系。在长期历史上，各个民族都在自己的地域上存续，相互之间缺乏相互依赖的有机联系。进入近代，随着交通条件的改善和世界市场的产生，"过去那种地方的和民族的自给自足和闭关自守状态，被各民族的各方面的互相往来和各方面的互相依赖所代替了。"[1] 人们因此处于全球关系之中，生活在全球相互依赖的"地球村"里。德国哲学家康德提出了"世界公民"的概念。

人的本质是一切社会关系的总和。社会关系支配着人的行为。每个人都将根据在社会关系中的某一位置及其位置的要求，从事自己的各种活动，并产生相应的现象。

（三）关系的扩展性与叠加性

社会关系是在历史过程中形成的。这是因为"社会生活在本质上

---

[1] 《马克思恩格斯选集》第 1 卷，人民出版社，2012，第 404 页。

是实践的。"① 人的实践既包括长期历史传承下来的条件，也包括人的活动。"环境的改变和人的活动的一致，只能被看做是并合理地理解为变革的实践"②。为此，我们应该将社会置于历史过程中理解。

从历史的维度来看，社会关系具有扩展性与叠加性的特点。

社会关系的扩展性是指社会关系从产生到发展的不断丰富过程。这是因为"人是全部人类活动和全部人类关系的本质、基础"③。人具有能动性，是社会发展的动力。马克思指出："人的本质是人的真正的社会联系，所以人在积极实现自己本质的过程中创造、生产人的社会联系、社会本质，而社会本质不是一种同单个人相对立的抽象的一般的力量，而是每一个单个人的本质，是他自己的活动，他自己的生活，他自己的享受，他自己的财富。"因此，"真正的社会联系并不是由反思产生的，它是由于有了个人的需要和利己主义才出现的，也就是个人在积极实现其存在时的直接产物。"④ 正是基于个人的需要和动力，不断扩展和丰富着人的社会关系。

人的社会关系最初十分简单。马克思说："家庭起初是唯一的社会关系。"⑤ "我们越往前追溯历史，个人，从而也是进行生产的个人，就越表现为不独立，从属于一个较大的整体；最初还是十分自然地在家庭和扩大成为氏族的家庭中；后来是在由氏族间的冲突和融合而产生的各种形式的公社中。"⑥ 随着人类的进化和人的成长，关系逐渐丰富起来。这种丰富经历了一个漫长的历史过程。马克思从生产和交换关系的视角，将人类社会分为三种关系形态。在他看来，"人的依赖关系（起初完全是自然发生的），是最初的社会形态，在这种形态下，人的生产能力只是在狭窄的范围内和孤立的地点上发展着。以物的依赖性为基础的人的独立性，是第二大形态，在这种形态下，才形成普遍

---

① 《马克思恩格斯选集》第1卷，人民出版社，2012，第139页。
② 《马克思恩格斯选集》第1卷，人民出版社，2012，第138页。
③ 《马克思恩格斯全集》第2卷，人民出版社，1957，第118页。
④ 《马克思恩格斯全集》第42卷，人民出版社，1979，第24页。
⑤ 《马克思恩格斯选集》第1卷，人民出版社，2012，第159页。
⑥ 《马克思恩格斯选集》，第2卷，人民出版社，2012，第684页。

的社会物质变换，全面的关系，多方面的需求以及全面的能力的体系。建立在个人全面发展和他们共同的社会生产能力成为他们的社会财富这一基础上的自由个性，是第三个阶段。"①

人类社会由整体到个体的过程是关系不断丰富的过程。当人从属于一个整体时，只有整体与整体的关系，个人对于整体来说是微不足道的，也不能脱离整体，表现为人对整体的依赖。马克思指出，在原始社会，"共同体是实体，而个人则只不过是实体的偶然因素"②。随着人类社会发展，个人开始从原有的整体上超越出来，具有更多的人的独立性，由一个关系简单的共同体进入到一个复杂多样的社会之中，从而形成广泛的社会交往，并产生丰富的社会关系。从组织联结来看，人类从最初的血缘关系，扩展到地域关系，再扩展到民族关系，进一步扩展为全球关系，便反映了社会联结的扩大和社会关系的丰富。而社会关系的扩展和丰富，意味着人类的结合在不断提升，可以创造出单个人力量不可能具有的力量。

社会关系的叠加性是指社会关系的扩展不是简单的替代，而是多种关系的重合。

社会关系是在人类社会的进化中不断丰富，由一种关系到多种关系的扩展。马克思用"一切社会关系的总和"来表述社会关系的丰富性，也意味着多种社会关系的叠加性。如果是一种关系完全替代了另一种关系，那么，社会关系的总量就无法增加，也谈不上社会关系的丰富性。

当然，社会关系的叠加性不是简单积累，而是基于历史条件。马克思指出："一个人的发展取决于和他直接或间接进行交往的其他一切人的发展；彼此发生关系的个人的世世代代是相互联系的，后代的肉体的存在是由他们的前代决定的，后代继承着前代积累起来的生产力和交往形式，这就决定了他们这一代人的相互关系。"③ 社会关系总是

① 《马克思恩格斯全集》第 46 卷（上册），人民出版社，2012，第 684 页。
② 《马克思恩格斯全集》第 2 卷，人民出版社，2012，第 728 页。
③ 《马克思恩格斯全集》第 3 卷，人民出版社，1960，第 515 页。

在历史条件下产生并存续的。只要历史条件没有改变，社会关系便会延续。例如，当人的生产只能通过男女结合，保证人的生存的物质财富只能通过父子传递的方式进行时，血缘关系便会延续下来。作为"起初是唯一的社会关系"的血缘家庭迄今还保留下来，只是表现形式有所不同。除了历史条件以外，还有人的因素。这是因为，"事物并不经常是平均地变迁的，某些习惯和权利纵然已无存在的理由，却由于私人的利害关系往往把他们保存下来。"[①]

同时，社会关系具有再生产的特性。这是因为组成社会的人具有能动性，不仅是特定的社会关系的产物，而且能够再生产出一定的社会关系。马克思指出，"在消费过程中发生的个人的最终占有，再生产出处于原有关系的个人，即处在他们对于生产过程的原有关系和他们彼此之间的原有关系中的个人，再生产出处在他们的社会存在中的个人，因而再生产出他们的社会存在，即社会"[②]，"社会本身，即处于社会关系中的人本身……而作为它的主体出现的只是个人，不过是处于相互关系中的个人，他们既再生产这种相互关系，又新生产这种相互关系。这是他们本身不停顿的运动过程，他们在这个过程中更新他们所创造的财富世界，同样地也更新他们自身。"[③] 社会关系再生产和扩大再生产的特性除了自动复制出原有关系，又会新生产出新的关系，从而造成多种关系的不断叠加。

（四）关系与国家的互动

国家的核心问题是人。人的本质是一切社会关系的总和。关系对于国家具有支配性意义，并构成国家演进背后的决定性因素。马克思在谈到国家生活现象时指出："在研究国家状况时很容易走入歧途，即忽视各种关系的客观本性，而用当事人的意志来解释一切。但是存在着这样一些关系，这些关系既决定私人的行动，也决定个别行政当局

---

① 〔英〕洛克：《政府论》（下），叶启芳、瞿菊农译，商务印书馆，1964，第99页。
② 《马克思恩格斯全集》第31卷，人民出版社，1998，第112页。
③ 《马克思恩格斯选集》第2卷，人民出版社，2012，第791页。

的行动，而且就像呼吸的方式一样不以他们为转移。"① 列宁进一步认为："人类社会的发展也是由物质力量即生产力的发展所决定的。人们在生产人类必需的产品时彼此所发生的关系，是以生产力的发展为转移的。所以，社会生活中的一切现象，人类的意向、观念和法律，都是由这种关系来解释的。"②

在马克思看来，不是国家决定市民社会，而是市民社会决定国家。"有一定的市民社会，就会有不过是市民社会的正式表现的相应的政治国家。"③ 社会是由具体的和现实的人构成的。"以一定的方式进行生产活动的一定的个人，发生一定的社会关系和政治关系。""社会结构和国家总是从一定的个人的生活过程中产生的。"④ 随着历史唯物主义的创立，马克思进一步阐述了物质生产关系决定着国家。在马克思看来："人们在自己生活的社会生产中发生一定的、必然的、不以他们的意志为转移的关系，即同他们的物质生产力的一定发展阶段相适合的生产关系。这些生产关系的总和构成社会的经济结构，即有法律的和政治的上层建筑竖立其上并有一定的社会意识形式与之相适应的现实基础。物质生活的生产方式制约着整个社会生活、政治生活和精神生活的过程。"⑤ 国家是人构成的。人与人结合的社会关系会外化为国家，使人们借助国家的力量维持或创造社会关系。"现实的关系决不是国家政权创造出来的，相反地，它们本身就是创造国家政权的力量。"⑥

除生产关系这一决定性关系以外，其他社会关系对于国家也具有决定性意义。

血缘关系最早，也是基础性社会关系。这一关系贯穿于国家产生与演进之中。国家是因为血缘性的氏族关系无法容纳新的社会要素而产生的，而血缘关系并没有因为国家的产生而中断。在马克思看来：

---

① 《马克思恩格斯全集》第1卷，人民出版社，1995，第363页。
② 《列宁选集》第1卷，人民出版社，1972，第88~89页。
③ 《马克思恩格斯选集》第4卷，人民出版社，2012，第408页。
④ 《马克思恩格斯选集》第1卷，人民出版社，2012，第151页。
⑤ 《马克思恩格斯选集》第2卷，人民出版社，2012，第2页。
⑥ 《马克思恩格斯全集》第3卷，人民出版社，1960，第377~378页。

"政治国家没有家庭的自然基础和市民社会的人为基础就不可能存在。它们对国家来说是必要条件。"① 任何人，包括统治者和被统治者，都生活在血缘关系之中，并将血缘关系作为其行为的重要依据。愈是早期国家，血缘关系的渗透愈强。君主制国家的基础正是血缘关系的父权制家庭。

地域关系是国家的基础。国家不同于氏族的第一标志就是按地区划分居民。"以血族团体为基础的旧社会，由于新形成的各社会阶级的冲突而被炸毁，代之而起的是组成为国家的新社会，而国家的基层单位已经不是血族团体，而是地区团体了。"② 恩格斯考察了罗马国家的产生，在于"广大领土上的广大人群，只有一条把他们联结起来的纽带，这就是罗马国家"③，"幅员广阔，就不能再利用旧的氏族制度的手段来管理了"④。"政治社会是按地域组织起来的，它通过地域关系来处理财产和处理个人的问题。"⑤ 地域关系超越了血缘组织的边界，将不同的原生于血缘组织的人联结起来形成地域性的组织，并因此有新的管理机构，这就是国家。国家因地域关系而产生，并会以一定的地域为其存在的前提条件。国家产生以后，势必形成国家的行政区划和建制，以有效控制其地域。

民族关系是国家的载体。民族是历史文化的共同体，人类往往是在一个民族共同体的基础上建立国家，容易在民族认同基础上形成国家认同。现代国家本身便是作为历史与文化共同体的民族与作为政治和领土的国家相融合的产物。因此，现代国家又通常称之为民族—国家。

全球关系是现代国家的基点。只有在全球关系的格局下，才有了能够成功垄断暴力并且有明确领土边界的现代国家。许多民族在现代

---

① 《马克思恩格斯全集》第3卷，人民出版社，2002，第12页。
② 《马克思恩格斯全集》第28卷，人民出版社，2018，第32页。
③ 《马克思恩格斯全集》第28卷，人民出版社，2018，第175页。
④ 《马克思恩格斯全集》第28卷，人民出版社，2018，第180页。
⑤ 〔美〕路易斯·亨利·摩尔根：《古代社会》上册，杨东莼、马雍、马巨译，商务印书馆，1977，第6页。

世界来临之前，还不知国家为何物，只是由于全球关系而形成现代国家，尽管这类国家仅仅只是形式上的，如部族国家。

国家受制于社会关系。与此同时，国家不是自然物体，而是人的结合，具有自主性和能动性。国家一旦产生，除了复制已有关系外，还会再生产新的关系。国家是特殊的公共权力，因为对特殊公共权力的占有不同，社会分裂为统治者与被统治者，从而产生统治与被统治的政治关系。这种政治关系是过往氏族社会中不存在的。随着国家的演进，国家还会再生产出一系列新的关系。这种新的关系又成为国家的制约力量。国家的性质取决于要么维持一种旧关系，要么创造一种新关系。毛泽东指出："在人民有了自己的政权以后，这个政权同人民的关系"，是"一种新的政治关系"。① 中华人民共和国的成立，标志着全新的政治关系的创立，人民成为国家权力的所有者。与此同时，面对处在各种关系之中的国家来说，如何处理各种关系，推进社会与国家的进步，为人们提供更美好的生活，便成为国家治理的核心问题，也是检验国家治理优劣与否的主要标准。

正是在关系决定国家以及国家创造和处理关系的过程中，形成了关系与国家的互动。只是这种互动在不同的国家里表现形式不一样。根源便在于关系与国家互动模式的生成和演进的历史条件不同。

---

① 《毛泽东文集》第 7 卷，人民出版社，1999，第 359 页。

第一卷

血缘—地域关系中的王制国家

按照居住地组织国民的办法是一切国家共同的。……但是我们已经看到，当它在雅典和罗马能够代替按血族来组织的旧办法以前，曾经需要进行多么顽强而长久的斗争。

——恩格斯

第一章
血缘—地域关系中的部族王制国家

从时间的维度来看，国家不是从来就有的。从空间的维度来看，国家在不同空间里演进形式不一样。这都涉及国家起源问题。马克思主义在研究国家起源时，通过对大量实际材料的分析，提出了三个一般性的观点，一是国家起源前的社会关系主要是血缘关系及其相应的氏族制度；二是不同于氏族组织，国家按地区划分它的国民；三是国家是一种特殊的公共权力。与此同时，马克思主义对雅典、罗马和德意志三种国家的兴起路径及其形式进行了分类，指出了它们各自的特点。东方中国是一个古老的国家，其国家的起源表现出自己的特点，并规制着之后的路径。在中国，由于国家初生及其之前的历史缺乏足够的实证材料，特别是氏族与国家处于混沌状态，我们只能采用参照对比的方式考察早期国家的起源。正如恩格斯所说的，关于国家产生的初始阶段，"再好莫过于从古雅典来加以研究"[①]。当然，这种研究更多的是作为参照，而不是简单的比附。这是因为古雅典是在人类次生关系——地域关系基础上形成的，这也是国家的一般特性。但是原生国家是在人类原生关系——血缘关系基础上形成的。为了更好地了

[①] 《马克思恩格斯选集》第 4 卷，人民出版社，1995，第 107 页。

解原生国家的产生及其路径，以古雅典这种典型国家形态为参照，看得更清楚一些。

一　人与自然的关系：国家缘起

国家不是从来就有的，也不是同时产生的。在世界上，有的地方率先出现了国家，有的地方直至 20 世纪才有了国家。其中的重要原因是，国家是人类的高级组织形式，而人类是大自然之子，人与自然的关系是国家产生的基本条件。恩格斯认为："我们连同我们的肉、血和头脑都是属于自然界和存在于自然界之中的"①，"人本身是自然界的产物，是在自己所处的环境中并且和这个环境一起发展起来的"②。马克思指出：那些"现实的、肉体的、站在坚实的呈圆形的地球上呼出和吸入一切自然力的人"③，本来就是自然的存在物，是自然界的一部分。人与自然的关系首先是自然为人类存续提供条件和活动的舞台。"全部人类历史的第一个前提无疑是有生命的个人的存在。因此，第一个需要确认的事实就是这些个人的肉体组织以及由此产生的个人对其他自然的关系。"④ 对于人来讲，自然不是纯粹的自然，而是人所要面对并与之共存的环境。环境制约着人的存续。

与世界上许多国家相比，中国作为一个政治组织实体，一直在一个固定的空间里存续。这个空间的自然条件为人的活动提供必要的基础，也构成了国家产生与演进的基本条件。

中国位于地球的北半球和东半球，处于相对闭合的地理空间中。在中国的西南部，有着世界上最高大的青藏高原，平均海拔 4000 米以上，素有"世界屋脊"之称。这里的海拔高度使空气中缺氧，呼吸比一般地方更为困难。中国的西北部，深居内陆，距海遥远，再加上高

---

① 《马克思恩格斯选集》第 3 卷，人民出版社，2012，第 998 页。
② 《马克思恩格斯选集》第 3 卷，人民出版社，2012，第 410 页。
③ 《马克思恩格斯全集》第 3 卷，人民出版社，2002，第 324 页。
④ 《马克思恩格斯选集》第 1 卷，人民出版社，2012，第 146 页。

原、山地地形较高对湿润气流的阻挡，导致本区降水稀少，气候干旱，形成沙漠广袤和戈壁沙滩的自然形态。个别地方几乎常年无雨。北部则有蒙古高原。这里的冬季是亚洲大陆的冷源之一，最低气温可达-45℃。东北部横亘着大兴安岭和长白山，冬季漫长而严寒。在东部和南部则是无垠的海洋。四周的高原、沙漠、大山、海洋构成了一道地理上的天然屏障，阻隔着中国与外部世界的交往。人要仅凭人自身的力量突破这一屏障，难度极大。这是其他三个文明古国所不具有的特殊地理形势。如两河文明、古埃及和古印度都处于一种敞开性的地理形势，与外部世界的交往较为容易。

除周边以外，在中国辽阔的大地上，有雄伟的高原、起伏的山岭、广阔的平原、低缓的丘陵，还有四周群山环抱、中间低平的大小盆地。陆地上的五种基本地形类型，中国均有分布。中国有华北、东北、长江中下游三大平原，它们分布在中国东部地势第三级阶梯上，三大平原南北相连，土壤肥沃，交通便利。除此以外，还有成都平原、汾渭平原、珠江三角洲平原等。这里属于北亚热带湿润气候、暖温带湿润或半湿润气候。而将各个平原、盆地区隔开来的则有高山、丘陵。主要山脉有东西走向的三列：天山—阴山—燕山、昆仑山—秦岭、南岭；东北—西南走向的三列：从西而东为大兴安岭—太行山—巫山—雪峰山；长白山—武夷山；台湾山脉。南北走向的有两条：贺兰山、横断山。西北—东南走向的有两条：阿尔泰山、祁连山。这些山脉又使中国内部的空间隔离开来，为相互间的交往造成困难。

中国是世界上河流最多的国家之一。除了黄河和长江这两条世界级大河以外，中国还有许多源远流长的江河。其中流域面积超过1000平方千米的河流就有1500多条。中国的河湖地区分布不均，内外流区域兼备。中国外流区域与内流区域的界线大致是：北段大体沿着大兴安岭—阴山—贺兰山—祁连山（东部）一线，南段比较接近于200毫米的年等降水量线（巴颜喀拉山—冈底斯山），这条线的东南部是外流区域，约占中国总面积的2/3，河流水量占中国河流总水量的95%以上，内流区域约占中国总面积的1/3，但是河流总水量还不到中国河流总水量的 5%。

在马克思看来，"人靠自然界生活。这就是说，自然界是人为了不致死亡而必须与之处于持续不断的交互作用过程的人的身体。所谓人的肉体生活和精神生活同自然界相联系，不外是说自然界同自身相联系，因为人是自然界的一部分。"① 愈是人类早期，生产力不发达，人对自然条件的依赖性就愈强。只有那些最适宜的自然条件才能为人类的存续提供最优厚的条件。黑格尔因此说，"历史的真正舞台所以便是温带"②。在自然界中，水是人生存的第一条件，也是文明与国家诞生的必要条件。世界四大文明古国均起源于大河地域，实在是大自然对这些地方的馈赠，可谓得天独厚，因缘而起。"在这些区域里发生了伟大的王国，并且开始筑起了大国的基础。因为这里的居民生活所依靠的农业，获得了四季有序的帮助，农业也就按着四季进行；土地所有权和各种法律关系便跟着发生了——换句话说，国家的根据和基础，从这些法律关系开始有了成立的可能。"③

与此同时，区域内的自然条件不是同一的。中国的水资源分布极不均衡，气候、地理条件差异性大。这种地域的差异性和多样性，是其他文明古国所少有的。这既为中国的产生与存续提供了有利条件，又使中国的产生与存续有着复杂的历程。

二　人与社会的关系：血缘母体

人与其他自然存在物不同。人的本质是社会关系的总和。人与自然的关系同人与社会的关系是并行的。没有人与社会的关系，没有人的存在，也就无所谓人与自然的关系。马克思认为："只有在社会中，自然界才是人自己的合乎人性的存在的基础"。④ "人们在生产中不仅

---

① 《马克思恩格斯选集》第 1 卷，人民出版社，2012，第 55~56 页。
② 〔德〕黑格尔：《历史哲学》，王造时译，商务印书馆，2007，第 50 页。
③ 〔德〕黑格尔：《历史哲学》，王造时译，商务印书馆，2007，第 55 页。
④ 《马克思恩格斯文集》第 1 卷，人民出版社，2009，第 187 页。

仅影响自然界，而且也互相影响。他们只有以一定的方式共同活动和互相交换其活动，才能进行生产。为了进行生产，人们相互之间便发生一定的联系和关系；只有在这些社会联系和社会关系的范围内，才会有他们对自然界的影响，才会有生产。"①

对于中国的前国家时期的人与社会的关系样式，没有如摩尔根那样的人类学实际材料加以描述。但马克思、恩格斯对前国家形态的论述具有启发性意义。马克思认为："我们越往前追溯历史，个人，从而也是进行生产的个人，就越表现为不独立，从属于一个较大的整体；最初还是十分自然地在家庭和扩大成为氏族的家庭中；后来是在由氏族间的冲突和融合而产生的各种形式的公社中。"② 人是高级动物。愈是早期，动物属性愈强。仅仅作为动物，人在自然界里并不具有优势。人之所以超越一般动物，便在于人与人结合为整体，从而运用整体的力量获得生存条件。愈是早期，人愈是会从属于一个整体。整体是人类存在的基本单元。单独的个人不能离开整体，犹如人的四肢不能离开身体一样，离开了就不能成其为四肢，并无法具有生命活力。

尽管从整个人类社会来看，前国家时期的原始形态已难以考证，但人类社会在一些地方还存在着少许前国家时期的原始社会残余形态。恩格斯在论述国家起源和作为国家起源的公共权力时说："在阶级对立还没有发展起来的社会和偏远的地区，这种公共权力可能极其微小，几乎是若有若无的，像有时在美利坚合众国的某些地方所看到的那样。"③ 19 世纪，摩尔根正是深入美国的印度安人部落，才掌握了大量前国家时期人类的存在形态。在中国，考古学和人类学起步较晚，对远古时代中国的社会形态材料掌握得较少。但在中国一些偏远的地区，与美国一样长期存在着前国家时期的社会形态。直至 2016 年，华中师范大学中国农村研究院组织的"深度中国调查"项目在中国西部地区的田野调查，还能发现有许多原始社会形态的残余。

① 《马克思恩格斯选集》第 1 卷，人民出版社，2012，第 340 页。
② 《马克思恩格斯选集》第 2 卷，人民出版社，2012，第 684 页。
③ 《马克思恩格斯全集》第 28 卷，人民出版社，2018，第 199 页。

大量的实证调查发现，人类早期社会有着共同的特点，一是整体性，即人与人结合为一个群体。二是血缘性，即人与人的结合是以血缘关系为纽带，人通过血缘关系进行自我联结。恩格斯认为："根据唯物主义观点，历史中的决定性因素，归根结底是直接生活的生产和再生产。但是，生产本身又有两种。一方面是生活资料即食物、衣服、住房以及为此所必需的工具的生产；另一方面是人自身的生产，即种的繁衍。"① 种的繁衍便是生命生产。这种生产只有通过男性与女性的结合才能实现。因此，马克思认为："人和人之间的直接的、自然的、必然的关系是男女之间的关系。"② 而男女结合所产生的生育行为才导致人的生命生产的继替，从而有了父母与子女之间的血缘关系。因此，人是自然之子，是指人的存续无法离开自然。但人是父母之子，人的生命毕竟直接起源于男女结合，并在母亲的胎中孕育。血缘母体直接孕育着人的生命。

正是从人的生命生产的角度，马克思认为，血缘"家庭起初是唯一的社会关系"③。血缘关系是原生的、与生俱来的社会关系。人与人从诞生那一刻开始，就通过血缘关系与他人联结起来。由于受自然条件的制约，这种联结最初是以整体的方式进行的，这就是氏族部落。摩尔根认为："按时间顺序来说，先出现的第一种方式以人身、以纯人身关系为基础，我们可以称之为社会。这种组织的基本单位是氏族。"④ "氏族就是一个由共同祖先传下来的血亲所组成的团体，这个团体有氏族的专名以资区别，它是按血缘关系结合起来的。"⑤ 一个氏族有若干人，由共同的祖先繁衍下来。他们居住在一起，使用公有的工具，共同劳动，共同分配食物，实行共产共有制，没有贫富贵贱差别。这一

---

① 《马克思恩格斯全集》第 28 卷，人民出版社，2018，第 2 页。
② 《马克思恩格斯全集》第 42 卷，人民出版社，1979，第 119 页。
③ 《马克思恩格斯文集》第 1 册，人民出版社，2009，第 532 页。
④ 〔美〕路易斯·亨利·摩尔根：《古代社会》上册，杨东莼、马雍、马巨译，商务印书馆，1977，第 6 页。
⑤ 〔美〕路易斯·亨利·摩尔根：《古代社会》上册，杨东莼、马雍、马巨译，商务印书馆，1977，第 62 页。

社会组织方式被称为氏族部落（公社），即同一姓氏的人形成的血族团体。在恩格斯看来："劳动越不发展，劳动产品的数量，从而社会的财富越受限制，社会制度就越在较大程度上受血族关系的支配。"① "亲属关系在一切蒙昧民族和野蛮民族的社会制度中起着决定作用"②。而亲属关系的表现形式与婚姻关系直接相关。在漫长的岁月里，人们的婚姻关系经历了多夫多妻的群婚制、主夫主妻的对偶制、一夫一妻的个体家庭制。这一制度的变迁反映了从整体到个体的逐步排他过程。

尽管人类社会存在着很大差别，但从生命生产来看，人类均是男女结合的产物，血缘关系均是最初的唯一的社会关系。

从人类社会起源与延续来看，人类对生命起源的体认却不一样。对于世界大多数国家的人们来说，人为造物主所造，是造物主最初生产出人和万物。所有人，无论是父母和子女都来自造物主。而对于中国人来说，人们总是称自己为炎黄子孙，一直至今。

尽管在中国的典籍中记录了炎黄，但是否真实的存在，无法证明。迄今，炎黄还只是一种无法证明的传说。但传说并不是毫无事实依据的乱想。否则，中国的传说为什么没有雅典女神？因为在原始社会人还处于缺乏自我意识的蒙昧时期，更不可能记录历史。他们大量的是通过传说来追溯自己的历史。无论炎黄是否为真实存在，但炎黄被肯定是人，"炎黄子孙"表达了一种血缘关系的传承。因此，从炎黄子孙的传说可以反映，在中国，血缘关系的自我意识比其他民族更强。这也为中国的文明与国家进程提供了独特的前提和依据。

三 战争与农业：国家的孕育

最初的人类，由于生产力低下，人们只能以血缘关系群体的方式生存，这就是氏族部落。摩尔根认为："氏族是人类最古老、流行最广

① 《马克思恩格斯全集》第28卷，人民出版社，2018，第32页。
② 《马克思恩格斯全集》第28卷，人民出版社，2018，第44页。

的制度之一，这种制度同人类的进步过程密切相应，对后者产生过强烈的影响。"① 处于氏族部落时代的人类没有稳定的生活资料来源，只能以采集、狩猎等方式获得生活资料。这种方式具有很强的流动性。哪里有食物，就流向哪里，居无定所。而在流动中，就会发生部落之间的碰撞。由于当时的人类还处于有更强的动物属性的野蛮状态，这种碰撞更多的是以相互冲突，甚至是武力战争的方式加以解决。从一定意义上讲，原始状态便是战争状态，是一种无序的暴力，即人们在从事暴力行为时，没有规则，也没有理由，胜者为王，败者为奴。

部落之间的战争会导致以下结果。

一是强化部落内部的凝聚力。因为战争必然带来输赢。对于每一个部落成员来说，赢者可以获得战利品，输者意味着生存危机。氏族基于血缘关系，由此便会产生血亲复仇意识，即本血族团体的人被杀掉以后，同一血族团体的人有复仇的义务。而输掉战争的一方沦落为奴，引起社会对立，需要有公共权力加以压制。

二是扩大部落力量。为了在经常性的战争冲突中获得胜利，部落之间会形成联盟，由此扩大部落力量。这种部落之间的联盟，表明超血缘关系的地域关系的形成。部落组织的范围和程度大大提高。"人口增加和人口流动，打破了氏族的血缘关系，出现了新的地域关系，氏族制度瓦解，社会呼唤管理能力更高，管理范围更大，管理权限更大，超越血缘关系的权力机构。"②

三是在部落战争中会形成较大的公共权威。战争是一种有组织的暴力行为。要获得战争的胜利，必须统一号令，并服从统一指挥，由此便会形成超越狭小共同体的公共权威。组织规模愈大，公共权威愈强。

中国人将炎黄作为自己的先祖。而传说中的炎与黄是两个不同的

① 〔美〕路易斯·亨利·摩尔根：《古代社会》上册，杨东莼、马雍、马巨译，商务印书馆，1977，第83页。
② 张彦修：《婚姻·家族·氏族与文明：〈家庭、私有制和国家的起源〉研究》，中国社会科学出版社，2007，第205页。

部落。正是在部落之间的战争中，黄帝部落脱颖而出。黄帝既是部落领袖，同时也是部落军事首长，具有超越一般部落领袖更为强大的公共权威。传说中的大禹的重要功绩就是"禹征三苗"，率部打败了三苗族。

部落战争改变着原有的单一的血缘性部落组织，有了地域关系的部落联盟，有了超越狭小共同体的公共权威，从而有了国家产生的一般要素。"由于部落联盟的管理范围已经超出了血缘关系的范围，当社会组织发展到部落联盟时期的时候，就拉开了国家取代氏族的序幕。"①

但是战争并不必然带来文明和国家的产生。这是因为氏族部落之间的战争是一种征服性和掠夺性的战争，胜者可以获得战利品。但这种战利品极其有限，不可持续。这种部落之间的战争就是动物界也会发生，并会产生动物王国。这种类似于动物界的部落战争表明人类还处于动物一般的野蛮状态，奉行的是动物界的生存法则。

促使人类跨越野蛮，进入文明国家时代的是农业。农业是以土地资料为生产对象，通过培育动植物产品从而生产产品的产业。在马克思或者恩格斯看来，"动物仅仅利用外部自然界，简单地通过自身的存在在自然界中引起变化；而人则通过他所作出的改变来使自然界为自己的目的服务，来支配自然界。"② 这种支配行为的第一次历史性的表现便是农业生产。恩格斯认为："农业是整个古代世界的决定性的生产部门。"③ 农业是人类历史上第一次伟大的产业革命，给人类的生活带来了第一次最为深刻的变革，也是人类跨越野蛮进入文明国家时代的门槛。

农业的产生标志着人类不再是自然的依附者，而可以利用自然资源获得生活资料。这标志着人类第一次具备了物质生产能力，并在生

---

① 张彦修：《婚姻·家族·氏族与文明：〈家庭、私有制和国家的起源〉研究》，中国社会科学出版社，2007，第 209 页。
② 《马克思恩格斯全集》第 26 卷，人民出版社，2014，第 768 页。
③ 《马克思恩格斯全集》第 28 卷，人民出版社，2018，第 176 页。

产过程中不断提高自己的生产能力。正是在这种生产过程中结成了稳定的生产关系和社会关系。

农业的产生标志着人类结束了居无定所的流动状态，人们得以以定居的方式生活。这是因为农业的生产对象是土地。土地的基本特点是固定不动的。人们只能在不动的土地上居住和生活。

农业的产生标志着人类第一次有了持续稳定的财富。农业的重要特点是在一块土地上反复耕种，持续不断地获得产品。今年耕种收获了，明年还可以重来，以致循环往复，永无止境，除了自然灾害以外。特别是它可以通过生产工具的改进，提供生产力，获得更多产品，"从而生活资料在当时条件下实际上无限制地增加，便都有可能了"[1]。有了生产剩余，能够使一部分人脱离直接的生产活动。

农业的产生标志着人类第一次有了大规模集居的可能。在农业产生之前，人们更多的是依靠对自然界资源的索取，其索取范围是有限的。人们结合的范围也是有限的。而农业生产使生活资料可以通过生产而获得，"这样一来，人口也开始迅速增长起来，稠密地聚居在不大的地域内。而在田野农业产生以前，要有极其特殊的条件才能把50万人联合在一个统一的中央领导之下；这样的事大概从来都没有过。"[2]

农业的产生标志着人类第一次有了组织方式的改变。在居无定所的时期，人们只能以较大的群体——部落的方式生存。尽管有家庭，但家庭只能融化在家庭扩大的氏族部落之中。离开了部落整体，孤立的家庭在大自然和动物世界里很难生存。这正是游牧民为何以部落方式组织自己的重要原因。农业是固定的。固定的农业生产方式生产和再生产稳定的社会关系，特别是使血缘关系更加稳定和固化。因为部落在不断的迁徙流动中，会造成原有的血缘关系的中断，另一个血缘团体的人的加入。而农业会造成家庭、家族和宗族等血缘团体的独立存在和延续。

---

① 《马克思恩格斯全集》第28卷，人民出版社，2018，第41页。
② 《马克思恩格斯全集》第28卷，人民出版社，2018，第41页。

农业的产生标志着人类第一次有了自我意识。农业生产是在相对固定的土地上获得生活资料，并有可能持续不断地获得财富，这促使人们产生自我意识，有了土地和产品归属于我或者他人的意识。而在采集和狩猎时代，人们只能以群体的方式共同劳动，共同分配。

战争的结果是掠夺性，分配既有财产。农业的结果则是生产性，可以持续不断地生产财富，从而导致文明和国家的产生。在人类早期，部落战争可以说遍布全球，但为什么早期的国家都起源于农业文明地区，这说明农业才是国家产生的物质基础，也是国家产生的终极动力。如摩尔根所说："对财产的欲望超乎其他一切欲望之上，这就是文明伊始的标志。这不仅促使人类克服了阻滞文明发展的种种障碍，并且还使人类以地域和财产为基础而建立起政治社会。""以地域和财产为基础，我们可以名之为国家。"①

在中国的地域下，能够最早产生国家，得益于农业。但是，中国的地域辽阔，农业文明不只是起源于一个点，而是满天星斗。特别是在南方地区，它是世界上最早的水稻产区，农业条件更为优越。经过考古发现，今浙江省良渚曾经有过城市，或许也产生过国家。但是，为什么中国有史记载的国家及其后来的国家均产生于黄河流域，而不是农业条件更为优越的南方长江流域。这又不能不考察不同农业地域的特质。

农业的生产对象是土地。土地的性质决定着农业生产水平。中国的黄河从北到南，穿越今天的陕西省和山西省，至今天的河南省时，形成了巨大的黄河三角洲地带。由这一地带一直向下，咆哮的黄河水变缓，形成冲积平原。这一平原地带的土壤极其松软，土质肥沃，宜于农作物生长，用一位出生于当地的学者所说的话，这个地方插根木棍都可以生长。"在黄河盆地，黄土层厚度达 10~30 米不等，堪称世界

---

① 〔美〕路易斯·亨利·摩尔根：《古代社会》上册，杨东莼、马雍、马巨译，商务印书馆，1977，第 6 页。

上最为肥沃的土地。"① 这种土壤在生产力水平极其低下的远古时期，具有决定性意义。因为它无须借助太复杂的生产工具和生产技术就可以从事生产，并且能够有较多的收获。而水稻的生产显然对生产工具和生产技术要求更高。世界上最早产生的文明古国都出现在大河流域的冲积平原上，并不是历史的偶然巧合。

水利是农业的命脉。水是人也是农业的第一条件。水有利于人，也会有害于人。中国典籍记载："当尧之时，天下犹未平。洪水横流，泛滥于天下。"（《孟子·滕文公上》）"昔上古龙门未开，吕梁未发，河出孟门，大溢逆流，无有丘陵沃衍、平原高阜，尽皆灭之，名曰鸿水。"（《吕氏春秋·开春论·爱类》）如果仅仅有水患，人可以逃离。而在有水患的地方恰恰有适宜农业的土壤。以研究水利社会而著名的魏特夫指出："原始时代中国人开始在华北平原进行耕作时，他们很快就认识到：最有丰饶潜力的中心地区同时也是破坏的可能性最大的中心地区。"② 中国先民不是以逃离，而是以治理的方式面对水患。中国有著名的"大禹治水"的传说。这一传说尽管无法实证，但从冲积平原的双重特性来看，是有一定事实依据的。

"大禹治水"对于中国的国家产生具有决定性意义。一是通过治水，可以保证人们有稳定的收获，生产和积累财富。"五谷熟而民人育。"（《孟子·滕文公上》）二是治水非一人一家一部落之力，而需要联合所有的利益相关者共同治理，由此便会超越狭隘的血缘地缘关系，形成规模更大的地域水利共同体，成为国家的重要因素。三是共同治水，必须有公共权威的组织和指挥。这一公共权威的形成依靠的是超凡的能力和公共精神。这就是传说中的大禹"三过家门而不入"。"大禹治水十三年，行踪遍及九州各地，与不同地区的氏族、部落发生了友好联系或战争冲突，逐渐形成以禹为首的部落联盟。这种部落联

---

① 〔英〕塞缪尔·E.芬纳：《〈统治史〉卷一：古代的王权和帝国——从苏美尔到罗马（修订版）》，王震、马百亮译，华东师范大学出版社，2014，第476页。

② 〔美〕卡尔·A.魏特夫：《东方专制主义——对于极权力量的比较研究》，徐式谷、奚瑞森、邹如山等译，中国社会科学出版社，1989，第15页。

盟含有国家政权的最基本要素：居住在不同地区的氏族、部落在治水过程中建立起了比较密切的联系，形成了宏观上的地域关系，……他所管辖的范围已经不再局限于狭小的氏族或者部落，而是包括活动于不同地区、相互之间没有血缘关系的氏族、部落；在治水过程中禹的威望不断提高，权力日益增大，开始具有公共权力的性质，……当禹在晚年实行君位世袭制的时候，就跨越过了野蛮时代的最后一道防线，拉开了中国古代文明的序幕。"[①] 雅斯贝斯指出："尼罗河、幼发拉底河—底格里斯河、黄河的治理及灌溉管理的组织工作迫使权力集中、公务人员出现以及国家形成。"[②]

正是在以上条件下，国家呼之欲出！

四　脱胎于血缘母体的家天下

战争与农业为国家的产生提供了必要条件。但是，国家是由人组成的，是一个有生命活力的有机体。国家有一个在血缘母体内由组织胚胎发育成熟的过程，并由母体所塑造。

那么，在国家前的血缘母体组织是如何构成的呢？

物质生产和人的自身生产是人类两种最基本的生产形式。这两种生产需要不断地再生产，从而产生财富的继承和生命的继替，并会出现相应的组织形式。"一个社会需要某种关系把它的成员联结为一个整体。血缘关系是一种与生俱来的关系，而且成员的身份是清楚的。因此，在国家不能直接调控下，血缘就成为最合适的社会纽带。"[③]

由父母子女这种血缘关系构成的家庭无疑是人类社会最初级的组织形式。而家庭组织也经历了若干不同的形式。在原始社会早期，家

① 张彦修：《婚姻·家族·氏族与文明：〈家庭、私有制和国家的起源〉研究》，中国社会科学出版社，2007，第 227 页。

② 〔德〕卡尔·雅斯贝斯：《历史的起源与目标》，李夏菲译，漓江出版社，2019，第 66 页。

③ 王晓毅：《血缘与地缘》，浙江人民出版社，1993，第 2 页。

庭组织为母系社会，即后代只认自己的生身母亲，世系只按女系计算，财产也只是转归母方的血缘亲属所有。这就是所谓的母权制。中国的典籍也描述了这一情景："昔太古尝无君矣，其民聚生群处，知母不知父，无亲戚、兄弟、夫妻、男女之别"（《吕氏春秋·恃君览》）。随着财富的增加，母系社会转为父系社会，确立了按男系计算世系的办法和父系的财产继承权，并产生了男性家长制。恩格斯将这一转变称为"人类所经历过的最深刻的革命之一"①。这种以男性为中心的专偶制家庭"是文明时代开始的标志之一。它是建立在丈夫的统治之上的，其明显的目的就是生育有确凿无疑的生父的子女；而确定这种生父之所以必要，是因为子女将来要以亲生的继承人的资格继承他们父亲的财产"②。"专偶制的产生是由于大量财富集中于一人之手，也就是男子之手，而且这种财富必须传给这一男子的子女，而不是传给其他人的子女。"③ 由此形成男性世系，即一姓世代相承的系统，也是家族世代相传的系统，由男性子孙排队列而成。

然而，在人类社会初期，"家庭从来不是，也不可能是一个组织单位"④。社会的组织单位是具有同一祖先的氏族组织。这一组织是因为血缘关系将人们联结起来的血族团体，"这种团体自夸有共同的世系（这里指的是出自一个共同的男始祖）"⑤。"氏族起源于共同祖先"⑥。这些具有共同祖先的人聚居在一起，财产共有，生活相互依赖，构成一个不可分离的整体。因此，氏族代替婚级而成为社会组织的基本单位，也是"自然形成的共同体的权力"⑦。

氏族共同体是一个以血缘关系为纽带，实行氏族共有，从而将众多具有血缘关系的人联结为一个整体的社会组织。这种组织是在生产

---

① 《马克思恩格斯全集》第 28 卷，人民出版社，2018，第 72 页。
② 《马克思恩格斯全集》第 28 卷，人民出版社，2018，第 78 页。
③ 《马克思恩格斯全集》第 28 卷，人民出版社，2018，第 93 页。
④ 《马克思恩格斯全集》第 28 卷，人民出版社，2018，第 121 页。
⑤ 《马克思恩格斯全集》第 28 卷，人民出版社，2018，第 104 页。
⑥ 《马克思恩格斯全集》第 28 卷，人民出版社，2018，第 122 页。
⑦ 《马克思恩格斯全集》第 28 卷，人民出版社，2018，第 118 页。

力极不发达的基础上形成的。随着生产力的发展和财富的增加，氏族组织出现了缺口，一是父权制，二是私有制。财产不再由氏族成员共有，而是由父权制个体家庭独有。"由子女继承财产的父权制，促进了财产积累于家庭中，并且使家庭变成一种与氏族对立的力量"[1]，从而造成了氏族的瓦解。这一瓦解产生出这样一种结果，即人类两种生产和再生产的合一：一是生命在父权制个体家庭所继替，二是财产在父权制个体家庭中继承。生命和财产共同起源于男性始祖。在这样的背景下，"所缺少的只是一件东西，即这样一个机关，它不仅保障单个人新获得的财富不受氏族制度的共产制传统的侵犯，不仅使以前被轻视的私有财产神圣化，并宣布这种神圣化是整个人类社会的最高目的，而且还给相继发展起来的获得财产从而不断加速财富积累的新的形式，盖上社会普遍承认的印章；所缺少的只是这样一个机关，它不仅使正在开始的社会分裂为阶级的现象永久化，而且使有产者阶级剥削无产者阶级的权利以及前者对后者的统治永久化。"[2] 这个机关出现了，这就是国家。

人类社会由公有的氏族组织向私有的国家组织转变具有共同性。这一共同特征在中国表现为由"公天下"向"家天下"的转变。中国的典籍《礼记》有典型刻画：

> 大道之行也，天下为公。选贤与能，讲信修睦，故人不独亲其亲，不独子其子，使老有所终，壮有所用，幼有所长，矜寡孤独废疾者，皆有所养。男有分，女有归。货恶其弃于地也，不必藏于己；力恶其不出于身也，不必为己。是故谋闭而不兴，盗窃乱贼而不作，故外户而不闭，是谓大同。
>
> 今大道既隐，天下为家。各亲其亲，各子其子，货力为己。大人世及以为礼，城郭沟池以为固。礼义以为纪，以正君臣，以

---

[1] 《马克思恩格斯全集》第 28 卷，人民出版社，2018，第 129 页。
[2] 《马克思恩格斯全集》第 28 卷，人民出版社，2018，第 129~130 页。

笃父子，以睦兄弟，以和夫妇，以设制度，以立田里，以贤勇知，
以功为己，故谋用是作，而兵由此起。禹、汤、文、武、成王、
周公，由此其选也。此六君子者，未有不谨于礼者也。以著其义，
以考其信，著有过，刑仁讲让，示民有常。如有不由此者，在势
者去，众以为殃。

《礼记》的刻画有对远古原始社会的理想化描述。从事实性描述来
看，《吕氏春秋》更为客观，"昔太古尝无君矣，其民聚生群处，知母
不知父，无亲戚兄弟夫妻男女之别，无上下长幼之道，无进退揖让之
礼，无衣服履带宫室蓄积之便，无器械舟车城郭险阻之备"（《吕氏春
秋·恃君览》）。但《礼记》的刻画反映了由原始的"天下为公"到
"天下为家"的国家形态的转变。这种转变，从历史的角度来看，是人
类社会的巨大进步，但从道德上看又是一个退步。正如恩格斯所说的，
"在这个时代中，任何进步同时也是相对的退步，因为在这种进步中，
一些人的幸福和发展是通过另一些人的痛苦和受压抑而实现的。"[1] 而
国家正是在这种历史进步和道德相对退步中产生的。

古代雅典，生产资料私有制造成社会分化和对立，国家是作为凌
驾于对立双方之上的力量出现的。而在早期中国，国家是直接以世袭
政权的方式出现的。在摩尔根看来，世袭权与氏族社会是不相容的。
"氏族的最高职位的世袭权是与权利、特权一律平等这项古老的原则完
全矛盾的。"[2] "在这样的社会中，会由一个根据世袭权而不经直接选
举的国王来进行统治，那简直是不可能的事。"[3] "如果是世袭，即说
明氏族制已遭到破坏；如果是选举，即说明氏族制仍保存下来。"[4] 相

---

① 《马克思恩格斯全集》第 28 卷，人民出版社，2018，第 83 页。
② 〔美〕路易斯·亨利·摩尔根：《古代社会》上册，杨东莼、马雍、马巨译，商务印
　书馆，1977，第 226 页。
③ 〔美〕路易斯·亨利·摩尔根：《古代社会》上册，杨东莼、马雍、马巨译，商务印
　书馆，1977，第 251 页。
④ 〔美〕路易斯·亨利·摩尔根：《古代社会》上册，杨东莼、马雍、马巨译，商务印
　书馆，1977，第 226 页。

传，大禹之前的部落首领实行的是禅让制，即选贤任能。尧是陶唐氏部落首领，后来成为部落联盟首领。他年老之后，召集会议，公推另一氏族的首领舜接任。舜之后，又公推夏后氏的首领禹接任。因为此时的社会是"公天下"、"天下为公"。首领通过共同推选，没有任何私人利益。这符合原始社会共产制的理想图景。但是，随着氏族部落的分化，有了战争对财富的掠夺，有了农业生产的财富积累，过往的"天下为公"转变为"天下为家"，"公天下"转变为"家天下"。

由公天下向家天下的转换，成为中国最初的国家产生标志。传说中的大禹将部落首领位置直接传给自己的儿子启。启依靠血缘关系而不是出众的才能获得公共权力。这一对公共权力的承继意味着公共权力的性质发生了历史性的变化，这就是公共权力为个别家庭所有和垄断。这一做法遭到了反对。而启运用公共权力进行压制，并将权力继续保存在自己的家族内，拥有着超越一般人的特殊地位。特殊的公共权力由此产生。这标志着中国第一个初生国家的兴起，后世称之为夏。

尽管夏王朝的真实存在还有待证明，存在多种说法，且很难断定某一说法的确定性。但无论什么情况和说法，以下特点是可以肯定的。

一是在早期中国的境内散布着多个氏族部落，并产生冲突，产生着军事首领。

二是先民为求生存而与自然斗争，产生能力出众的治水首领。

三是人类社会发展中有杰出贡献并居较高地位的人被称为"王"。如发明火的燧人氏"使王天下"（《韩非子》），"观象于天"的庖牺氏"王天下"（《易经》）。禹被称为大禹，是对他的杰出才能和地位的尊称。他因此成为夏王朝的奠基人。夏启获得公共权力之后，使用了"王"的称号。"王"成为国家政权的象征，也是一个政治共同体的首脑。

四是在军事、农业活动中出众的领导者和管理者将公共权力传递给自己的儿子，"王"者地位世袭于一家，形成家天下。

五是父权子继遭到反对，并产生对反对者的压制，形成特殊的公共权力，并加以制度化，从而形成王制国家。社会不再是以氏族为中心加以组织和治理，而是以王为中心加以组织和治理。

如果将特殊的公共权力作为国家产生的标志之一看，夏已属于国家。但是，这时的国家还只是国家雏形，不具有稳定性。与此同时，从夏的产生来看，它没有完全与自己的母体相脱离。它拥有特殊的公共权力，但没有按地区划分它的国民，仍然保留着传统的血缘群体。这在于中国早期社会的特性。

恩格斯在分析雅典国家产生时讲到，由于社会分工导致社会分化，产生社会冲突，原有的氏族制度已经无法包容新的社会要素及其冲突，为避免社会爆炸，从而产生出特殊的公共权力，并运用这种权力按地区划分它的国民。与此同时，恩格斯在比较雅典、罗马和德意志三个国家的形成道路时，特别指出，在农业为主的德意志国家的形成中，"氏族制度能够以改变了的、地区的形式，即以马尔克制度的形式，继续存在几个世纪，甚至在以后的贵族血族和城市望族的血族中，甚至在农民的血族中，例如在迪特马申，还以削弱了的形式复兴了一个时期。"①

在初生的中国，由于农业生产，缺乏社会分工，全部生产均是以血缘群体完成，没有新的社会要素及其冲突，也不存在社会的自我爆炸。其社会结构是由若干父权家庭组成父系氏族，若干氏族组成部落，若干部落组成部落联盟。"他们还没有脱掉自然发生的共同体的脐带。"② 人与人分层级结合为更大组织，主要是基于军事和治水的外部性需要。在这种外部性需要中，产生出公共权威。因此，中国的初生国家是在有外部性分化而无内部性充分分工的基础上产生的。国家初生时无须重新划分它的国民，反而只有保留原有的血缘关系群体，才能使社会延续下去，并为自己的存续提供基础。

因此，在中国，初生国家不是在原有氏族制度爆炸的废墟上建立的，而是在原有的母体上生长的，它与原有的血缘母体的联结脐带不

---

① 《马克思恩格斯全集》第 28 卷，人民出版社，2018，第 198 页。
② 《马克思恩格斯全集》第 21 卷，人民出版社，1965，第 113 页。

仅没有割断，反而源源不断为新的国家机体输入养分，从而模拟和形塑着新的国家机体，在原生的血缘关系基础上产生出原生的国家。

五 家天下框架中的王制国家

卢梭在论述原始社会时说："我们不妨认为家庭是政治社会的原始模型：首领就是父亲的影子，人民就是孩子的影子。"① 梅因则认为："人类最初是分散在完全孤立的集团中的，这种集团由于对父辈的服从而结合在一起。"② 中国先贤用"家天下"来形容中国的国家产生与特点，实在是太深刻了。在中国典籍中，天下是一个不断丰富的多义词。但有其基本含义，这就是人类社会。家天下包括两层含义：一是"天下为家"，家成为社会的基本单位，每个人都将家作为自己生活的本源。生命的继替与财产的继承都以家为单位，受父权制支配。二是"天下归家"，支配天下的公共权力为一家所占有。公共权力的继承不再是"选贤与能"，而是"各亲其亲"，受王权制的支配。一个人在家是父，在国是王。父亲是家庭的统治者，国王是国家的统治者。家族是以父亲为中心加以组织和治理的，没有父亲不成为家；国家是以国王为中心加以组织和治理的，没有王无所谓国。

家天下标志着中国的国家最初构造是国源于家，家国一体，社会的基本单位——家庭与政治的基本单位——国家联为一体，处于两者难以分割且相互依存的混沌状态。这是因为，"生产越不发达，人的活动范围越小，血缘关系的作用就越大，家长制就越强"，其政治影响就越大。③ 血缘关系由此提升为政治关系，基于血缘关系的私人权力提升为基于政治关系的公共权力。

与家庭及其过往的氏族不同，国家拥有着特殊的公共权力。当特殊的公共权力一产生，很快就面临如何构造、保有和继承的问题。由

---

① 〔法〕卢梭：《社会契约论》，何兆武译，商务印书馆，1990，第9页。
② 〔英〕梅因：《古代法》，沈景一译，商务印书馆，1959，第72页。
③ 刘泽华：《中国政治思想史》（先秦卷），浙江人民出版社，1996，第23页。

于国家脱胎于家庭，原生国家的行为如刚出生的婴儿一样更多是一种模仿和模拟。特别是在血缘母体的脐带未能割断的中国，原生国家更是按照家庭的形态和面貌自然产生并模拟和形塑自己的。血缘关系延伸为政治关系，基于血缘关系的私人权力延伸为基于政治关系的公共权力。这就是在家天下框架下的王制国家。

在马克思看来，家庭"以缩影的形式包含了一切后来在社会及其国家中广泛发展起来的对立"①。恩格斯则认为，家庭"是文明社会的细胞形态，根据这种形态，我们就可以研究文明社会内部充分发展着的对立和矛盾的本质"②。从组织形态的角度来看，家庭是社会的基本组织单位。任何人都会并首先生存于家庭之中。家庭是由通过血缘关系将不同的人联结为一个整体的社会组织。这些人在家庭内有各自不同的称谓。家庭作为一种社会组织，必然有组织者，将父母、子女、兄弟、姊妹等家庭成员组织为一个整体。家庭是由不同的成员构成的，并以家庭为单位生产和生活，会产生相应的家庭事务，必然要有管理者。家庭作为一个独立的社会单位，要进行对外交往，必然要有代表者。这三者共同要求，家庭必须要有一个家长，即在家庭成员中居支配地位的人。在国家诞生的前夕，家长无可争议地为男性所据有。家长是家庭的主权者，即能够支配家中的一切，甚至包括家中其他成员的生命。家长是家庭的组织者，是家庭成员的联结纽带。没有了家长，家便不成其为家。保有家庭是家长的责任。家长是家庭事务的管理者，通过管理家庭事务维系家庭的存续。家长是家庭的代表者，代表着家庭整体，集中全家人的意志。

家长在家庭的支配性地位是与生俱来、至高无上、不可分割、不能更替、不可中断的。家庭首先是由父母与子女构成的。子女来自父母，有一个发育成长的过程。在成年之前，人是没有独立的自由意志的。因此，父母天然成为可以支配子女的权威力量。子女对父母家长

---

① 《马克思恩格斯全集》第28卷，人民出版社，2018，第74页。
② 《马克思恩格斯全集》第28卷，人民出版社，2018，第83页。

的服从是一种自然天性，与生俱来，而无须证明。由于子女是自己的生产产品，父母对子女具有无可争辩、至高无上的权力。这种权力随着父权制的确定，妻子也成为被支配者。"母权制被推翻，乃是女性的具有世界历史意义的失败。丈夫在家中也掌握了权柄，而妻子则被贬低，被奴役，变成丈夫淫欲的奴隶，变成单纯的生孩子的工具了。""妻子便落在丈夫的绝对权力之下了；即使打死了她，那也不过是行使他的权利罢了。"① 由于父权制的产生，家长的支配性地位具有唯一性，家长的权力不可分割，更不可更替。尽管子女会成为成年人，具有独立的自由意志，甚至在才能方面会超过家长，但家长的权威是与生俱来，不可改变的，父母的身份永远是父母。正是因为父母地位的不可更替性，家长的权力不可中断。直到生命的终结，除非本人主动因素以外，家长始终保有着家庭权力，这便是终身制的来源。

然而，任何人的生命都会终结，如何将家长的权力继续保有下去呢？这就是通过家长将权力及财富传递到自己生产，与自己有血缘关系的子女手中。随着父权制的确立，只能传递到自己的儿子手中。在恩格斯看来，"随着财富的增加，财富便一方面使丈夫在家庭中占据比妻子更重要的地位；另一方面，又产生了利用这个增强了的地位来废除传统的继承制度使之有利于子女的原动力。""用属于父亲氏族的一个氏族人名来给子女取名字，用这种方法把他们列入父亲的氏族，以便他们能继承自己的父亲。""这样就废除了按女系计算世系的办法和母系的继承权，确立了按男系计算世系的办法和父系的继承权。"② 由此，家庭的权力、财富与生命的继承三位一体，通过男性世系而传承，使权力、财富与生命一道永远保持在一个血缘家族内部，世代相传。后世所称为"一脉相承"。

在摩尔根看来，"社会的首次有组织化，始于父权制家庭。"③ 恩

① 《马克思恩格斯全集》第28卷，人民出版社，2018，第73、74页。
② 《马克思恩格斯全集》第28卷，人民出版社，2018，第71～72、72、72页。
③ 〔美〕路易斯·亨利·摩尔根：《古代社会》下册，杨东莼、马雍、马巨译，商务印书馆，1977，第473页。

格斯将父权制视为"人类所经历过的最深刻的革命之一"①，便在于这一制度形式使家庭组织形式因为生命与财富的保有和继承得以长期稳定和延续下来，具有排他性和次序性。这与私有制的生产关系是一致的。在家庭组织的长期存续中，由父权制产生出家长制、集权制、终身制和世袭制。这种制度尽管没有明文规定，但已成为"世代相因的习俗，历史的法"②。

在人类社会早期，国家作为新生儿，还缺乏自我意识，最直接和方便的方式就是从"世代相因的习俗，历史的法"中获得组织国家的依据。"尧、舜、禹这几个传说中的部落联盟首领，统辖着许多由家长制家族组成的父系家族公社，同时他们又是兼任家长制家族的族长。在这种社会背景下建立的国家最显著特点只能是父权至上，家长制统治。"③ 作为中国的第一个国家形态的夏朝，便是依据家庭组织模拟和形塑自己的。

在夏王朝，国家只不过是比家庭及扩大的家庭——氏族部落更大的组织。如果说一个家庭是由不同的成员构成的，那么，一个国家不过是由不同的家庭组合而成的。国家和家庭一样，也需要有组织者、管理者和代表者，只不过是称呼不同而已。家为家长，国为国王。王具有家长一般的与生俱来、至高无上、不可分割、不能更替、不可中断的支配性权力和地位。国家也要如家长一般将权力、财富保留在自己的家庭之中，只是这种权力早已超出一般的家庭权力。这就是所谓的家天下，将家与天下联结起来。在家天下的框架下，国家权力世世代代为一个家族所垄断，并在一个家族内传递，由此而形成王朝国家。王是国家主权者，朝是王的权力的家族传递。父权制、家长制、集权制、终身制、世袭制直接演化为国家制度。

中国的典籍记录了夏王朝的世系（见图1-1）。

---

① 《马克思恩格斯全集》第28卷，人民出版社，2018，第72页。
② 《马克思恩格斯文集》第4卷，人民出版社，2009，第93页。
③ 张彦修：《婚姻·家族·氏族与文明:〈家庭、私有制和国家的起源〉研究》，中国社会科学出版社，2007，第227页。

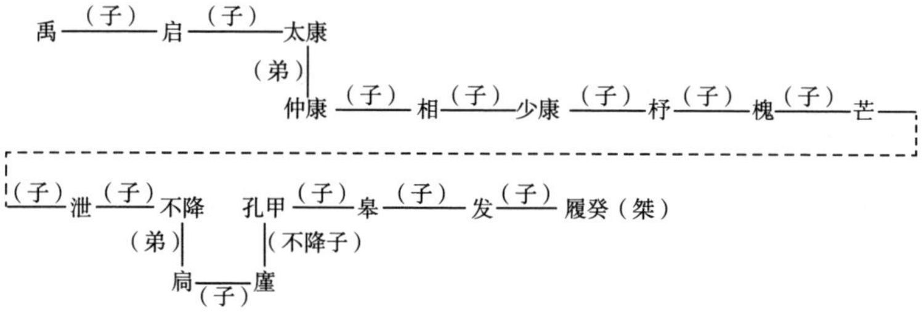

禹——（子）启——（子）太康
（弟）
仲康——（子）相——（子）少康——（子）杼——（子）槐——（子）芒
（子）泄——（子）不降——孔甲——（子）皋——（子）发——（子）履癸（桀）
（弟）
扃——（子）廑
（不降子）

图 1-1 夏王朝的世系

一般来讲，世界上的早期国家都属于王朝国家，均脱胎于原始母胎。但中国因为与血缘母体的联结最为紧密，形成家天下的框架，中国原生国家的家族垄断性格外突出，家与国的联结表现为高度一体化。

这种来源于家庭组织的王朝国家构造，对于初生婴儿般的原生国家来说，具有一定的合理性。其依据仍然是家庭组织的属性。首先，家庭组织可以提供一种稳定性。在家庭组织内部，每个成员都在血缘关系联结中扮演着一个特定的角色，要么是父，要么是母，要么是子，要么是女；要么是爷，要么是孙。每个人都有特定的称谓。"父亲、子女、兄弟、姊妹等称呼，并不是单纯的荣誉称号，而是代表着完全确定的、异常郑重的相互义务"①。这种义务自然而然构成一种秩序。每个人在这一秩序内具有特定的身份，并根据其身份从事其行为活动。家庭成员的地位、资格、利益等都是由特定的身份先在于人的选择而赋予的。其次，家庭组织提供一种对等性。在家庭组织内，家庭成员间具有不同的地位、权力，具有差异性。但这种差异性是以对等性为前提条件的。对等性可以对冲和消弭差异性造成的冲突性，给每个人提供一种安全感。正如费正清在论述中国人的行为理性时所说："尊卑制（与我们那种由契约关系决定的个人独立制相反）的一个好处是，一个人自动认识到他在他的家庭或社会中所处的地位。他有一种安全感，因为他知道，如果履行了指定给他的那部分职责，他可指望这体

① 《马克思恩格斯全集》第28卷，人民出版社，2018，第44页。

系内的其他成员反过来也对他履行应尽的职责。"① 最后，家庭组织提供一种认同感。尽管家庭成员之间有着地位和权力的不同，但这种地位与权力是以责任和义务为前提的，并由于养育和长期的共同生活形成一种自然认同。父母养育子女，从而天然地获得子女的认同。这种认同是发自内心的，无须证明的，是一种相互间的默认一致，以及由爱而生产的一种温情。

从国家的成长来看，原生国家犹如刚出生的婴儿，发育远未成熟，体质还十分脆弱。原生国家从家庭组织中汲取了稳定性、对等性和认同感，有助于刚出生的国家得以存续下来。

但是，国家毕竟不是家庭。尽管是刚出生的婴儿，但它已不是自己所起源的家庭氏族组织，这就是它拥有着家庭氏族组织所不具有的特殊公共权力。这种公共权力在过去的"公天下"时，是天下公器，而当国家产生时，便成为一家独占的私器。因此，家天下的框架一开始便使王朝国家蕴含着内部冲突。正如卢梭所说的，国家毕竟不同于家庭。"在家庭里，父子之爱就足以报偿父亲对孩子的关怀了；但是在国家之中，首领对于他的人民既没有这种爱，于是发号施令的乐趣就取而代之。"②

天下意味着所有的家。家天下意味着天下归为一家。这就是大家与小家之分。一方面，每个人都有自己的小家，小家有自己的独立利益，各亲其亲，各子其子；另一方面，小家在大家之中，而大家（国家、天下）则归一家所有。作为占有公共权力的王者之家，也会各亲其亲，各子其子。特别是王者所占有的是一种特殊的公共权力，运用这一权力可以迅速地积累财富，并压制他人。由此便会内生出小家与大家的对立和冲突。尽管这种对立和冲突会宣布以"整个人类社会的最高目的"，"盖上社会普遍承认的印章"③，或者为家庭组织一般的温情所掩盖，但也不能消除它的存在。从国家一产生起，家天下框架的

① 〔美〕费正清：《美国与中国》，张理京译，世界知识出版社，1999，第24页。
② 〔法〕卢梭：《社会契约论》，何兆武译，商务印书馆，1990，第10页。
③ 《马克思恩格斯全集》第28卷，人民出版社，2018，第130页。

王朝国家就存在着大家与小家的紧张、对立、矛盾，甚至是尖锐的冲突。在马克思看来，"世袭继承制只要一出现的地方，那都是暴力（篡夺）的结果，而不是由于人民的自由的赞同。"① 暴力获得的成果必然要用暴力来维护。

与此同时，家庭组织并不完全是温情脉脉的，其内部也存在着矛盾。特别是涉及家长权力的继承。只是家庭内部的对等性，使家长权力引起的冲突被限制在一定范围之内。而国家所有的权力是远远高于一般家庭权力的特殊公共权力，家天下框架内的这一权力具有不可分割性，占有这一权力的不仅仅是一家，更是一人。由此使占有这一权力的家庭内部也会产生对立和冲突。

因此，在家天下框架中的王朝国家便会产生两种分化、对立和冲突，一是占有与不占有特殊权力的家庭之间，一是家庭内部占有与不占有特殊权力的成员之间，而后者以前者为条件。这是国家的公共性与私人性之间内在矛盾本质的必然反映。

中国的典籍记录了夏王朝自一建立便存在着的这两种冲突和斗争。

据历史典籍记载，禹的儿子启继承权位以后，很快受到具有禅让传统的部族的质疑。启都郊外的有扈氏仗义起兵，率领部族联盟向启都讨伐，与启军大战于甘。战前启称他的权位是"恭行天"。启凭借禹的巨大威望，拥有更多民众的赞同，在人数方面占有绝大优势，最终击败有扈氏，罚贬做牧奴。启统治期间，其子武观时常作乱。《韩非子·说疑》说他"害国伤民败法"，最终被诛杀。夏启死后，其子太康继承后位。太康只顾游玩，不理政事，在位期间，夏部族权威削弱，东夷有穷氏部落趁机西进。东夷族善射的首领羿率军夺得了夏政。太康投奔其他氏族。羿夺得权位后将太康之弟仲康立为王，自己主政，并引起另外部落的不满。仲康死后，其子相继位，随后投奔与夏同姓的斟鄩、斟灌二氏。羿独承王，但不善治理，得权后，他像太康一样，好狩猎而荒废国事。随着经过一系列斗争，夏族的少康获得权位，并

① 《马克思恩格斯全集》第41卷，人民出版社，1985，第453页。

复国。后世称为"少康中兴"。之后，王位一直在本族传承到桀，直至夏王朝的灭亡。

从历史典籍记载可以看出，夏王朝刚出生，便充满着争斗。一是对启统治的合法性的质疑。二是获得了巨大权力后的统治者很快就被权力腐蚀。不仅启自己滥用权力，喜好游玩，继承了他的权力的太康也是如此，以致失国。桀更是如此，最终导致夏的灭亡。这说明，夏所占有的权力是一种能够脱离社会并压制社会的特殊公共权力。三是这种特殊的公共权力经过一番斗争，最终以父死子替的世袭方式所传承。尽管这种传承还很不稳定。

六　以族成国与族为国基

夏王朝的灭亡，固然与统治者的腐败有关，但更深刻的原因是这一初生的王朝国家的社会基础仍然属于氏族部落社会。

启得以为王，获得特殊的公共权力，主要在于他是禹的儿子。而禹则是依靠领导军事和治水而获得的巨大权威。军事和治水推动了国家的发生。但初生的国家因为没有属于自己的社会基础而十分脆弱。

人口是国家的基本元素。人口要通过一定方式联结起来，形成一个群体。群体的表现形式反映了人类社会的进化程度。在马克思主义看来，人类社会最初是以整体，即氏族部落的方式存在的。"氏族，直到野蛮人进入文明时代为止，甚至再往后一点，是一切野蛮人所共有的制度"[1]。"在国家出现之前，人类团结的方法，只靠血缘，其时重要的组织，就是氏族，对内的治理，对外的防御，都靠着他。"[2] 而在摩尔根看来，"氏族是人类最古老、流行最广的制度之一，这种制度同人类的进步过程密切相关，对后者产生过强烈影响。"[3] 由此规制了人

---

[1] 《马克思恩格斯全集》第28卷，人民出版社，2018，第103页。
[2] 吕思勉：《中国通史》，上海人民出版社，2015，第37页。
[3] 〔美〕路易斯·亨利·摩尔根：《古代社会》上册，杨东莼、马雍、马巨译，商务印书馆，1977，第83页。

类不同的文明与国家进程。

随着生产力的提升，产生了三次社会大分工，与此相伴随的是整体性部落社会的分化。每一次大分工都带来了社会的大分裂。从畜牧业同农业分离的"第一次社会大分工中，也就产生了第一次社会大分裂，分裂为两个阶级：主人和奴隶、剥削者和被剥削者"[1]。手工业和农业分离的第二次大分工，"除了自由民和奴隶的差别以外，又出现了富人和穷人的差别——随着新的分工，社会又有了新的阶级划分。各个家庭家长之间的财产差别，炸毁了各地迄今一直保存着的旧的共产制家庭公社；同时也炸毁了为这种公社而实行的土地的共同耕作。……个体家庭开始成为社会的经济单位了。"[2] 以交换为目的的商业的产生是"有决定意义的重要分工：它创造了一个不再从事生产而只从事产品交换的阶级——商人"[3]。不断的社会分工带来不断的社会分化，不断的社会分化带来不断的阶级冲突，不断的阶级冲突不断地炸毁原有的氏族制度，最后"它被分工及其后果即社会之分裂为阶级所炸毁。它被国家代替了"[4]。恩格斯的这一分析，反映了国家是由于社会分工分化，内生出来的必然产物。这种产物是分化的社会不能再通过氏族制度加以整合而出现的。因此，国家是来自社会又凌驾于社会之上的力量。

恩格斯的论断说明了国家产生的一般特性，但这种特性的表现形式由于历史条件和文明进程的不同而不一样。在中国，也出现了社会分工，并发生了社会分化，但分工和分化程度有限，其结果也不同。

中国的原始社会出现了第一、第二次分工。这两次分工的社会分化结果相对有限，"阶级的形成的一切萌芽，还都只是与生产相联系的；它们把从事生产的人分成了领导者和执行者，或者分成了规模较

---

① 《马克思恩格斯全集》第 28 卷，人民出版社，2018，第 189 页。

② 《马克思恩格斯全集》第 28 卷，人民出版社，2018，第 192 页。

③ 《马克思恩格斯全集》第 28 卷，人民出版社，2018，第 194 页。

④ 《马克思恩格斯全集》第 28 卷，人民出版社，2018，第 197 页。

大和较小的生产者。"① 这种分工是氏族制度能够包容的。这是因为与生产联系的人员都共同存在于一个地区中。"氏族制度的前提，是一个氏族或部落的成员共同生活在纯粹由他们居住的同一地区中。"② 只有脱离了直接的生产，专门从事交换活动且不受地域限制的新兴商人，才发生了革命性的变革。这些依靠商业活动致富的人通过自由买卖，成为新的土地占有者。"当新的土地占有者彻底摆脱了氏族和部落的最高所有权这一桎梏的时候，他也就挣断了迄今把他同土地密不可分地连在一起的纽带。"③ 由于农业生产的发达和地理限制，早期中国还没有产生大规模的商业交换活动，也没有能够产生一个脱离生产的商人阶级，更没有出现因为土地自由买卖而形成的新的土地占有者。因固有土地而产生的氏族部落的最高所有权没有受到破坏，人们也未能挣断迄今把他同土地连在一起的纽带。这一纽带具有血缘联结性，即只有同一血缘关系的氏族成员才能共同居住在同一地区。

与此同时，已发生的两次分工也不彻底。由于生产力水平低下，畜牧业、手工业与农业有分工，但未分离。它们之间要相互补充，互为依存，才能满足人们的生活需要。从事农业活动的同时，还需要畜牧业、手工业加以补充。畜牧业、手工业与农业融为一体，共生于氏族部落之中。这种共生性的内部分工，没有外化为一个新生的独立的阶级，不仅不会炸毁氏族部落组织，反而会起到巩固的作用。

此外，在早期，随着农业生产，财富增加了，人口也集聚起来了。"住得日益稠密的居民，对内和对外都不得不更紧密地团结起来。"④ 重要原因是"邻人的财富刺激了各民族的贪欲，在这些民族那里，获取财富已成为最重要的生活目的之一。他们是野蛮人：掠夺在他们看来比用劳动获取更容易甚至更光荣。以前打仗只是为了对侵犯进行报复，或者是为了扩大已经感到不够的领土；现在打仗，则纯粹是为了

① 《马克思恩格斯全集》第 28 卷，人民出版社，2018，第 194 页。
② 《马克思恩格斯全集》第 28 卷，人民出版社，2018，第 196 页。
③ 《马克思恩格斯全集》第 28 卷，人民出版社，2018，第 195 页。
④ 《马克思恩格斯全集》第 28 卷，人民出版社，2018，第 192 页。

掠夺，战争成了经常性的行当"①。而战争必然推动着氏族部落的凝聚，他们要么成为胜者，可以获得更多财富；要么成为败者，一无所有。经常性的战争将那些以经济社会上有所分化的个体家庭凝聚起来，形成更大的群体。

因此，由于分工分化不彻底和经常性的战争行为，氏族部落不仅没有被炸毁，反而被保存下来，以血缘关系为纽带的氏族部落组织的外壳紧紧地包裹住有所分化的人群。

但是，部落之间持续不断的战争会造成部落内部管理形态的变革。"掠夺战争加强了最高军事首长以及下级军事首长的权力；习惯地由同一家庭选出他们的后继者的办法，特别是从父权制实行以来，就逐渐转变为世袭制，他们最初是耐心等待，后来是要求，最后便僭取这种世袭制了；世袭王权和世袭贵族的基础奠定下来了。"② 作为特殊公共权力的国家因此而生。

从中国的典籍可以看出，夏只是众多氏族部落中较强的一支。荀子说，"古有万国，今有十数焉"（《荀子·君道》）。这里所说的"万国"实际是指氏族部落。"作为部落，这些社区在理论上，并且很大程度上也在实际上是一些血缘团体。"③ 夏部落首长禹因领导治水壮大部落力量，因领导部落战争胜利，从而获得巨大权威，这一权威后来转变为世袭制，从而推动了夏王朝的产生。夏王朝作为一个国家，是在夏氏族部落基础上成立的，是以氏族成国。夏是国号，也是氏族的名称。夏王朝国家以夏部落为主体，政治权力寓于氏族部落权力之中，阶级统治以氏族统治和家族统治的形式表现出来。夏启既是夏本族的首领，又是统治其他氏族部落的全国性首领。"夏政权不过是夏家族的统治权的扩大和延伸罢了。"④ "部落仍然是夏朝国家的一种十分活跃

---

① 《马克思恩格斯全集》第28卷，人民出版社，2018，第192页。
② 《马克思恩格斯全集》第28卷，人民出版社，2018，第193页。
③ 谢维扬：《中国早期国家》，浙江人民出版社，1995，第365页。
④ 徐扬杰：《中国家族制度史》，武汉大学出版社，2012，第60页。

的基层社会组织形式。"① "夏代国家组织的一个显著特征，是国家政治结构中血缘姓族制度与国家组织的叠合，在这里，姓族政治是政治单位中的重要组成部分，国家（即王朝）实行'家天下'的姓族统治。"② 这种姓族实际上是由原始部落延伸而来，以血缘（族姓）联系为基础的社会集团，即部族。

由此可见，中国的国家产生不是生产力引起的社会分工和社会分化内部推动的产物，而是有所分工和分化，但最终依靠部落战争而产生的直接结果。这一结果便出现了以下状况，这就是新的王朝国家产生了，但其社会基础仍然是传统的氏族部落形态。如萨孟武所说："虽有中央政府，而地方制度仍保留其原有的部落组织"③。"夏朝国家的国土结构，仍以由部落组成的整个社会的基础为基本特点。"④ 氏族部落既是团结的力量，也是分裂的因素。如中国典籍所说："异姓则异德，异德则异类。"（《国语·晋语四》）

根据史书记载，与夏部落同时并存的有多个部落。这些部落延续到夏王朝成立之后。当夏部落建立王朝以后，氏族部落格局由过往的满天星斗转变为一星闪耀、众星发光的格局。闪耀的夏王朝，必须面对如何处理与其他氏族部落的关系问题。

夏本是由夏族的十一支姒姓部落共同构成的，是诸部落中最为强大的。这一同姓部落构成了夏王朝统治的核心基础。与此同时，还有许多强势部落并存。羿部落便是一个强大的部落，并在夏世袭权力以后，对夏提出了严重挑战，直至造成太康失国。后来，在少康手中，夏王室才得以恢复。

从王权易位的过程来看，无论是其他部落挑战夏王朝的权威，还是夏部落的后代恢复夏王朝的统治地位，都是借助血缘关系进行联合，

---

① 谢维扬：《中国早期国家》，浙江人民出版社，1995，第365页。
② 陈剩勇：《中国第一王朝的崛起——中华文明和国家起源之秘破译》，湖南出版社，1994，第371页。
③ 萨孟武：《中国社会政治史（先秦秦汉卷）》，三联书店，2018，第23页。
④ 谢维扬：《中国早期国家》，浙江人民出版社，1995，第366页。

以增强自己的力量。传说的羿具有超凡能力，其部落本来远在东夷，后迁至夏后氏的属地，与当地的夏人通婚，形成了有穷氏。羿在夏民的拥护下夺得了夏政。少康在无奈中投奔有虞氏（舜的后裔）。有虞氏的首领无子有女，后将女许配少康，赐给田和众，并把纶邑交由少康管理。少康以纶邑为根据地组织余下的夏族民众，联合夏室遗臣和残余民众，最后夺得王室。这种通过血缘联结的力量实现获得政权的目的与家天下的总体格局是一致的。

与夏王朝政权建立相伴随，部落内部与部落之间的冲突和战争一直未断。一方面，冲突和战争导致一部分部落消失，增强了统治核心部落的力量。另一方面，氏族部落的力量仍然很强大，最后在其他氏族部落的进攻下，夏王朝被推翻。

七　地域扩大与血缘的主体联结

任何人都生活在特定的地域内。但在不同组织制度下，人口与地域的联结特性不一样。恩格斯认为："氏族制度的前提，是一个氏族或部落的成员共同生活在纯粹由他们居住的同一地区中。"[①] 这表明，在氏族制度下，人口与地域的联结主要是血缘关系，即只有同一血缘关系的氏族成员才具有居住在同一地区的资格，地域的划分和确立是根据血缘关系确定的。而"国家和旧的氏族组织不同的地方，第一点就是它按地区来划分它的国民。正如我们所看到的，由血缘关系形成和联结起来的旧的氏族公社已经很不够了，这多半是因为它们是以氏族成员被束缚在一定地区为前提的，而这种束缚早已不复存在。地区依然，但人们已经是流动的了。因此，按地区来划分就被作为出发点，并允许公民在他们居住的地方实现他们的公共权利和义务，不管他们属于哪一氏族或哪一部落。这种按照居住地组织国民的办法是一切国家共同的。因此，我们才觉得这种办法很自然；但是我们已经看到，

① 《马克思恩格斯全集》第28卷，人民出版社，2018，第196页。

当它在雅典和罗马能够代替按血族来组织的旧办法以前，曾经需要进行多么顽强而长久的斗争"①。恩格斯的这段论述对于理解早期中国的国家组织，具有重要的启示。

氏族部落是按照血缘关系划分它的居民。这一血缘关系的地域范围是有限的。且各个地区以部落为单位，相互间缺乏联结。因此，部落的地区是一种分散、孤立的地域存在。国家与氏族组织不同，它要通过国家的力量推动着各个部落地区的联结，形成相互联结的地域整体，这就是国家领土。"由于王国幅员广阔，就不能再利用旧的氏族制度的手段来管理了。"② "政治社会是按地域组织起来的，它通过地域关系来处理财产和处理个人的问题。"③ 但由于国家产生的历史条件不同，实现全国联结的方式也不一样。

在中国，夏王朝国家是在战争与农业生产的推动下诞生的，其社会基础是氏族部落。它一产生是根据血缘和地域双重联结，并以血缘联结为主，形成一个国家整体。

首先是形成以血缘联结为基础的统治核心区域。夏族的十一支姒姓部落与夏后氏中央王室在血缘上有宗亲关系，政治上有分封关系，经济上有贡赋关系，从而构成夏朝的核心领土范围。"与夏王同姓的方国侯、伯，在血缘上与王族有紧密的联系，是夏朝控制全国的核心力量"④。其地理中心大致在今河南省的偃师、登封、新密、禹州一带。在谢维扬看来："夏朝正在从以往酋邦时期的缺乏明确领土观念的部落联合体向控制一块相对明确和固定的地域，因而具有了一定的领土性质的国家转变。"⑤ "在夏朝国家建立后，由它控制的地域已逐渐成为标志国家主体不可分割的内容。"⑥

---

① 《马克思恩格斯全集》第 28 卷，人民出版社，2018，第 199 页。
② 《马克思恩格斯全集》第 28 卷，人民出版社，2018，第 180 页。
③ 〔美〕路易斯·亨利·摩尔根：《古代社会》上册，杨东莼、马雍、马巨译，商务印书馆，1977，第 6 页。
④ 白钢：《中国政治制度史》上卷，天津人民出版社，2016，第 77 页。
⑤ 谢维扬：《中国早期国家》，浙江人民出版社，1995，第 367 页。
⑥ 谢维扬：《中国早期国家》，浙江人民出版社，1995，第 393 页。

　　作为最强势的夏部落取得了让本部落民众服从的特殊的公共权力以后，继续进行着对其他部落的战争，特别是对与自己没有血缘联系，且不服从统治的氏族部落的征伐。其中，与东夷部落的战争最多。正是在这种战争中，夏部落统治的地域范围大为扩展。西起河南省西部、山西省南部，东至河南省、山东省和安徽省三省交界处，南达湖北省北部，北及河北省南部。这一地域号称为九州，即冀州（今山西、河北省境、辽宁西部）、兖州（今山东西部、河北东南角）、青州（今泰山以东之山东半岛）、徐州（今淮河以北之江苏、安徽以及山东南部）、扬州（今淮河以南之江苏、安徽以及浙江、江西北部）、荆州（今湖北、衡山以北之湖南以及江西西北端）、豫州（今河南省境、湖北北部、陕西东南、山东西南部）、梁州（今四川以及陕西、甘肃南端）、雍州（今陕西、甘肃、宁夏、青海）等。

　　九州更多的是势力和影响范围。"尽管禹画九州只是地理意义上的划分，不是恩格斯所说的行政区划的划分，还不能认为这就是国家的出现，但是这种划分显然为随后到来的由血缘团体向地域团体的过渡准备了条件。"① 过往这些地区主要是各个部落的生活领域。随着夏王朝的崛起，通过战争等方式，将这些分隔孤立的部落地点连为一个整体，归之于夏王朝中央统属。这些部落过往与夏没有直接的血缘关系，也不可能通过血缘关系将他们与中央联结在一起。由此便需要通过行政建制将这些具有不同血缘关系的部落在地域上联结起来。但是，作为初生的夏王朝，还来不及，也难以对这些地域进行直接有效的行政管辖。这些地域性部落更多的是一种迫于武力的臣服，且还继续保留着原有的部落治理形态。因此，夏王朝的中央与大多数地域的关系是"统而不治"，中央王朝只是以间接的方式行使其统辖权。"夏朝国家对其所属部落的控制实际上还是有限的。"② 而这与中国早期国家生成的特点相关。

---

① 金景芳：《中国奴隶社会史》，转引自周书灿《中国早期国家结构研究》，人民出版社，2002，第24页。
② 谢维扬：《中国早期国家》，浙江人民出版社，1995，第367页。

　　国家的第一个特点是按地区划分它的国民。这种划分不仅仅是以居民从属于国家的行政建制对地区的管辖，更重要的是根据地区重新定义和组织居民。正如恩格斯所指出的，国家产生以后，"按地区来划分就被作为出发点，并允许公民在他们居住的地方实现他们的公共权利和义务，不管他们属于哪一氏族或哪一部落。"① "国家的基层单位已经不是血族团体，而是地区团体了。"② 摩尔根认为氏族是以人身、以纯人身关系为基础，而"以地域和财产为基础，我们可以称之为国家"③。古希腊时期的雅典便是由 9 万公民组成的。④ 氏族制度被炸毁以后，雅典"划分为一百个乡区，每一个乡区都以界碑划分范围，各取一个专名。每一个公民必须注籍，并且必须登记他在其所居住之乡区中的财产。这份登记表就是他的公民特权的凭据和依据"。"各乡区的居民都是一个有组织的政治团体，享有地方自治权"。"政府掌握在基层地区组织的人民手中。"由乡人选举乡长。"凡是注了籍的公民都是自由的，他们的权利和特权是平等的。"⑤ 在摩尔根看来，"基本单元的性质决定了由它所组成的上层体系的性质，只有通过基本单元的性质，才能阐明整个的社会体系。"⑥ "雅典人以一个民主组织作为出发点，把政府置于该组织的公民掌握之下。"⑦

　　雅典的民主政制是自下而上形成的。这种政制有其特定的条件。一是经过顽强而持久的斗争，按血族来组织居民，并将居民束缚在一定地区的办法已无法持续，国家只能按地区划分它的居民，且成为国家不同于旧的氏族组织的特质。二是由于社会分工和分化，按血缘关

---

① 《马克思恩格斯全集》第 28 卷，人民出版社，2018，第 199 页。
② 《马克思恩格斯全集》第 28 卷，人民出版社，2018，第 32 页。
③ 〔美〕路易斯·亨利·摩尔根：《古代社会》上册，杨东莼、马雍、马巨译，商务印书馆，1977，第 6 页。
④ 《马克思恩格斯选集》第 4 卷，人民出版社，1995，第 171 页。
⑤ 〔美〕路易斯·亨利·摩尔根：《古代社会》上册，杨东莼、马雍、马巨译，商务印书馆，1977，第 269 页。
⑥ 〔美〕路易斯·亨利·摩尔根：《古代社会》上册，杨东莼、马雍、马巨译，商务印书馆，1977，第 234 页。
⑦ 〔美〕路易斯·亨利·摩尔根：《古代社会》上册，杨东莼、马雍、马巨译，商务印书馆，1977，第 269 页。

系取得氏族资格的办法已难以持续，新的社会阶级要求平等的公民权利。三是雅典城邦的人口不多，地域面积不大，全部城邦才一百个乡区。在这样的地域规模条件下，民主政制比较容易生存。正因为如此，恩格斯指出，国家在氏族制度的废墟上兴起的三种主要形式中，"雅典是最纯粹、最典型的形式：在这里，国家是直接地和主要地从氏族社会本身内部发展起来的阶级对立中产生的。"① "雅典人国家的产生乃是一般国家形成的一种非常典型的例子，一方面，因为它的形成过程非常纯粹，没有受到任何外来的或内部的暴力干涉"，"另一方面，因为它使一个具有很高发展形态的国家，民主共和国，直接从氏族社会中产生"②。所以，雅典国家是自然生长出来的。

与雅典不同，早期中国是在氏族部落社会尚未解体，更没有被炸毁的基础上出生的。人们仍然是按照氏族部落的方式进行组织。人们只能依据血缘关系取得氏族成员的资格。各个氏族和部落之间是不平等的，更没有超越氏族部落的普遍的公民权利与义务，也不可能根据公民意志来组织基层，进而组织地区和国家。地区组织还只停留在上层，国家建制只是一个区划范围，基层社会并没有重组。特别是地域规模大，新生的政权还没有条件将自己的权力触角延伸到基层社会，统而未治。它还做不到"不依亲属集团而依共同居住地区为了公共目的来划分人民"③。因此，原生国家更多的是外生的，是在部落战争冲突中形成的，是通过政权的力量消除氏族部落的分隔孤立，将各个地域联结为一个地域整体的。所以，从国家产生方式来看，早期中国是外生的、早熟的。其政治体系表现为家天下的世袭政权。人民主要是通过氏族部落获得民主权利，而不是外生的国家层面。这种状况只是表示，早期中国还处于按血族组织居民的办法进行顽强而持久的斗争的阶段，且由于特定的历史条件，使其难以产生像雅典那样"最纯粹、最典型的形式"，同时也规制了之后的国家演进进程。谢维扬注意到这

---

① 《马克思恩格斯全集》第 28 卷，人民出版社，2018，第 198 页。
② 《马克思恩格斯全集》第 28 卷，人民出版社，2018，第 142 页。
③ 《马克思恩格斯全集》第 28 卷，人民出版社，2018，第 136 页。

一特点，认为"在中国古代，至少在一开始是通过部落组织自身向非血缘团体的转变来实现的。这同雅典和罗马国家通过打破传统部落的组成而重新组织地域性社区的做法不太相同"①。

初生的中国以血缘氏族部落而不是地区的方式组织居民，一方面有助于迅速扩大地域范围，形成较大的国家领土；另一方面又因为这种地域上的联结主要是依靠政权力量的外部整合，不同的氏族部落单位因为各据一地，并行使直接的治理权，而天然地具有离心倾向。距离中央权力愈远，距离中央权力领地愈远的氏族部落，其离心力愈强。"这些所谓的早期'地域组织'无不以浓厚的血缘关系为纽带，因此，夏后氏要在夏邑以外的广大区域上行使公共权力，不仅是不大现实的，甚至是几乎不可能的。"② 国家的整体性与地方的分裂性因素因此埋下。

为了应对这一局面，夏王朝数次搬迁都城，以力图实现对全国的有效控制。如少康之子杼（也作"予"）承后位。他了解东夷对夏室的不满，为了巩固在东方的势力，他把都城从原东迁至老丘。夏朝的版图在杼的统治下扩张到了东海（黄海）之滨。杼之子槐在位时，东夷族与华夏族开始和平共处。居于淮河、泗水流域的九个部落（即九夷）向夏后纳贡，东夷族与华夏族连为一体，王朝对顺从夏室的部落封土封号。这便是数世纪后诸侯制的起始。但由于历史条件的制约，这种控制的效果有限。夏王朝覆亡便是在距离中央较远的部族的挑战下直接造成的。

八　王朝与氏族事务的并存包容

人类早先是以血缘性的氏族为单位构成的。氏族有一定数量的成员，也有相应的共同事务，并会产生管理这些事务的公共机构，这些机构具有相应的职能。

---

① 谢维扬：《中国早期国家》，浙江人民出版社，1995，第368页。
② 周书灿：《中国早期国家结构研究》，人民出版社，2002，第80页。

恩格斯运用实际材料，描述了氏族部落的事务与职能。在氏族共同事务中，军事事务无疑是最重要的事务。"个人依靠氏族来保护自己的安全，而且也能做到这一点；凡伤害个人，便是伤害了整个氏族。"[1]由军事事务产生军事首领，每个人既是氏族成员，也是氏族战士。氏族组织的重要功能便是组织和领导军事活动。宗教祭祀事务，有专门的时间和活动用于宗教祭祀。如"在易洛魁人中间，死者的全氏族都要参加葬仪，营造坟墓，致悼词等等"[2]。由宗教祭祀事务产生主持这一事务相应的组织者和管理者，如号称"信仰守护者"的祭司。他们的重要职能便是主持宗教祭祀事务。社会事务，包括氏族成员资格的认定、氏族成员财产的继承、氏族成员的婚姻、对外氏族成员的接纳等。政治事务，包括对氏族成员对首领的推选和罢免、决定氏族内的社会事务，并因此产生议事会等机构，也会召开人民大会。在氏族社会，管理军事和宗教祭祀事务的首领具有重叠性，具有重要地位。

随着国家的产生，氏族制度的大量事务和职能便转归为国家。"血族制度的各种机关便受到排挤而不再过问公事；它们下降为私人性质的团体和宗教社团。"[3] "氏族团体的成员再也不能集会来处理自己的共同事务了；只有不重要的事情，例如宗教节日，还勉强能够安排。"[4]这一状况是氏族社会内部产生国家，国家成为主要的公共事务管理机关的结果，反映了社会与国家的分离。

中国的初生国家是以核心氏族成国。管理军事和宗教祭祀事务的氏族首领成为国家首脑。在国家产生以后，军事和宗教祭祀事务提升为国家的主要事务。与此同时，修建水利和都城等公共工程成为国家的重要事务。特别是修建都城，是以往氏族社会所没有的事务。这些超越氏族部落范围的公共事务及其管理，推动了权力向中央集中。

国家拥有着特殊的公共权力。这种公共权力必须有特殊的物质载

---

[1] 《马克思恩格斯全集》第 28 卷，人民出版社，2018，第 106 页。
[2] 《马克思恩格斯全集》第 28 卷，人民出版社，2018，第 107 页。
[3] 《马克思恩格斯全集》第 28 卷，人民出版社，2018，第 140 页。
[4] 《马克思恩格斯全集》第 28 卷，人民出版社，2018，第 196 页。

体及其权力体系。首先，有权力中心，即统治者发号施令的中央机构。这一机构体现着国家的最高权力，其他权力都在其下或者由其分配。夏王朝作为国家也体现了这一特征，但有自己的表现形式。夏王朝由族成国。国家权力首先体现在本氏族中，这些氏族直接归属于王室。他们与王室有宗亲关系，为王室封号，对王室纳贡。"夏朝自启以后，后（王）位只能以夏后氏王族内世袭。禹家族的其他支族，都被分封在全国各地，'以国为姓'，成为夏王朝的侯、伯。这些同姓侯、伯封国，成为夏王朝控制全国的依靠力量。"① 因此，夏王朝的国家事务最初是以本氏族事务为基础的，只是由于政权的影响力，使这种氏族事务具有国家事务的特征。而在由政权发起和组织的军事和宗教祭祀事务活动中，权力进一步扩大，形成权力中心。其次，权力中心的形成有较为强大的暴力所支撑。夏部落得以上升为国家，便在于它有着比其他氏族部落更为强大的暴力。当其世袭政权以后，可以利用政权的力量进一步扩展自己的权力。如设立监狱等暴力机构压制反对力量，维护统治秩序。再次，是建立国王居住和行使统治权的地方，即首都。首都是中央权力的地域载体，比一般氏族部落居住地要气派得多。最后，形成一系列的制度，将王朝权力确立和巩固下来。这一系列措施使夏王朝来自本氏族但又超越了氏族组织，具有国家的特征。

由于夏政权来源于本氏族，尽管其控制和影响力超越了本氏族，但是它还没有能力将所有部落的事务集中到自己手中。原有氏族部落仍然被保留，氏族原有的事务和职能也仍然被保留。除了经济社会事务以外，部落还保有着军事事务和职能。大量的事务是由部落自行处理的。由此便形成了王朝与部落共同管理事务的格局，反映了社会与国家未能充分分离，反而成包容关系的特点。这种关系对于尚无足够统治能力的初生国家来说是必要的，也有助于在一个规模迅速扩大的地域内，以王朝和部落双层机构共同处理事务。但是，这一格局也存在潜在的风险，这便是部落保有军事功能，随时有可能运用武力对抗王朝。

---

① 白钢:《中国政治制度史》上卷，天津人民出版社，2016，第72~73页。

九　王制国家的祖宗整合

　　任何组织都是由不同的成员构成的，都需要公共权威对具有不同利益和意识的人加以整合，从而形成一个整体。通过公共权力进行整合需要相应的规范性制度。这是一个组织能够存续的根本性问题。氏族社会处于经常性的战争状态。国家之所以产生便是通过垄断合法使用暴力的权力，控制冲突，形成秩序，这就是国家整合。而国家整合必须借助于一定方式，并形成具有根本性作用的制度。

　　氏族组织是人类最初的社会组织形态。这一组织要将所有的氏族成员联结起来，并持续下去，必然要建立相应的规范，为人们的行为提供基本依据。这一依据就是血缘关系基础上的祖宗制度。这一制度来源于人对生命起源于先人的自然认知。只有通过共同的始祖先人，才能将同一血缘关系的人紧紧地联结起来，并长期延续下去。马克思提出："氏族是出自一个共同的祖先、具有同一氏族名称并以血统关系相结合的血缘亲族的总和。"[1] 对于氏族成员来说，对先祖的认同提供了一种共同成员资格，一种共同行为根据，一种稳定性。为了保持这种稳定性，人们会以敬仰和崇拜的形式加以固化。由此构成维持氏族组织存续的根本性制度。恩格斯考察了若干氏族组织制度，描述了其共同特性。易洛魁人有共同墓地。古希腊人氏族的特征第一条便是"共同的宗教祭祀和祭司为祀奉一定的神所拥有的特权。这种神被假想为氏族的男始祖，并用独特的名称做这种地位的标志"[2]。第二条便是共同的墓地。罗马氏族拥有共同的墓地。祭祀和墓地都是表示后人对先祖，即对自己生命起源的敬仰和崇拜，是"氏族起源于共同祖先"[3] 的事实在人们观念上的反映。"氏族名称本身就是共同世系的证

---

① 马克思：《摩尔根〈古代社会〉一书摘要》，人民出版社，1965，第76页。

② 《马克思恩格斯全集》第28卷，人民出版社，2018，第119~120页。

③ 《马克思恩格斯全集》第28卷，人民出版社，2018，第122页。

据"①。共同祖先成为维系氏族成员的精神纽带和行为依据，并加以神圣化，敬祖如敬神。祖先繁衍了后代，组织了氏族社会。没有了对共同祖先的认同，氏族组织便难以延续下去。正如摩尔根所说："氏族观念包含着一个信念，即相信有一位共同始祖，这位始祖或是神，或是英雄——我们的确可以把这样的一部世系谱称为杜撰的，但是，氏族成员却把它视为神圣的而深信不疑；并且以此作为他们之间相互结合的一条重要纽带。"② 因此，对祖先的认同成为氏族组织的基础性制度。

与此同时，不同的氏族部落为了共同的利益而联盟为更大的群体。摩尔根谈到部落联盟时说到，"凡属有亲属关系和领土毗邻的部落，极其自然地会有一种结成联盟以便于相互保卫的倾向。""一个部落一旦分化为几个部落之后，这几个部落各自独占一块领土而其领土相互邻接，于是它们便以同宗氏族为基础，以方言接近为基础，重新结合成更高一级的组织，这就是联盟。""这种氏族是从同一个氏族分出来的各支，所以他们彼此同宗；这些同宗氏族为联盟提供了天然的、持久的基础。"③ 由此可见，作为共同祖先的祖宗不仅是本氏族，而且是部落联盟的天然的、持久的基础。这一基础对业已分化的人群进行整合，为人们联合为更大的群体提供一种稳定和可持续的力量。摩尔根认为："联盟制度的团结原则，并不仅仅是由相互保卫结成同盟这样一种利益中产生出来的，而更有其根深蒂固的基础存在于血缘关系的纽带之中。"④ 他以易洛魁人部落联盟为例，"在联盟维持在长久时间内，他们从未发生过混乱，也从未使组织陷于分裂。"⑤

---

① 《马克思恩格斯全集》第 28 卷，人民出版社，2018，第 123 页。
② 〔美〕路易斯·亨利·摩尔根：《古代社会》上册，杨东莼、马雍、马巨译，商务印书馆，1977，第 232 页。
③ 〔美〕路易斯·亨利·摩尔根：《古代社会》上册，杨东莼、马雍、马巨译，商务印书馆，1977，第 120、121、124 页。
④ 〔美〕路易斯·亨利·摩尔根：《古代社会》上册，杨东莼、马雍、马巨译，商务印书馆，1977，第 130 页。
⑤ 〔美〕路易斯·亨利·摩尔根：《古代社会》上册，杨东莼、马雍、马巨译，商务印书馆，1977，第 131 页。

国家是比氏族规模大得多，且有分化，甚至对立的政治组织。恩格斯在讲到雅典、罗马和德意志三种国家产生形式时，多次用了"炸毁"、"废墟"的词。如在讲到罗马国家产生时说，"以个人血缘关系为基础的古代社会制度就已经被炸毁了，代之而起的是一个新的、以地区划分和财产差别为基础的真正的国家制度。"[①] "平民的胜利炸毁了旧的血族制度，并在它的废墟上面建立了国家"[②]。氏族制度的炸毁，使国家只能在废墟上建立起新的制度，并形成新的政治认同。雅典因此建立起民主共和制度。这是组织和维系雅典国家的根本性制度。通过这一全新的制度将具有不同利益和意识的人们联合为一个民主政治整体。正因为如此，恩格斯特别指出，后来"使雅典灭亡的并不是民主制，像欧洲那些讨好君主的学究们所断言的那样，而是排斥自由公民劳动的奴隶制"[③]。当然，恩格斯也指出了，"炸毁"只是就政治制度而言的，"氏族团体的成员再也不能集会来处理自己的共同事务了"[④]。但"旧氏族时代的道德影响、传统的观点和思想方式，还保存了很久才逐渐消亡下去"[⑤]。

在中国，当夏王朝产生时，氏族制度不仅没有被炸毁，反而上升为国家制度。这是因为初生国家是直接由氏族组织延伸和扩展而来的，国家只是在组织规模上对氏族组织的扩大。当然，王朝国家毕竟不同于氏族组织。在一个超越了血缘而与地域联为一体的国家里，如何组织民众，如何建立权威，如何让民众认同权威，并通过权威进行政治整合，则成为一个根本性的问题。在早期国家，这一问题更为突出，这就是要将长期分散孤立、自主性极强的各个氏族部落整合为一体。为解决这个根本性问题，原生国家的重要方式便是借助于氏族组织的对祖先的认同资源，并在王朝国家的框架下将其神

---

① 《马克思恩格斯全集》第 28 卷，人民出版社，2018，第 153 页。
② 《马克思恩格斯全集》第 28 卷，人民出版社，2018，第 198 页。
③ 《马克思恩格斯全集》第 28 卷，人民出版社，2018，第 141 页。
④ 《马克思恩格斯全集》第 28 卷，人民出版社，2018，第 196 页。
⑤ 《马克思恩格斯全集》第 28 卷，人民出版社，2018，第 140 页。

圣化和制度化。通过这一形态的国家力量将更多的人群整合为一个政治整体。

祖宗整合是初生的王制国家的必要条件。它以共同的祖宗作为组织和联结民众的纽带，并构成人们认同的权威来源。自国家产生以后，由夏王来组织和治理国家。但是，当时夏王的力量有限，只是众多氏族中的一支。为此，王借用氏族的祖宗崇拜来强化本族的神圣性和统治的正当性，从而形成祖宗制度。这一制度是通过祖宗的共同认同实现国家对社会的整合。国王的权力、地位和资格来源是祖宗赋予的，具有天然的正当性，服从国王，便是服从祖宗，背叛国王，便是背叛祖宗。在中国话语中，祖是久远的先人，宗是最近的先人。如果说祖是一种精神纽带，那么，宗则是自己生命、财产、地位和资格的直接来源。如果在西方是"君权神授"，那么，在中国，则表现为"王权宗授"。这与权力家族世袭的家天下和家长制是一致的。

在远古中国，国家发端于核心氏族部落。核心氏族部落作为王朝国家的支柱，不仅要通过巩固核心氏族部落来维持王朝国家，而且要用核心氏族部落的价值和权威臣服其他部落，并能够寻找其不同部落的共性，以此将不同的氏族社会整合到国家体系中来。但是，氏族部落各有祖先，其他氏族部落不可能自然认同于核心氏族部落的祖宗。由此，夏的统治者将自己的统治赋予天命，加以神圣化。这种天命只有统治者才可具备。启承继王之时，便受到了其他氏族部落的质疑和挑战。启发动了战争，并在战前称他的权位是"恭行天"。与此同时，统治者将祖宗神圣化，使自己的统治来源具有正统性。启来自禹，禹来自伟大的祖先，自己便是伟大祖先的继承人和代言人。人们以各种活动赞颂先人的功绩，以证明自己作为先人承继者所拥有的统治权威。如杼在位期间是夏朝最昌盛的时期。夏人对杼格外尊重，为杼举行过"报祭"。《国语·鲁语》载："杼，能帅禹者也，夏后氏报焉"。通过祭祀自己有功劳的先人确立自己的统治权威，从而排斥其他部落对王朝权力的质疑和挑战。谢维扬指出："这种与祭天同时进行的祭祖仪式，可能是夏初统治者的一个创造，用来表明他们有至高无上的权力，并且赋予这种权力以神秘的来源。"① 祭祀祖宗的传统成为夏礼。礼是一种经常性、规范性的制度。"大人世及以为礼",王权世代相袭成为礼。世代相袭必有源。源便是祖宗,特别是作为近祖的宗。这一制度关系到统治权威的稳定性。如作为夏晚期统治者的孔甲改变了夏礼中祭祀祖宗的传统,着重恭顺天帝,被称为"孔甲乱政"。《史记·夏本纪》记述孔甲"好方鬼神,事淫乱"。由此引起部落内部的一系列纷争,从孔甲一直到桀,内乱不止,并成为夏王朝统治覆亡的前奏。

当然,夏王朝对于以祖宗制度来维持长远统治还缺乏自觉意识,王制国家还处于萌生之中,仅仅具有雏形,其整合能力有限。有组织的暴力还分散在部落中。王朝维持统治主要依靠的是暴力征伐。而这种暴力征伐最终会激起其他部落的反抗,直至造成王朝的颠覆,后世称之为"暴桀亡国"。

由于夏王朝保留下来的材料不多,甚至有人怀疑夏是否存在。但愈来愈多的考古发现和研究证明夏的确存在,只是刚从原始社会脱胎而来,处于混沌状态。而刚出生的婴儿已具备成人的元素,具有后世的雏形。谢维扬指出:"作为中国最早的国家进程,夏朝国家的建立表现出'原生的'早期国家进程的特征。就是说,一,这一进程完全是独立发生的,没有受到先在国家的影响;二,在这一进程中,前国家社会的传统仍在顽固地发挥作用。"② 夏王朝国家的产生和演进,一方面表明中国先民正在挣脱原始制度的束缚,进入一个崭新阶段;另一面也表明新的政治形态的产生是何等的艰难和漫长,还紧紧地为原始社会的外壳所包裹。

如果以国家产生的经典定义来看,夏还只是国家的雏形,但从其产生和演进的路径来看,又说明,中国的国家从产生开始,便具有其自己的特点。"中国历史上的国家在诞生时,不是以地域关系取代血缘

---

① 谢维扬:《中国早期国家》,浙江人民出版社,1995,第377页。
② 谢维扬:《中国早期国家》,浙江人民出版社,1995,第315页。

关系，而是利用血缘关系来统治有关部族。"① 其一，中国的国家初生时，还处于血缘关系为主、地域关系为次的关系结构的初步形成之中，国家并不是在血缘关系被炸毁的废墟上出生的。其二，这一关系结构决定了中国的初生国家是在家天下的基本格局中诞生的，家国一体。其三，血缘关系为主的关系结构使初生国家以氏族成为国家，国家的社会基本单位是氏族部落，族国一体。其四，血缘—地域关系造成中国的原生国家是在多个部族并存的背景下，由一个核心部族获得高于其他部族的核心权力，成为权力中心，并影响其他部族。其五，在以血缘关系为主体的关系下，中国的原生国家远远没有垄断有组织的暴力，各个部族拥有较大的自主权。其六，由于血缘关系的延续，中国的原生国家除了战争征服以外，开始试图运用古老的血缘关系来整合孤立分散的部族，但远远还未成功。它的成就为之后的发展奠定了基础，它面临的问题和挑战尚须后世解决。"中国这种'连续性的'文明起源模式在社会组织结构上的一个突出特点，就是史前时代以血缘为纽带的氏族制度在进入文明时代以后，并没有被地缘组织所替代，而是一直延袭下来，成为一种独特的国家形态。"② 后世国家的产生和演进，都可以从夏朝这一初生国家中找到自己影子。这就是血缘—地域关系在延续，只是其表现形式和成熟程度有所不同。"夏商周三代，国家结构实际上为部族结构。……部族血缘关系，构成了这一时期的政治制度的基本框架。"③

更为重要的是，夏成为后世中国的开端，成为民族共同体的起源，从而有了"华夏民族"。中国作为一个政治共同体、文明共同体和民族共同体，源于夏。

① 刘文瑞：《中国古代政治制度：皇帝制度与中央政府》，中国书籍出版社，2018，第 20~21 页。
② 李禹阶、秦学颀：《中国古代外戚政治》，商务印书馆，2017，第 23 页。
③ 刘文瑞：《中国古代政治制度：皇帝制度与中央政府》，中国书籍出版社，2018，第 21 页。

第二章
血缘—地域关系中的城邑王制国家

夏王朝的诞生，标志着中国走出无序暴力的原始时代，进入一个有政府的社会状态。只是作为初生国家的夏王朝还处于原始和文明、氏族与国家的混沌交融状态，特别是没有相当的考古和文字材料加以描述。中国的文明和国家进程进入商朝才逐渐清晰。商朝的时间约在公元前 16 世纪至公元前 11 世纪。这一时期有了较多的考古发现，特别是殷墟出土大量文物，以致后世将商称为殷。到殷商，血缘关系有所褪色，地域关系有所提升，其重要标志是城邑的兴起。血缘—地域关系中的王制国家轮廓逐渐明晰，只是还带有许多原始母胎的痕迹。

一 青铜、文字、城邑：国家发育

过往的研究，以王朝为界，后世王朝否定前朝，后朝都好，前朝均坏，否则不足以显示后朝的合理性和权威性。这种研究完全以朝为界，以人为限。其实，前后朝的因素是相通的，具有连续性。当然，后朝的新要素更集中一些。当历史进入商朝，有几个重要因素促使着国家的发育。

（一）青铜

随着大量优质的青铜文物从商墟中出土，震惊了世人。这标志着早期中国人类进入一个崭新的时代——青铜时代。青铜时代是以使用青铜器为标志的人类物质文化发展阶段。尽管在夏朝就已出现了青铜器，但大规模集中出土的优质青铜器，主要是商朝。

青铜器的出现标志着早期人类的生产力有了质的飞跃。

人类社会的发展最终决定于生产力。在青铜器出现之前，人类还处于石器时代。人类主要用石器进行生产，开始从事农业和畜牧。石器是人们利用现成的石块进行简单加工而成，不需要太复杂的技术。青铜器则是人们开挖合适的矿石，运用冶炼技术加工而成。由识别到开挖矿石，将原矿石冶炼成青铜，并进行加工成为符合设计者思想的器具。这一系列行为不是简单加工，而是人为制造，包括复杂的工艺技术。因此，青铜器的出现标志着人类的生产力由加工到制造的质的飞跃。

中国的青铜器起源于黄河、长江、珠江流域，距今约 5000 年，大体上相当于考古上的红山文化与良渚文化时代，以及文献上记载的中原夏、商、西周至春秋时期。商代是出土青铜文物最早最多的朝代。商朝的后母戊鼎是商代青铜器的标志，它标志着中国青铜器水平达到的高峰。

图 2-1　后母戊鼎

青铜器的大量生产需要专门的人和专门的技能。这意味着此时的农业生产有了相当的发展，能够使一批人直接脱离农业生产，专事于挖矿、冶炼和加工。在青铜器时代，青铜器广泛运用于各个领域，包括祭祀、战争和农业生产。运用到生产领域之后又可促进生产能力的提高。

青铜器的出现标志着社会形态有了质的飞跃。

生产工具的改进不仅推动着生产力的发展，也会改变着社会形态。马克思曾经说："手推磨产生的是封建主的社会，蒸汽磨产生的是工业资本家的社会。"① 在石器时代，生产工具落后，生产力低下，剩余财产有限，一方面人们都得从事直接的物质生产，另一方面人们共同享有劳动财富。这时的社会分化程度很低，人类只能以血缘关系联结的氏族群体生活。青铜器的出现标志着生产力有了较大程度的提高，也标志着剩余财产的增多。商人祭祀大量用酒，而酿酒需要大量粮食。商朝的畜牧业也较发达。祭祀时大量使用牲畜。手工业和商业也有了较大发展。财富增多的同时是占有不均，出现了社会分化。商朝的青铜器的数量和大小可以表示出身份地位的高低。

一般来讲，社会分化是人类突破旧的血缘氏族共同体的重要因素。在恩格斯看来，"氏族制度是从那种没有任何内部对立的社会中生长出来的，而且只适合于这种社会。"② 而社会对立的起点是社会分化。青铜器的规制反映了社会分化和社会对立，促进人们突破氏族制度的同等性，推进国家发育。

青铜器的出现为国家形态的发育提供了必要条件。

国家的生长需要相应的组织条件。大禹通过有组织的规模治水，超越血缘地域限制，为国家的出生准备了必要条件。从这个意义上说，夏王朝因治水而生。与治水一样，青铜器从开挖矿石，到运输，再到冶炼和加工，都不可能是一个氏族，甚至一个部落联盟能够完成的，

① 《马克思恩格斯选集》第 1 卷，人民出版社，2012，第 222 页。
② 《马克思恩格斯全集》第 28 卷，人民出版社，2018，第 197 页。

它必须超越血缘地域的限制，集中巨大的力量，完成这一制造工程。从一定意义上说，是青铜器造成了商王朝的产生。

更重要的是，商代的青铜器主要用于祭祀和军事，为王权服务，其冶炼场地集中在都城。如后母戊鼎便是国王用于祭祀，象征国之重器。青铜器成为统治权威的标志。谁拥有这一重器，谁就是凌驾于社会之上的国家权威。

青铜器的产生促使着中国先民挣脱旧的血缘氏族制度的束缚，推进国家的成长。但是，这种成效是极其有限的。这是因为，青铜器主要用于祭祀和军事，为王权服务，而不是广泛用于生产，并造成生产力的突破。它的产生促使社会有所分工，但没有能够分化出一个有独立利益的新的阶级。这种分工不可能突破旧的以人身依附为特征的血缘关系的框架。旧的制度没有"被分工及其后果即社会之分裂为阶级所炸毁"①。

（二）文字

与青铜器出土一样震惊世界的是甲骨文的发现。甲骨文又称"契文"、"甲骨卜辞"，是汉字的早期形式，是现存中国王朝时期最古老的一种成熟文字，最早出土于今河南省安阳市殷墟。

语言文字是人类交往，实现社会联结的必要工具。但在相当长的历史时期，人类社会只有语言而无文字。摩尔根在描述原始氏族部落的特征时说，每个氏族部落"具有独用的方言"②。中国历史也有"结绳记事"的记载。语言是在交往中自然产生的，人要表达就会说话。长期在一定范围内说话，就会形成"独用的方言"。文字与语言不同，它是人类思维加工的产物，需要通过学习来掌握。"在摩尔根的研究中，文字的发明和使用是作为人类进入文明社会的唯一标准。"③ 是否

---

① 《马克思恩格斯全集》第 28 卷，人民出版社，2018，第 197 页。
② 〔美〕路易斯·亨利·摩尔根：《古代社会》上册，杨东莼、马雍、马巨译，商务印书馆，1977，第 109 页。
③ 黄德宽：《书同文字——汉字与中国文化》，江苏人民出版社，2017，第 9 页。

掌握文字，可以将人类分为有知识者和文盲。特别是甲骨文是非常复杂的文字系统，主要是统治者用于占卜，也成为统治者的专利。费正清通过对中国文字的分析比较，认为："汉文几乎是统治阶级的专利品。它具有一种社会制度的性质，而不仅是一种社会工具。"[①]

文字的重要功能就是可以超越语言的血缘地域限制，成为在更大范围内进行交往的工具，也是国家统治的必要条件。国家统治必须发号施令，如果仅仅是氏族"独用的方言"，其发号施令的范围就会受到限制。在吉登斯看来："书写提供了一种对信息进行编整的工具，这能用于扩大国家机器对物体和个人的行政控制范围。""书写能使社会关系达致口承文化所无法实现的更为广大的时—空范域。"[②] 夏王朝的统治范围有限，与其文字不发达相关。进入商代，甲骨文的出现，有助于统治者扩大统治范围且实施有效的行政控制。

（三）城邑

商代的青铜器和甲骨文的发现有一个重要特点，就是集中，主要在人口集聚的城邑，特别是都城殷墟。如重要的青铜器和绝大部分甲骨文发现于中国河南省安阳市殷墟。殷墟是著名的殷商时代遗址，范围包括河南省安阳市西北小屯村、花园庄、侯家庄等地。这里曾经是殷商后期中央王朝都城的所在地，所以称为殷墟。与此同时，在黄河、长江等广泛的城邑也发现了青铜器和甲骨文。这说明，商代进入一个人口集中的城邑崛起的时代。甲骨文中有专门的"邑"字，邑与"城"相连。

城邑的出现是人类文明进程的重要标志。人类要生活，必须居住和集聚在一定地方。居住和集聚方式反映了人类文明进程。在远古洪荒时期，人类祖先多为穴居或巢居。只是随着狩猎经济向农业经济的转变，出现了人类第一次大分工——畜牧业和农业的分工，人类以氏

---

① 〔美〕费正清：《美国与中国》，张理京译，世界知识出版社，1999，第42页。
② 〔英〕安东尼·吉登斯：《民族—国家与暴力》，胡宗泽、赵力涛译，三联书店，1998，第54页。

族部落的形式在固定的地点聚居，形成以农业生产为生存基础的聚落。这种聚落便是乡村的雏形。随着农业的发展，出现了工商业，并发生了工商业和农业的分工。从农业中分离出来的主要从事工商业的人口相对集中聚居在一定地方，形成了以人口、财产、需求相对集中和以非农业活动为其存在基础的聚落。这便是城市的雏形。马克思认为："城市本身的单纯存在与仅仅是众多的独立家庭不同。在这里，整体并不是由它的各个部分组成。它是一种独立的有机体。"① 因此，城市的出现标志着人类文明进入一个新的阶段，只是这种文明进程也有一个生长发育过程。

在中国的夏代，人口集聚点，包括王族居住点多以"台"、"丘"等地名出现，"邑"较少。一般意味着人口集聚在地势较高的地方，其规模都不大。到了商代，"邑"较多，且规模较大。这一方面标志着，至商代，生产力有了新的进步，可以有更多的人脱离直接的物质生产。另一方面也反映了，社会分工有了新的变化，这就是交换的出现。在商代遗址中发现有大量贝币。交换的出现需要集中的场所，也会造成将人身与地域合为一体的氏族制度的破损，从而促进国家的发育。

城邑的出现催生着国家形态的生成。在原始社会后期，氏族部落之间的"战争成了经常性的行当"②。"战争就是每一个这种自然形成的共同体的最原始的工作之一，既用以保卫财产，又用以获得财产。"③ 为了适应这一需要，氏族部落开始有意识地修筑设防城堡和邑落，将人口和财富集中到这种原始形态的城市。恩格斯因此指出："用石墙、城楼、雉堞围绕着石造或砖造房屋的城市，已经成为部落或部落联盟的中心；这是建筑艺术上的巨大进步，同时也是危险增加和防卫需要增加的标志。"④ 随着掠夺性战争的推进，"在新的设防城市的周围屹立着高峻的墙壁并非无故；它们的堑壕成了氏族制度的墓穴，而它们

---

① 《马克思恩格斯选集》第 2 卷，人民出版社，2012，第 733 页。
② 《马克思恩格斯全集》第 28 卷，人民出版社，2018，第 192 页。
③ 《马克思恩格斯选集》第 2 卷，人民出版社，2012，第 743 页。
④ 《马克思恩格斯全集》第 28 卷，人民出版社，2018，第 191 页。

的城楼已经高耸入文明时代了。"① "随着城市的出现，必然要有行政机关、警察、赋税等等，一句话，必然要有公共机构，从而也就必然要有一般政治。"② 国家因此呼之欲出。

商是一个流动性很强的部族。商取代夏，依靠的是战争。通过战争获得的权力和财富，必然要通过有组织的暴力加以保护，其重要方式就是修建城邑。城邑可以说是统治权力的集聚空间。从考古发掘的商代城邑来看，无论是规模，还是气派都是空前的。这表明了，至商代，国家形态已开始形成。在甲骨文中，"国"写作"或"，"口指人口，戈指武力"。③ 摩尔根将城邑视为国家产生的基础，"一个国家的基础是地域而不是人身，是城邑而不是氏族，城邑是一种政治制度的单元，而氏族是一种社会制度的单元。"④ 城邑的兴起标志着商朝向国家形态大大迈进了一步。西方学者大都认为中国历史起源于商，"原因在三：他们拥有文字；能够铸造青铜器；他们修建了城镇并居住其中。"⑤

当然，国家的生成并不意味着对旧制度的炸毁。人类文明进步的标志反映了两个方面的成果，一是生产力推动的自然成果，一是国家推动的人为成果。这两者的比例反映了不同国家的文明和国家进程的特性。在商代，青铜器、甲骨文和城邑的出现，一方面是生产力有所发展的产物，但另一方面主要是服务和应用于国家权力，是体现着国家权力的成果。正是这一特点，尽管作为特殊公共权力的国家生成了，但由于生产力发展还不足以炸毁氏族制度，氏族制度所内含的血缘关系延续下来，继续支配着中国的国家形态及其演进过程。

---

① 《马克思恩格斯全集》第 28 卷，人民出版社，2018，第 192~193 页。
② 《马克思恩格斯选集》第 1 卷，人民出版社，2012，第 184 页。
③ 范文澜：《中国通史简编》上册，商务印书馆，2017，第 30 页。
④ 〔美〕路易斯·亨利·摩尔根：《古代社会》上册，杨东莼、马雍、马巨译，商务印书馆，1977，第 117 页。
⑤ 〔英〕塞缪尔·E. 芬纳：《统治史》卷一，王震、马百亮译，华东师范大学出版社，2014，第 477 页。

二 天命、霸权、都城：集权中央

商是通过暴力战争取代夏王朝的。根据文献记载，在商发动对夏的战争时，商的首领汤发表了著名的"汤誓"。王曰："格女众庶，悉听朕言。非台小子敢行称乱，有夏多罪，天命殛之。今尔有众，妆曰：'我后不恤我众，舍我啬事而割。'女其曰：'有罪，其奈何？'夏王率止众力，率夺夏国。众有率怠不和，曰：'是日何时丧？予与女皆亡！'夏德若兹，今朕必往。尔尚及予一人致天之罚，予其大理女。女毋不信，朕不食言。女不从誓言，予则帑僇女，无有攸赦。"（《史记·殷本纪》）

"汤誓"是推翻一个王朝的战争宣言书。它标志着要改变一个王朝必须师出有名，才能获得追随者的呼应。"汤誓"是夺取权力的战争行为依据。这反过来说明，夏王朝的确是真实的存在。如果不存在，仅仅是部落之间的战争，属于原始的人与人的战争状态，赢者为王，没有必要寻找自己的行为依据。夏是第一个王朝，它的产生是直接由氏族部落权力过渡而来的。夏成立后则是世袭王朝，意味着统治权力世世代代要在本家族内传递。而且经过长时间的延续，人们已普遍接受这一事实。"商人在汤时对夏朝的关系，是作为夏朝控制下的一个地方势力而与夏朝中央权力处于某种对抗状态中。"① 商是在这一历史事实上夺取政权的，因此必须为自己的行为寻找合理的依据，才能为其他人所追随。这个依据便是"天命"。

所谓"天命"是超越人事的天的意志。这种意志是任何人不可违背的。汤信誓旦旦对众人表示：不是我个人兴兵作乱，是因为夏桀犯下了很多罪行。我虽然也听到你们说了一些抱怨的话，可是夏桀有罪啊，我畏惧上天，不敢不去征伐。如今夏桀犯下了那么多罪行，上天命令我去惩罚他。你们众人说："我们的国君不体恤我们，抛开我们的

---

① 谢维扬：《中国早期国家》，浙江人民出版社，1995，第388页。

农事不管，却要去征伐打仗。"你们或许还会问："夏桀有罪，他的罪行究竟怎么样？"夏桀君臣大徭役，耗尽了夏国的民力；又重加盘剥，掠光了夏国的资财。夏国的民众都在怠工，不与他合作。他们说："这个太阳什么时候消灭，我宁愿和你一起灭亡！"夏王的德行已经到这种地步，现在我一定要去讨伐他！夏氏有罪，在于违背了天命。

"汤誓"将自己的行为视为"天命"。这里的"天"，一方面，从抽象看意味着至高无上性；另一方面，从具体来看，反映了人民的意志，是对受苦受难的人民的拯救。为此列举了夏桀的种种罪行，并张扬到极致。汤的兴兵只不过是顺应天的意志与民众的呼声而已，是一种无比正当的行为，而不是大逆不道。通过"天命"，汤为自己的行为提供了正当依据，同时也能够广泛动员众多人追随他。这种以"天命"自居的政治行为，反映了人类的进步，即不再是动不动便施予暴力的原始战争状态，而要讲道理，找依据，讲规则。

尽管"汤誓"赋予自己行为的合理性，但还是充分暴露出通过暴力获得权力的霸权本性。这种霸权建立在强大的暴力基础上，是依靠暴力支持的强制力。"汤誓"最后表示："希望你们和我一起来奉行上天降下的惩罚，我会重重地奖赏你们。你们不要怀疑，我绝不会说话不算数。如果你们违抗我的誓言，我就要惩罚你们，概不宽赦！"这实际上已是一种威吓：不服从便受罚。这种强制力，恰恰是一种特殊的公共权力。

正是在"天命"的感召和霸权威吓下，汤打败夏，建立起商王朝。这一战争意味着汤是代表全国人民意志，举全国之力获得统治权力。这种统治权力在本质上不同于过往的氏族公共权力，它所涉及的民众"已经不再直接就是自己组织为武装力量的居民了"①。夏是运用大禹的传统权威自然获得统治权力的，这种统治权力在相当程度上只涉及本部落。大量其他部落的居民仍然保留着"直接就是自己组织为武装力量的居民"。这使夏王朝远远没有垄断合法使用暴力的权力，还没有

① 《马克思恩格斯全集》第28卷，人民出版社，2018，第199页。

形成足够的霸权。而商王朝是直接对前王朝的战争。从汤开始，其权力便超越本部落，而包括夏王朝统治下的更多属民。这种在"天命"旗帜下形成的霸权战争，推动了分散的权力向王朝中央的集中。至商代，中央的权力比夏强大得多。大多数地方诸侯来自商王直接封给。"殷朝作为氏族社会发展至最后阶段的形态，'王'的权威强化系一大表征。"① 正因为如此，"商代六百余年，除了中后期出现的诸侯叛乱，没有发生过夏代中期那样的大族'诸侯'直接取代夏王的巨大政变。"②

国家是按地区划分它的国民的，各个地区构成整体，整体的代表是中央。中央是权力中心和最高权力者，也是国家主权的体现者。商汤通过"天命"和霸权战争推动了全国性的中央集权。这种中央集权对于替代"自己组织为武装力量的居民"的氏族部落是必要的，也是十分重大的一步。

中央集权必须有特定的物质形态加以表征，各种构成特殊公共权力的强制设施需要空间存放。运用霸权获得的巨大权力必然要用空间霸道的方式保持和显示自己的强大权威。这就是都城的修建。"凡是已维持足够强度的内聚力因而值得完全称之为'国家'的那些地区，都是城市而非乡村地区成了统治阶级成员的首要的居住地。"③

商王朝建立后，多次迁都，后定于今河南省安阳市被考古发掘命名为殷墟的地方。殷墟是中国至今第一个有文献可考并为考古学和甲骨文所证实的都城，由殷墟王陵遗址、殷墟宫殿宗庙遗址、洹北商城遗址等构成。宫殿宗庙遗址面积71.5公顷，是商王处理政务和居住的场所。王陵遗址面积约11.3公顷。在这里出土了数量众多、制作精美的青铜器、玉器、石器、陶器等，其中包括被称为"国之重器"的后

---

① 姚大中：《姚著中国史·1 黄河文明之光》，华夏出版社，2017，第164页。
② 孙皓晖：《中国原生文明启示录（上册）——国家开端》，中信出版社，2016，第105页。
③ 〔英〕安东尼·吉登斯：《民族—国家与暴力》，胡宗泽、赵力涛译，三联书店，1998，第46页。

母戊鼎。

从殷墟可以看出，至商代，国家开始成型，代表国家的中央权力已较强大。一是作为最高权力的王权需要有一系列的组织机构和人员，并集中到一定地点办理国务，从而推进国都的建立。"都者，国君所居，人所都会也；邑，犹偲，聚会之称也。"（《释名》）"凡邑，有宗庙先君之主，曰都"（《左传》）。从殷墟宫殿来看，最高权力拥有者办公场所的规模较大，显然有一个较大的国务处理机构，标志着散落的权力向中央集聚。二是从殷墟可以看出当时的国家实力。这一实力不仅仅是国家财富的象征，更意味着王朝中央权力有足够的能力将国家财富集聚和霸占到都城，是国家权力的象征。如后母戊鼎是现今为止所发现的最重的青铜器。殷墟发现的商王武丁的配偶妇好墓，有殉人 16 人，出土器物 1928 件，包括 468 件青铜器，755 件玉器以及 564 件骨器，另有将近 7000 枚海贝。三是作为权力和财富中心，都城有相当的防御措施。宫殿宗庙遗址的西、南两面，有一条人工挖掘而成的防御壕沟，将宫殿宗庙环抱其中，起到类似宫城的作用。这一系列物质设施象征着只有国家才拥有的中央霸权。作为商代文字的甲骨文将"国"写成"或"，意为以武力保卫人口。修建都城"如此大事件的计划、指挥、管理与有秩序展开，前提必须置于强力的领导"[1]。

从都城来看，商代的中央权力，主要是王权已较强大，国家作为特殊公共权力的特性越来越明显。它反映了血缘—地域关系的变迁及其特点。

一是边缘部族的崛起。商不属于夏王朝的核心部族，其活动区域属于距夏都较远的边缘区域。这使它有较强的自主性，对夏有较大的离心力，并能够积蓄力量挑战，以至推翻夏王朝。这一过程更多地体现了地域性关系。这种地域性关系缺乏足够的血缘关系的直接联结，更多地需要霸权及其物质表征的方式确立自己的统治地位。二是商作

---

[1]　姚大中：《姚著中国史·1 黄河文明之光》，华夏出版社，2017，第 113 页。

为一个具有游牧性和商业性的部族，有一定的新的分工，但分工还不发达，还未能因为分工推动工商业城市的发展，并由工商业城市推动公共的政治机构的成立和一般政治的发生，都城主要是基于政治统治的需要。都城的政治—军事—祭祀中心的功能特别突出，工商业的存在主要是为政治统治服务并依附于政治统治。

三　王位、弟及、子继：家族传递

商以"天命"为旗帜，领导推翻了夏王朝统治，但只是一个统治家族替代了另一个统治家族。与夏所不同的是，在"天命"的观念下，作为最高统治者的王，更具有代上天行事的"天子"地位。这种地位通过一系列举措得以巩固和确立。但商王朝获得统治地位以后，很快也面临着最高统治权的传承问题。

夏王朝确立了家天下和政权家族世袭的基本制度。这一制度的内在机理是血缘关系。通过世代相传的血缘关系保障国家权力的延续。但政权家族世袭制度还只是一个大致轮廓。因为一个家族是由父子、兄弟等多个成员构成的。一个父亲也有多个儿子，一个人有多个兄弟。父子、兄弟都具有共同的血缘关系，都是血肉之亲，都具有获得亲人权力和财富的资格。由此就会出现具有唯一性的权力有多个人可能获得的问题。夏的建立是父权子继。但承继父权的是启及其启之后的王者是独子，还是多子中的一子，是多子中的长子、次子，抑或幼子，是出自正妻的嫡子，还是出自庶妻的庶子，均未见历史记载。夏王朝统治权的动荡不定或许与此有关。

商王朝获得统治权，特别是中央权力增大以后，王权的传承问题更为突出。根据文献，汤去世后本来是其长子太丁继位，只是太丁早死而改由汤的弟弟继位，之后成为定例。商王朝在前半期，实行的是"兄终弟及"，即王者去世后，由其弟接位。王国维认为："商之继统法，以弟及为主，而以子继辅之，无弟然后传子。自成汤至于帝辛三十帝中，以弟及兄者凡十四帝。其以子继父者，亦非兄之子而多为弟之子。"① 对于为何实行这一王位继承制，有众多解释。在徐扬杰看来："合理的解释只有一个，政治上的需要。商王朝刚建立，统治不稳定，必须挑选年长的人为国王，其中又以弟为亲，所以立弟，这叫做'国赖长君'。"② 这一解释有其合理性。"兄终弟及"的王位传承可以说是一种"血缘能力制"，即在有共同血缘关系的人中挑选有能力的人继承权力。兄与弟是同辈人，年龄相差不大，有共同的经历。兄去世后由弟接位，能够很快接手国务。

但是，徐扬杰的解释显然也有缺陷，且经不起逻辑推敲。因为不仅仅是王朝刚建立需要有能力的人，就是建立后仍然需要。而且，商朝中期之后，包括商之后的其他朝代都不再实行"兄终弟及"，而实行的是"父死子继"，即父亲去世以后，王位由其儿子继承。"父死子继"可以说是"血缘亲近制"。其重要原因便是血缘关系的差序结构。

在吕思勉看来，"血缘之制既兴，人类自将据亲等的远近，以别亲疏。"③ 基于血缘关系的群体是由不同的血缘关系成员构成的。当个体家庭产生以后，血缘关系群体便具有一定的排他性。个体家庭实行的是一夫一妻制。夫妻双方各自以对方作为自己存在的条件，并排除他人与自己享有同等的地位。由个体婚姻结合产生的生命与自己最为亲近，即所谓"骨肉至亲"，即最为亲近的人。这种亲近不仅仅在于自然生命的延续，在于长期共同生活的感情，更在于财富和世系的继承。由"至亲"到近亲，再到远亲，形成血缘群体的次序关系。人们正是根据这一次序关系作出自己的行为选择。

在父子与兄弟之间，父子关系比兄弟关系更为亲近。正如徐扬杰所说："人伦之中，父子最亲，兄弟次之，财产权力，由父传子，最为合理。"④ 权位"兄终弟及"有一个巨大问题，这就是"以子继父者，亦非兄之子而多为弟之子"。它意味着，初始的弟继承了自己的兄的权

---

① 王国维：《殷周制度论》，《观堂集林》卷十，中华书局，1959。
② 徐扬杰：《中国家族制度史》，武汉大学出版社，2012，第67页。
③ 吕思勉：《中国通史》，上海人民出版社，2015，第26页。
④ 徐扬杰：《中国家族制度史》，武汉大学出版社，2012，第66页。

位，后是由自己的子而不是兄的子继承权位。以此类推，权位距离初始的兄的血亲越来越远。这与血缘关系的差序排列是相背离的，也不利于上代人精心经营，以将自己的权位传递到与自己最为亲近的人，并得到最亲近的人的亲近。在个体家庭制度下，血缘关系最重要的是血脉相承。它关系到个人整个生命活动的延续，直至死后的祭祀。人们最为优先关心的是与自己最亲的人的地位与命运。父子关系显然高于兄弟关系。前者被认为是直系，后者被认为是旁系。与此同时，在"各亲其亲"的个体家庭时代，兄弟关系既存在"手足之情"，也存在横向竞争关系。弟继承了兄的王位，不愿再把王位还给兄的子，而是直接传给自己的子。父子是"骨肉至亲"，是纵向继承而不是竞争替代关系。无论子的地位多高，都不可能替代父亲的位置。权位传子比传弟更具有稳定性。

　　而对于"兄终弟及"来说，也面临着哪个弟来继承的问题。一个兄并不只有一个弟。一般来讲，所有的弟都有继承的资格。这一问题在家庭中容易解决。家庭财产实行"诸子均分"就自然解决了。而王位只有一个，哪个弟弟来继承，则是一个问题，也没有定制。由此会发生因争取权位而出现的"手足相残"。从权位继承的稳定预期来看，"兄终弟及"远不如"父死子继"。事实也是如此。司马迁说："自仲丁以来，废适而更立诸弟子，弟子或争相代立，比九世乱，于是诸侯莫朝。"（《史记·殷本纪第三》）王位的争夺直接导致商王朝的衰败。

　　因此，从血缘的亲近性、稳定性和可预期性来看，"父死子继"比"兄终弟及"更为有利。同时，"父死子继"也并不是完全不能产生有能力的王。武丁便是一位有作为的王，开创了"武丁盛世"。所以，商中期及商之后的所有朝代的权位继承基本上都是"父死子继"。它反映了血缘关系的变化特点，这就是血缘关系由氏族群体进入以个体婚姻和家庭为主的时期。

　　商代中期之前实行"兄终弟及"，与商部族具有较多的游牧特征密切相关。游牧生产方式具有天然的流动性，并具有血缘关系的自我稀释和淡化的功能。同一具有血缘关系的家庭，会随着"逐草而居"的游牧活动分散重组，不可能在一个地方将一个家庭世世代代延续下来。

同时，游牧生产方式很难以一个个体家庭进行，面对大自然的险恶环境和"逐草而居"的社会竞争，人们必须联合为一个更大的部落。处于竞争性的部落必然要求由最有能力的人担任领袖。愈是以群体的方式生存的时代，领袖愈是具有能力型的特性。这也是在中国的原始时代流传的是具有神话传奇般的领袖人物的重要原因所在。商王朝有游牧特性，实行"血缘能力制"具有天然性。早在商氏族获得国家政权之前，便已出现族长"兄终弟及"的事情，只是后来又将这一位置还回原族长后人。当然，这与当时的族长没有什么特权有关。但这种事例对于后世王位的"兄终弟及"会产生影响。

与此同时，在商代，还有一位传奇性的女性，这就是"妇好"。妇好是商王武丁的妻子。在武丁对周边方国、部族的一系列战争中，妇好多次受命代商王征集兵员，屡任将军征战，并取得重大战功。妇好还经常受命主持祭天、祭先祖、祭神泉等各类祭典，又任占卜之官。"国之大事，在祀与戎。"（《左传·成公十三年》）武丁对她特别宠幸和器重，她被封于外地，担负守土、从征的重任。在她去世后，武丁追谥曰"辛"，给予厚葬。商朝的后人们尊称她为"母辛"、"后母辛"。女性直接参与主持国之大事，并得到极高的尊重，反映了当时的商还处于由血缘氏族群体向血缘个体家庭的转变之中，还有许多群体时代的底色。这之后，尽管也有极个别的女性参与政务并卓有成就，但得到的荣耀远远不如妇好。

四　王权、事务、制度：国家运转

国家由氏族社会而来。国家的生成发育，也是散落在各个氏族部落的权力向国家集中的过程。这种权力集中有一个过程。在夏王朝，国家权力的集中程度有限，夏王的权力也有限。这也是其政权不稳，经常性发生变故的重要原因。进入商代之后，散落的部族权力进一步向中央集中，最终集中于作为国家主权代表者的商王。"商朝的中央权力就是商王的权力。""王是凌驾于众人的。"①

商王的权力仍然来源于家族，商王的地位是家长地位的延伸。无论是"兄终弟及"，还是"父死子继"，都属于家族性权力，即权力在家族内的传递。只是这种家族性提升到国家层面，其能量远远超出一般性的家族权力。这也是"兄终弟及"难以为继的重要原因。当然，家族来源的权力能量毕竟有限。商代夏之初，以"天命"为旗帜，获得了统治权的王受命于天，代天行事。为了强化王的意志，商借助于神灵的力量，以神权辅助王权。甲骨文又名"甲骨卜辞"，主要用于占卜。这与商代部族保留着大量原始时代的习惯相关。

将族权、神权与王权寓为一体，大大增强了王权的力量，使王的意志具有不可反对的绝对性。国家事务均由商王决断，其他人只是执行，王的意志不可违抗。"国家机能集中于王的一身，王个人总揽政治权力，……受王命担当任何职位均称'协王事'，王发布任命又自称'协朕事'"②。商王盘庚决定迁都，遭到反对。盘庚表示，"非敢违卜"（《尚书·盘庚下》）。这说明当时商王的权力还是有限的，还需要借助神灵的力量施政。只是与原始时代完全听从神灵的决定不同，王朝有了特殊的公共权力可以压制不同意见。对于那些反对者，盘庚威胁将其"劓殄灭之，无遗育"（《尚书·盘庚中》）。这种惩罚是极其严厉的。尽管商迁都召开会议，但会议只是商王发表自己的主张，而不是共商共议共决。

一国毕竟不同于一家。国王仅凭一人无法治理国事，需要借助专门的公共机构和行政体系。中央管理机关是国家的重要标志，它意味着"以前由各部落独立处理的一部分事务，被宣布为共同的事务"③。在商代，实行内外服体制。内服属于中央政府机构，直接辅助商王施政。内服官员中由一人领事，统率百官，辅佐商王。此人辅佐商王处理国事，是商王的代理人。史书记载，商王武丁有一得力辅佐国事的

① 谢维扬：《中国早期国家》，浙江人民出版社，1995，第403页。
② 姚大中：《姚著中国史·1 黄河文明之光》，华夏出版社，2017，第165页。
③ 《马克思恩格斯全集》第28卷，人民出版社，2018，第132页。

三公——傅说。"昔者傅说被褐带索，庸筑于傅岩，武丁得而举之，立为三公，使之接天下之政，而治天下之民"（《墨子·尚贤中》）。"昔者傅说居于北海之州，圜土之上，衣褐带索，庸筑于傅岩之城。武丁得而举之，立为三公，使之接天下之政，而治天下之民。"（《墨子·尚贤下》）

随着国家的生成，由国家直接治理的事务增多。但在事务分量方面，与夏王朝一样，军事和祭祀仍然是最重要的事务。这是因为，由分散在社会中的权力向国家集中，由地方性权力向中央集中，依靠的是比社会更为强大的有组织的暴力，这种有组织的暴力便是军队。"国家的本质特征，是和人民大众分离的公共权力。"[①] 军队则是这种公共权力的支柱。军事事务直接决定着国家的统治权和领土范围。商王作为国家的最高统治者，同时是军事首领，并经常直接率领军队打仗。甲骨文中出现"王自征"、"王征"、"王往伐"等字眼。商王曾一次出兵一万三千人进行大军征讨。这是一般部落族群所不可能具备的战斗力量，只有国家才有如此规模的军事组织，也意味着通过征战可以获得更大的领土和权力。如商王武丁用三年时间平定鬼方，发重兵击败羌方，南征进入荆楚之地。还出兵征伐夷方、巴方、蜀及虎方等。武丁对周边方国、部族的战争，大大拓展了商朝版图和势力范围，将中原地区与周边部族连为一体，使商朝成为西起甘肃，东至海滨，北及大漠，南至江、汉流域，包含众多部族的"邦畿千里"的大国。

商代的军队由三部分构成。一是王室军队，即直接由王室指挥的军队，甲骨文称之为"王师"。二是地方诸侯军队，通常在"师"之前冠以某侯名。三是族军，即贵族的私人武装。王室军队是最为强大的，编入"王师"的成员被称为邑人，居住在王都附近。只是诸侯和私人武装的存在，表明中央尚没有垄断有组织的暴力。这种地方和私人武装的存在，对于王朝统治又是潜在的威胁。

军事是暴力统治，祭祀则是精神统治。国王亲自或者委托最亲近

---

① 《马克思恩格斯全集》第28卷，人民出版社，2018，第140页。

的人主持祭祀事务。祭祀包括祭天和祭祖，表示自己的祖宗与天相连。在都城宫殿区域设立有专门的祭祀场所，举办隆重盛大的祭祀活动。

在恩格斯看来，自国家产生以后，"为了维持这种公共权力，就需要公民缴纳费用——捐税。捐税是以前的氏族社会完全没有的。但是现在我们却十分熟悉它了。"① 维持国家的统治，必须有财政基础。而财政来源于经济事务。从商朝的都城和出土文物来看，当时已有相当的财政实力。其财政来源主要是王室直接经营的田地和诸侯贵族向王室提供的贡纳。在商代，领土和土地合二为一，所有土地都是国家所有。国王是领土的主权者，也是土地的终极所有者。一方面，王室占有大面积的最好土地，即"大田"，收获直接归王室。另一方面，相当数量的土地为分散在各地的诸侯贵族所占有和经营，但要向王室提供贡赋。这种贡赋表明诸侯贵族对王室的臣服，也是对领土主权者的一种义务。

随着事务的增多，必须通过制度加以明确。与氏族社会不同，国家暴力的使用是有序的。为了有序地使用暴力，形成统治秩序，国家制定法律。这种法律"凌驾于各个部落和氏族的法的习惯之上"②。与夏有"禹刑"一样，商有"汤刑"，只是"汤刑"有较多的文字记录，如《荀子·正名》说"刑名从商"。从"汤刑"之名来看，商代的法律制度主要是刑法，是针对犯罪行为的一种惩罚制度。犯罪行为主要有违反统治者意志、扰乱社会秩序等。对于违背统治者意志的行为采取的惩罚措施非常严厉。

国家运用法律制度维护统治秩序是任何国家都存在的。法律是对社会现实的反映，并满足当时统治和社会需要而设立的。从商代的法律来看，法律制度主要是刑法，而未见用于调节民众之间经济关系的"民法"。同时，在法律制度中，不孝是最重的罪行，受到的惩罚也最重。在惩罚措施当中，有"族诛"，即不仅惩罚犯罪人本人，还要连带

---

① 《马克思恩格斯全集》第28卷，人民出版社，2018，第200页。
② 《马克思恩格斯全集》第21卷，人民出版社，1965，第108页。

他们的族人，甚至灭族。这都是血缘关系在法律制度上的体现。家族长与国王一体，不孝既针对家族，也针对国王。没有"民法"，标志当时的商品经济不发达，大量的经济事务都是通过家族社会内生的习俗加以调整。"族诛"意味着家族在经济社会和政治生活中是基本责任单位，每个成员要承担团体责任。

五　内外、远近、亲疏：地域治理

按地区划分它的国民是国家不同于氏族社会的重要特征。这一地区是国家的领土和地域。国家在自己的领土范围内，划分地区建制，从而形成领土整体，体现着中央与地方的关系。这种关系是一种地域关系，即国家整体与各个地域部分的关系。这一特征从夏开始，到商更为清晰。这是因为商的领土范围更大，且原初不是中央核心部族。商取得统治地位以后，一方面是地域关系更加明晰，另一方面是血缘关系仍然具有主体地位。其重要表现是根据血缘关系的内外、远近和亲疏原则建构国家整体与地域部分的关系，而血缘关系在地域关系之上。

商代的地域由两部分构成，一是商王室直接管辖的王畿之地，大体位于以今河南为中心的中原地区。王畿之地，甲骨文称之为"大邑"。王畿以大邑商为中心，其外是单，再外是郊野，卜辞中称为鄙和奠。在鄙或奠的边境地区叫戈；而在鄙（奠）与戈中，邑又是最基本的行政区划。

王畿之地是中央权力的所在地，有众多不事生产的人员，并需要从所在区域直接获得财政。因此，都城区域无疑是土地较好，有稳定收获的地方。商王朝数次迁都，除政治统治需要以外，经济也是重要因素。迁移的都城还是黄河中下游区域内。

都城区域是全国的政治、军事中心，也是经济中心，由王室直接治理。协助王室治理的官员称为"内服"，即距王室最贴近的人。包括经办军事、祭祀、农业、宫廷等事务的职官。

二是围绕大邑周边，由诸侯国治理的地域，包括数量众多的方国和部落。甲骨文称之为"四土"或"方"。多数方国规模较小，仅仅是一些原始的氏族部落，但还有少数方国规模较大，已经具备了完善的国家机构。如土方、羌方、周方等大的方国甚至达到了能与商王朝抗衡的规模。在商王朝期间可辨别的方国有150余个。这一区域称为"外服"。诸侯所辖区域是独立性较大的政治实体，有自己的军队和职官，各自为政。诸侯是商王征战获得领土以后所封的本姓或者异姓有功者，另外便是表示对商王臣服的部族首领。如作为商王武丁妻子的妇好便因战功获得大量封地和财产。"诸侯承认商王朝的宗主权，并要对商王室尽一定的义务"①。包括接受商王的命令、戍边、参与王室的军事活动、向王室纳贡等。就是作为武丁之妻的妇好也根据封地规定向大商进贡。外服官主要有方国首领的侯、伯，有为王朝服役的男、有守卫边境的卫。

从国家结构形式来看，王室所在的都城区域与诸侯所在的"四土"区域之间具有复合制的特征。但这种复合制体现着鲜明的内外、远近和亲疏关系的历史特征。

都城区域属于"内"，距王室最近，地位最高。内服职官受商王信任，除了协助商王处理国事，掌握军政要职以外，还代表商王出外巡视。

诸侯所辖区域属于"外"，距王室较远，地位较低。使用的名称是商族给这些方国附上的他称，其中与商族敌对的方国的名称多为贬称，而与商族友好的方国的名称多为中性名称。"好"便是商王武丁对其妻封地的封号。各方国根据与商的关系分为敌对、臣服和时服时叛三类。诸侯如有不服从王室，或发现诸侯有二心，王室将采取惩罚措施。如推翻商朝的周武王之父周文王作为周的诸侯曾经被商纣王所关押。除此之外，王朝还借助于联姻等方式加强与外服的联结。

商王朝的地域治理实行内外、远近和亲疏的差序治理，与氏族部

---

① 白钢：《中国政治制度史》上卷，天津人民出版社，2016，第98页。

落残余和商王朝的国家组成有关。与夏一样,商王朝也属于以族成国,以商部族为核心组织商王朝。"商代宗族组织不是作为国家结构、公共权力的对立物而存在的,它并没有因时间的推移而被国家制度所排斥掉,相反它和国家制度、国家权力紧密地结合在一起。宗族不仅是一个血缘群体,而且是一个政治群体、军事群体、阶级群体。"① 商建立中央王朝以后,对于那些非核心部族进行封侯。这些诸侯在原生地继续进行治理。商王朝还没有足够的国家能力对这些地区进行直接管辖。另外是大量的商王的亲属或者有功者,通过对他们封地,以维护商王的统治核心地位。诸侯要朝拜商王。但当王权衰败时,诸侯也会不朝拜王。

商王朝建立后的地域扩大,部族增多,如何进行有效的管辖呢?这是商王朝面临的重大问题。其办法来源于长期延续的血缘关系。内外、远近和亲疏的差序关系实际上是长期历史上延续的血缘关系的延伸和扩展。个体家庭的血缘关系生成出以自己为核心,由内向外,由近到远、由亲到疏的差序关系。个体家庭以内的为内,个体家庭以外的为外人。与自己最近的人是最亲的人,如父母子女。与自己最远的人是最疏的人。内外、近远、亲疏关系决定了人的地位。商王朝的地域治理实际上是基于血缘的治理的复制。这种治理既不是现代意义上的中央与地方的服从关系,更不是平行关系,而是具有血缘性的差序关系。

这种对血缘关系的复制,是由当时的社会与政治所决定的。受制于国家能力,商王朝的中央权力与国家制度还很难直接渗透到诸侯领地之内,并破坏原生的血缘关系与组织。恩格斯在谈到古罗马时说:"罗马的行政和罗马的法到处都摧毁了古代的血族团体,这样也就摧毁了地方的和民族的自主性的最后残余。""广大领土上的广大人群,只有一条把他们联结起来的纽带,这就是罗马国家"②。商王朝的行政和

---

① 田昌五、臧知非:《周秦社会结构研究》,西北大学出版社,1996,第21页。
② 《马克思恩格斯全集》第28卷,人民出版社,2018,第175页。

法都难以摧毁长期存续的血族团体以及之上的地方组织，它只能依托和扩展血缘关系，来维护王朝中央与诸侯地方的结合，保持国家整体的一致性和有序性。如李峰所说："商代国家基本让名义上臣服于它的地方集团自治管理从而形成一个由自主部族所构成的集合体"①。"殷商王朝在商王国内通过以血缘关系为纽带的宗族和家族以实现其广大商族族众的管理和统治，并在此基础上实现该片地区有效的行政管理。"②

然而，基于血缘关系的治理只是在血缘组织内部有效。国家毕竟还是地域结合体。特别是商王朝，大量地域属于异姓部族。尽管它们成为王朝的诸侯，但是毕竟不属于核心部族，处于外、远的距离和不平等的地位。在马平安看来，"殷人的方国在当时是最为强大的，自称为'大邑商'、'大邦殷'。与它同时并立的还有众多的大小方国，这些方国包括大邑商自己在内，都是自然生长出来的。它们于各自直接控制的辖土范围之内，均采取血缘聚居的方式。'大邦殷'虽然征服过许许多多的方国，但并没有把异姓方国融化为自己邦族的一部分，而仅仅是迫使他们处于附属、服从的地位。"③ 这些方国部族会产生天然的离心力。当地民众更认同于方国部族而不是王朝。王的命令只是达至方国部族而不是人民，方国部族具有很大的地方自主性和管辖权，特别是拥有武装。这就导致统一的商王朝时刻面临着方国部族反叛的威胁。商王朝被推翻正是距离王室较远的周部族发动的。

除了都城和诸侯管辖的区域以外，还存在更为偏远的边疆地域。这些地域并没有明确清晰的边界。在这些地域上生活的族群与商王朝地域的差异性更大，相互间处于犬牙交错的分布，且经常发生冲突。而王室以外的诸侯部族在反叛王室的过程中，会借助其力量。

---

① 李峰：《西周的灭亡：中国早期国家的地理和政治危机》（增订本），徐峰译，上海古籍出版社，2016，第 2 页。

② 周书灿：《中国早期国家结构研究》，人民出版社，2002，第 46 页。

③ 马平安：《中国政治史大纲》，新世界出版社，2015，第 34~35 页。

六　族众、分层、等级：身份定制

在原始社会，作为社会基本单位的氏族是自然生成的。根据共同的血缘关系获得氏族成员身份。尽管随着交往和战争，氏族部落会向氏族部落联盟扩展，但氏族仍然是基本单位，人们仍然是根据血缘关系自然获得氏族成员资格。但是，商王朝与夏王朝一样，也是由个别核心氏族通过联盟而获得国家政权，以族成国。商"如同禹被封于'夏'而最早封于'商'……。此一代表氏族领地或原居地之名，氏族扩大为部族时便代表部族，成立国家时再代表了朝代"[1]。"所谓的一国其实就是一族，兼有血缘部族与早期地缘国家的特点。"[2] 在商王朝建立以后，便会根据国家统治的需要重新定义其社会成员。这种现象在夏王朝便已出现，只是当时的国家还是从原始氏族自然转换而来，王朝政权对国民的重新定义还不清晰，社会成员的身份处于氏族与国家的混沌状态。商王朝是取代夏而建立的，因此王朝建立后就面临着重新定义其社会成员的问题，以构建国家治理的社会基础。

商族与夏族不同源。商通过联合其他部族，推翻夏的统治而获得国家政权。获得政权后，又以国家的名义继续进行讨伐和征战。战争继续一直延续王朝始终，一直到商王朝终结时，还处在对东夷的讨伐中。战争的结果是胜者为王，败者为奴，一部分部族被打败，其部族成员成为俘虏，并转化为奴隶。这一部分人被迫从事劳动，而且统治者"认为用劳动获取生活资料是只有奴隶才配做的"[3]。特别是商王朝作为刚从原始野蛮时代脱离而来的，对于战俘和奴隶更为残忍，可以随意支配其人身。这些奴隶大多数属于家奴，即属于某一家族的奴隶。家族主人可以对其随意支配。因此，在商代，大量出现"人殉"的现象。

战争与国家造成了严重的社会分化，社会成员分裂为两个严重对

---

① 姚大中：《姚著中国史·1 黄河文明之光》，华夏出版社，2017，第99页。
② 马平安：《中国政治史大纲》，新世界出版社，2015，第34页。
③ 《马克思恩格斯全集》第28卷，人民出版社，2018，第193页。

立的阶级。只是因为战争是一个部族与另一个部族之间展开的，被打败的部族，其成员全体纳入国家统治体系，成为被统治的奴隶，阶级分化通过族群分化的形式表现出来，其结果是被打败的族群作为一个旧的血缘整体而消失。从一定程度上说，这是国家生成的必然要求。当然，这种失败族群的消失并不意味着其中某些成员无所作为。如为商王武丁所器重的傅说便是筑屋奴隶出身。

由于商是以一个部族联合其他部落共同推翻夏王朝而成为统治者的商取得国家政权以后，对土地、财富和人民进行再分配。这一分配方式便是由国王对本氏族成员和拥戴、归顺自己的其他部族成员以封号，使其领有土地、财富和人民。如韦伯所说："王的氏族是最为优先的，而及时归顺的诸侯之氏族也获得优先，他们可以保有全部或部分的支配权。"① 这些取得封号的地方首领称为诸侯，是所封地域的直接统治者，并世代相袭。商已出现侯、伯、男等封号。这种世代相袭的封地又形成了新的统治家族，是与夏王朝国家统治家族相对应的地方统治家族。

除了被奴役的奴隶以外，还存在相当多的自由民。在甲骨文中被称为"邑人"、"人"。他们是与奴隶相对而言的，具有人身自由，不得随意被杀戮，还有祭祀自己的祖先和执掌武器的权利。他们的社会地位较低。在考古发现的墓室中，随葬物品极少。尽管他们没有参与国家事务的政治权利，但可以自由支配人身，并要从事生产劳动。这与雅典时代普遍"认为用劳动获取生活资料是只有奴隶才配做的"② 情形有所不同。自由民要在土地上从事农业生产劳动，他们不可能像奴隶一样在固定场所受到监管，只能根据其劳动需要聚族而居。国家政权还没有能力渗透到这些生活在广袤辽阔土地上的基层社会当中。农民长期在固定的土地上生产和生活，以血缘关系为纽带形成社会群体，并构成王朝统治的社会基础。正是由于这一社会基础，王朝统治得以长期存续，即使是一个王朝被推翻，社会也能够存续下来。而雅典和罗马的衰败、

---

① 〔德〕韦伯：《中国的宗教：宗教与世界》，康乐、简惠美译，广西师范大学出版社，2004，第 74~75 页。

② 《马克思恩格斯全集》第 28 卷，人民出版社，2018，第 193 页。

覆灭，直至文明成为废墟的重要原因是战争掠夺财富的有限性和仅仅依靠奴隶从事生产的奴隶制的崩溃。正如恩格斯所说的，"使雅典灭亡的并不是民主制"，"而是排斥自由公民劳动的奴隶制"①。

过往的学界认为中国的夏商周属于奴隶社会，简单地照搬了马克思主义的社会形态理论，而忽视了马克思主义关于奴隶制与劳动之间关系的论述。恩格斯多次强调，奴隶制"使人认为，一切生产劳动都是奴隶的事"②，"认为用劳动获取生活资料是只有奴隶才配做的"③。夏商肯定有奴隶，其命运甚至更为悲惨，如充当人殉。但在当时，并不存在普遍认为生产劳动只是奴隶所从事的意识。在分散定居的农业生产为主的社会，自由劳动恰恰是必要条件。这种分散定居的农业劳动造就的是聚族而居的社会组织形式。

因此，尽管商王朝获得了特殊的公共权力，重新定义了自己的国民，并给予政治身份的定制，但是从国家到地方，从地方到人民，其家族性特征非常鲜明，血缘关系大大高于地域关系。甲骨文中有许多族的名称，如王族、子族、多子族、三族、五族等。社会组织的基本单位是以血缘为基础的族群。社会成员的地位和身份与血缘关系的差序性是一致的，而且由于是国家政权所定制的，实行亲贵合一，其等级性更为明显。

七　祭祀、神灵、礼制：宗制生成

在摩尔根看来，原始社会的晚期，氏族"联盟制度的团结原则，并不仅仅是由相互保卫结成同盟这样一种利益中产生出来的，而更有其根深蒂固的基础存在于血缘关系的纽带之中"④。这种血缘关系的纽

---

① 《马克思恩格斯全集》第 28 卷，人民出版社，2018，第 141 页。
② 《马克思恩格斯全集》第 28 卷，人民出版社，2018，第 177 页。
③ 《马克思恩格斯全集》第 28 卷，人民出版社，2018，第 193 页。
④ 〔美〕路易斯·亨利·摩尔根：《古代社会》上册，杨东莼、马雍、马巨译，商务印书馆，1977，第 130 页。

带随着国家的产生在一部分国家被炸毁，在另一些国家却以新的形式保留下来。

与夏一样，商王朝也是由一个核心部族成国，并由多个部族组国。商取得国家政权以后，国家重新定义社会成员，出现了严重的社会分化和对立。但是，商的国家统治仍然是血族统治，其封地诸侯也属于血族统治，社会聚族而居，以族定分。"这些宗族可以说是从史前时代一直到夏、商都完整地保持着本族的血缘组织，氏族组织都没有瓦解，没有完全被地缘组织所取代。"① 而血族统治与社会的"根深蒂固的基础存在于血缘关系的纽带之中"②。而"祖先是血缘关系的象征，共同的祖先把人们联结在一起"，"血缘意味着是同一个祖先的传人，祖先是血缘关系的人格化。"③ 由这种血缘关系而产生相应的祖宗制度。

祖宗制度是基于对共同血缘关系的祖先的认同而形成，以祖宗为中心的政治制度。这一制度起源于夏，但生成于商。这是因为夏王朝是由氏族部落联盟自然延伸而来的，禹本身便在部落联盟中具有崇高的威望。而商部族在取得王朝地位之前，只是一个非核心部族。其始祖与其他部族的始祖地位没有太大区别。取得国家政权以后，社会成员发生分化。商部族内分化为执掌和非执掌最高权力者。商王朝内分为核心部族与非核心部族。这种严重的社会分化如果不加以整合，很容易造成国家的破裂。为此，商王朝必须寻求一种政治组织和制度力量将这些分化的社会成员整合为一体，形成长期稳定的政治秩序，这一力量便是适应国家和地方层面家族统治及其家族社会的祖宗制度。"同祖同族关系被作为王权的基底进一步得到强调"④。

由商生成的宗制，首先表现于祖宗崇拜的制度化。而制度化的起点是对祖先的神化。

---

① 李禹阶、秦学颀：《中国古代外戚政治》，商务印书馆，2017，第24页。
② 〔美〕路易斯·亨利·摩尔根：《古代社会》上册，杨东莼、马雍、马巨译，商务印书馆，1977，第130页。
③ 王晓毅：《血缘与地缘》，浙江人民出版社，1993，第20页。
④ 〔日〕宫本一夫：《从神话到历史》，吴菲译，广西师范大学出版社，2014，第386页。

商王朝建立以后，为了凝聚本部族的力量，获得其他部族对本部族的统治权威形成认同，其重要方式便是宗神合一，将自己的祖先神圣化。商以鸟为图腾，视始祖契为鸟的后代。商始祖为天神下降，其后代可以与至高无上的天相沟通。"予迓续乃命于天"（《尚书·盘庚中》）。自己祖先受命于天，自然比其他部族祖先的地位要高，商王的地位也因此具有神圣性和至高无上性。"原与殷世系全无关系的自然神信仰发展至与王系连结"①。由此将王权神授与王权祖授结合起来。

神化祖先还包括颂扬祖先的功绩，以示超出常人。"契长而佐禹治水有功"（《史记·殷本纪》）。祖先成为当今王朝统治的神圣合法来源。"古我先王，暨乃祖乃父，胥及逸勤，予敢动用非罚？世选尔劳，予不掩尔善。兹予大享于先王，尔祖其从与享之。"（《尚书·盘庚上》）过往，王的祖先与他人的祖先父辈共同劳作，共同享受，祭祀先王，他人的祖先也同样享受祭祀。这种祭祀既是王族内部，也是王族与他族凝聚的纽带。

祖先崇拜的制度化要通过一定形式加以表现，即仪式化。

一是设立专门的祭祀祖宗的场所。在都城设立太庙及其场地，专门用于祭祀。"殷人禘喾而郊冥，祖契而宗汤"（《礼记·祭法》）。契是远祖，汤是近祖，别名为宗。考古发现的商王陵遗址有殷王室祭祀先祖的公共祭祀场地。

二是举办隆重的祭祀仪式。这种仪式有时让外服参加，以表示天下共主，同时也看其臣服态度。

三是对去世的先人给予厚葬。考古发现的商王陵遗址东西长约 450 米，南北宽约 250 米，总面积约 11.3 公顷。这里出土了数量众多、制作精美的青铜器、玉器、石器、陶器等。祭品用于祖先在另外一个世界享用，因此特别丰富和厚重，以示尊重。妇好墓随葬品 1928 件，有青铜器、玉器、宝石器、象牙器、骨器、蚌器等。除此之外还有殉葬的人。人殉的基本理念是人的死亡不是人的生命终结，而是转至另一

---

① 　姚大中：《姚著中国史·1 黄河文明之光》，华夏出版社，2017，第 151 页。

个世界。所以在另一个世界也要有人服侍。

四是逢国务大事时，在祖庙面前举行仪式。如商王出征要到祖庙禀告于祖宗，"受命于庙"。宗庙大室成为治事之所。

祖先崇拜的制度化必须有相应的行为规范，这便是礼制。"商王朝利用祭祀仪礼，更利用身份秩序即礼制形成了以王权为中心的宗族和氏族组成的安定的阶层构造"①。"以祭祀仪礼和礼制为基础，诞生了维持着社会秩序和群体组织的祭仪国家。"②

一是对去世的先人追授庙号，或根据其在世的功绩追授"谥号"，以示尊重和崇拜，如成汤、武丁。开国的汤尊称为"高祖"，只有杰出的王才被称为宗。太甲被尊为"太宗"，祖乙为"中宗"，武丁为"高宗"。妇好墓上建有被甲骨卜辞称为"母辛宗"的"享堂"。

二是地位以宗排序，在地位上更加重视作为近祖的宗。武丁前期的祭权十分分散，多种非王卜辞都有频繁祭祀祖先的记录，有的祭祀商王的远祖。针对这种情况，武丁提出："黩于祭祀，时谓弗钦。礼烦则乱，事神则难"，对祭祀进行改革。近祖更近，宗更为重要。

三是通过器皿、铭文、随葬品等确定人的身份地位。在商代，青铜器中铸造技术工艺最为精美的是礼器。作为礼器的青铜器，附有铭文。商王陵出土的后母戊鼎，是现今为止所发现的最重的青铜器。只有王才能享用这一礼器。"通过青铜彝器将位阶制度加以制度化是商王朝阶段的事。"③ 而不同的人的随葬品差别很大。"与祖先祭祀这种显示王权正统性的宫廷仪礼一起，夸示王权力量的牺牲祭祀是商王权的要务。"④

---

① 〔日〕宫本一夫：《从神话到历史：神话时代夏王朝》，吴菲译，广西师范大学出版社，2014，第380页。
② 〔日〕宫本一夫：《从神话到历史：神话时代夏王朝》，吴菲译，广西师范大学出版社，2014，第384页。
③ 〔日〕宫本一夫：《从神话到历史：神话时代夏王朝》，吴菲译，广西师范大学出版社，2014，第356页。
④ 〔日〕宫本一夫：《从神话到历史：神话时代夏王朝》，吴菲译，广西师范大学出版社，2014，第361页。

四是将祖宗视为奖惩的依据。商王盘庚对反对迁都的人说，如果反对，我的先祖神要惩罚你们，你们自己的祖先也不会保佑你们。

除王族以外，诸侯和平民也以不同的方式祖先崇拜。这是因为人们的组织和生活单位是家族，聚族而居。家族由不同的个体家庭构成。个体家庭由不同的家庭成员构成。凝聚和团结家族成员的重要方式便是敬祖尊宗。

由夏至商，从时间上看，有数百年之长；从文明进程来看，有了标志性的发展；从国家演进来看，国家形态的轮廓日益清晰。但这种演进不是一种全新的形态取代旧的形态，不是后世所说的简单的，具有质的差异性的"商汤革命"。在国家的组织和治理的基本样式方面，商更多的是承继，是延续。尽管随着国家成长，国家疆土扩大，地域关系日益重要，但由原始时代延续而来的血缘关系仍然占主导地位。基于血缘关系而生成的宗制成为多元整合的主要方式，也构成国家的基本制度。没有这一制度的整合，日益扩大的领土很容易分崩离析，有所分化的社会很容易离心离德。因此，至商代，通过祖宗整合并以王权为中心组织和治理国家的王制国家日益清晰。"通过尊崇和尊重自身的来历，进而重新确认自身的现在，这种国家主义的思想方式对社会组织的再认识以及组织的扩大的确发挥了重大的作用。"①

当然，与夏一样，宗制整合的力量是有限的。毕竟国家不同于家庭，它拥有着广阔的地域和众多的人群，特别是拥有着具有强制性的公共权力。这种权力是宗制无法控制的。与夏一样，商最后的王也被视为滥权者，最后导致王朝的覆亡。当然，这种王朝的覆亡不能仅仅归于王的个人因素。根本原因在于经济社会发展和国家成长，使基于传统血缘关系形成的宗制难以包容。最后的商王的个人品质不过是一个导火索。

---

① 〔日〕宫本一夫：《从神话到历史：神话时代夏王朝》，吴菲译，广西师范大学出版社，2014，第387页。

第三章
血缘—地域关系中的宗族王制国家

自进入国家状态以来，中国先民便面临着双重任务，一方面是开疆拓土，另一方面要多元整合，统一有序，使"一家天下"与"天下一家"相结合。这是自夏以来国家演进长期存在的政治主题，只是不同时期表现形式不同而已。由于从具有支配性的血缘关系的原始社会脱胎而来，以族成国，多元整合主要依靠的是基于血缘关系的祖宗制度。这一国家形态经历夏、商，日益清晰，到周朝时成熟和定型。周与夏、商同样是以族成国，但有前两个朝代的历史积淀，从而有了国家制度建设的自觉意识，这就是完全按照或者模拟基于血缘关系的宗族来组织和治理国家，使王制国家形态达到最高成就。至西周，第一次形成了天下一统。时代的主题是"统"，只是这种"统"主要是基于血缘关系的"血统"，因此带有相当的理想色彩。尽管越理想越不容易实现，但理想的光芒会穿越时空，成为馈赠给后人的丰厚遗产。

一　旧邦新命：天命道德化

人类进入文明和国家状态之后的一个重要标志，就是人们要为自己的行为寻找合法性。特别是涉及国家建立的政治行为，更要寻求能够得到广泛认同的理由和根据，如恩格斯所说的将个别行为视为"整个人类社会的最高目的"、"盖上社会普遍承认的印章"①。毛泽东也指出："凡是要推翻一个政权，总要先造成舆论，总要先搞意识形态方面的工作。"②

汤灭夏时发表了著名的"汤誓"。而在周兴兵灭商时，更是多次发誓。这是因为周本是商的一个地方诸侯，要联合其他诸侯共同推翻封给自己土地的王朝，是违背基本人伦，自然也是对于旧王朝大逆不道的行为。周在积累足够力量、进行政治动员、反对商王时，必须为自己的行为寻求足够的理由。从政治上看，周的政治同盟是一个誓约集团。这一集团有很强的政治自觉和使命感。

与"汤誓"一样，周的发誓，一是反复数落商王的罪行，二是反复将推翻前王视之天命所在。"'天命观'的背后却暗含着'造反有理'的思想，即人民有权推翻不称职的领导者。"③ 但与"汤誓"有所不同，就是特别强调"德"。商王罪在失"德"。包括"今殷王纣乃用其妇人之言，自绝于天，毁坏其三正，离逿其王父母弟，乃断弃其先祖之乐，乃为淫声，用变乱正声，怡说妇人。故今予发维共行天罚。勉哉夫子，不可再，不可三！""古人有言'牝鸡无晨，牝鸡之晨，惟家之索。'今殷王纣维妇人言是用，自弃其先祖肆祀不答，昏弃其家国，遗其王父母弟不用，乃维四方之多罪逋逃是崇是长，是信是使，俾暴虐于百姓，以奸轨于商国。"（《史记·周本纪》）商纣因听信妇言、不祭祀祖宗、不信任亲族、招集天下罪人而失德。周的数落得到广泛认同。"殷之末孙季纣，珍废先王明德，侮蔑神祇不祀，昏暴商邑百姓，其章显闻于天皇上帝。"（《史记·周本纪》）如今推翻商纣，是"共行天罚"。由周代商，是"受天明命"。"天休于文王，兴我小

① 《马克思恩格斯全集》第 28 卷，人民出版社，2018，第 130 页。
② 逢先知、金冲及：《毛泽东传（1949—1976）（下）》，中央文献出版社，2003，第 339 页。
③ 赵鼎新：《东周战争与儒法国家的诞生》，夏江旗译，华东师范大学出版社、上海三联书店，2006，第 35 页。

邦周。"（《尚书·大诰》）这一天命不仅是神的意志，更重要的是
"德"的召唤。"德"是一种人事，是对众人的负责。纣只图个人享
乐，而不顾及他人疾苦，因此"失德"。以周代商，更重要的是"保
德"，只有德行才能配天命。这便是后人所说的"周虽旧邦，其命维
新"。周虽然只是商的一个旧邦，但肩负着强烈的使命感，这就是推翻
商纣，为了天下百姓，开辟新的天地。"因为有德，王才能在位执政，
而非依靠血缘关系取得王位。"① 由此就解决了周推翻商的合法性问题。

周得以产生"德配天命"的使命感情，有深厚的历史根源。

周与农业有缘。根据史书，周的先人弃自幼便好农事。"弃为儿
时，屹如巨人之志。其游戏，好种树麻菽，麻菽美。及为成人，遂好
耕农，相地之宜，宜谷者稼穑焉，民皆法则之。帝尧闻之，举弃为农
师，天下得其利，有功。帝舜曰：'弃，黎民始饥，尔后稷播时百谷。'
封弃于邰，号曰后稷，别姓姬氏。后稷之兴，在陶唐、虞、夏之际，
皆有令德。"（《史记·周本纪》）尽管有一个有名望的祖先，但到商
时，周依靠战功才获得了一个偏远地带的封地。周的封地位于今陕西
省，与商王朝中心相去甚远，且与戎狄杂处，经常受到戎狄侵扰，数
次搬迁。

无论周族搬迁，大体方位都处于渭河平原一带。这里的自然地理
气候条件特别适宜于农耕。尽管与夏商两朝的黄河中下游相比，属于
后开发地区，但它比黄河中下游有一个更为重要的比较优势，这就是
自然灾害较少，"相地之宜"。夏商数次迁都与当地屡受灾害有关。随
着对渭河平原的开发，周地一举成为最早的农业发达地区。周地虽距
离政治中心偏远，但农业条件更优越。这为周的崛起提供了基本条件。
这是因为"农业是整个古代世界的决定性的生产部门"②。

农业依靠的是人对土地的开发耕作而获得物质产品。劳动是财富
之父。古希腊罗马时代依靠战争掠夺财富，"自由民的劳动却在道德上

---

① 〔日〕平势隆郎：《从城市国家到中华：殷周　春秋战国》，周洁译，广西师范大学
出版社，2014，第79页。
② 《马克思恩格斯全集》第28卷，人民出版社，2018，第176页。

受鄙视。"① 而在农业时代，劳动不仅不在道德上受到鄙视，而且成为一种生存的必要手段得到颂扬。

农业以土地为生产对象。土地不是天然的可耕地，需要开发。由于周地属于后开发地区，生产力水平不高，周人必须共同劳作共同开发，因此原始氏族时代的共产共享制得以保留下来。在共同的农业生产活动中，人们聚族而居。将族人联结和凝聚起来的纽带便是血缘关系。定居农业的重要特点是可以并需要不断再生产出血缘关系。这种关系强调的是人与人之间的相互依赖和团结，强调群体性和整体性。原始氏族时代"天下为公"的意识传承下来。这便是周人反复强调的"笃仁，敬老，慈少"。

尽管周属于后开发和偏远地区，但是保留了原始时代的群体性及其相应的集体道德。周因此而兴。史书多处记载周的先人的宽容、大度、礼让等德行，"公刘虽在戎狄之间，复修后稷之业，务耕种，行地宜，自漆、沮度渭，取材用，行者有资，居者有畜积，民赖其庆。百姓怀之，多徙而保归焉。周道之兴自此始，故诗人歌乐思其德。""古公亶父复修后稷、公刘之业，积德行义，国人皆戴之。薰育戎狄攻之，欲得财物，予之。已复攻，欲得地与民。民皆怒，欲战。古公曰：'有民立君，将以利之。今戎狄所为攻战，以吾地与民。民之在我，与其在彼，何异。民欲以我故战，杀人父子而君之，予不忍为。'乃与私属遂去豳，度漆、沮，逾梁山，止于岐下。豳人举国扶老携弱，尽复归古公于岐下。及他旁国闻古公仁，亦多归之。于是古公乃贬戎狄之俗，而营筑城郭室屋，而邑别居之。作五官有司。民皆歌乐之，颂其德。"（《史记·周本纪》）

与周相比，商拥有特殊的公共权力，可以无偿获得财富，并因此安于个人享乐。这种依靠权力获得财富并追求个人享乐，正是群体的离心剂。商人好酒。青铜器大量是酒具。最后一个商王更是被描写为"酒池肉林"。有人说商是醉死的。而对于这样一个沉醉在"酒池肉

---

① 《马克思恩格斯全集》第28卷，人民出版社，2018，第177页。

林"中的商来说，周是使其返老还童的最好力量。正如恩格斯所说，"只有野蛮人才能使一个在垂死的文明中挣扎的世界年轻起来。"[1] 野蛮人的力量"并不是他们的特殊的民族特点，而只是他们的野蛮状态，他们的氏族制度而已"[2]。地处偏远、文明落后的周，能够打败商，重要因素便是它保留了更多的氏族制度的特性，即氏族共产制及其道德，能够凝聚更大的力量。定居农业使人们的居住空间相对稳定，世代同居一地。同一血缘关系在社会组织和联结的功能上更为强大。这使夏商以来的具有流动的部族组织转变为相对稳定性的宗族组织。尽管宗族组织也是氏族组织的次生形态，但更强调稳定的血缘关系的作用，并以血缘关系组织和集聚更多社会成员。因此，宗族成为周代社会的基本单元，并能够以此集聚更大力量。

周得以产生"德配天命"的使命感，有强烈的忧患意识和道德自觉。

周本是商的远邦。周的先民几经迁徙才在渭河流域的"周原"定居，并称作"周"。这一地带适宜农耕，经过周的先祖开发，人们的生活日益安宁。但商对周并不看重。"鄙我击邦"。随着周的影响不断扩大，周的首领主动朝拜商王，表示臣服，并领命对戎狄作战，取得胜利。商王忧于周的势力，杀害了周的首领季历。其子姬昌（后称周文王）又被商王所关押。一系列的家仇促使周族反抗。此时的商却因纣的统治迅速衰败，天怒人怨。可以说，周反对商是家仇国恨的共同结果。在这一过程中，周不断积蓄力量，广泛动员，集结数百个诸侯国的参与，数百年的商王朝统治崩溃。

周人深受"失德"的痛苦，亲眼见证了商的兴衰存亡，并归因于"失德"，而"失德"必"失民"，"失民"必"失国"。周灭商，取得了统治权，但"殷鉴不远"，会否重蹈覆辙？这是周的首领必须面对的重大问题，这一忧患意识产生了道德自觉。"武王至于周，自夜不寐"

---

① 《马克思恩格斯全集》第 28 卷，人民出版社，2018，第 185 页。
② 《马克思恩格斯全集》第 28 卷，人民出版社，2018，第 183 页。

（《史记·周本纪》）。反复思考的结果便是要保江山，必须"保德"。"德"首先是先王之德："先王耀德不观兵"；"先王之于民也，茂正其德，而厚其性，阜其财求而利其器用，明利害之乡，以文修之，使之务利而避害，怀德而畏威，故能保世以滋大。""我先王不窋用失其官，而自窜于戎狄之间。不敢怠业，时序其德，遵修其绪，修其训典，朝夕恪勤，守以敦笃，奉以忠信。奕世载德，不忝前人。至于文王、武王，昭前之光明而加之以慈和，事神保民，无不欣喜。"（《史记·周本纪》）"周人相信若能延续文王之'德'，即能续有'天命'"①。"德"便是恤民、爱民、保民。保民才能保德，保德才能保江山。

周靠德而兴，也得靠德而保。"德"就是爱民、惜民。只有"德"才能与天命相配。这就是"天视自我民视，天听自我民听"（《尚书·泰誓》）。"民之所欲天必从之"（《尚书·泰誓上》）。周的先贤希望以基于爱民、惜民的"德"统一人心。依靠这种"德"，承继远古时代天下为天下人的天下的美好愿景。

二 父爱威权：国主家长化

"周虽旧邦，其命维新"。维新的使命便是必须通过"怀德"，爱民、保民，以巩固国家政权。这一理念有着深厚的社会基础，这就是周人在长期的家族共同生活中形成并延续下来的家长意识。与夏商相比，周人的政治意识有两个鲜明特征，一是从延续久远的传统生活寻找依据，二是对传统生活资源进行加工，提升到国家政治层面，具有强烈的政治自觉和规划设计意识，努力寻找为政之道。这与他们对事物存续的内在之"道"的认识，并成就了博大精深的《易经》相关。

在恩格斯看来，"个体婚制是文明社会的细胞形态"②。中国的先民很早告别了群婚时代，进入个体婚制和个体家庭时代。这就是后人

---

① 甘怀真：《皇权、礼仪与经典诠释：中国古代政治史研究》，华东师范大学出版社，2008，第12页。

② 《马克思恩格斯全集》第28卷，人民出版社，2018，第83页。

所说的"天下为家，各亲其亲，各子其子"。由个体家庭产生出父家长权和家长制。对于家庭成员来讲，父家长具有至高无上、不可分割和不可转让的权力。但是，父亲与其他成员的关系是权责对等的。父亲的优先位置和权力是以父亲承担的"当家"责任为前提的，即后人所说的"父慈子孝"。"父慈"是对处于父亲位置并享有父亲权力的规定。只有"父慈"才能"子孝"。父亲不能因为其父亲位置和权力而放任，否则就难以获得"子孝"。[①] "父慈"是一种责任，也是一种情感。这就是父爱。如果没有这种寓责任于权力之中的"爱"，家庭共同体就无法维系。当然，父权也赋予了父亲的专断性权力，可以独裁一切事务。但这种独裁是有限的。这就是父亲在行使独裁权力时，必须考虑到自己未来还得依靠儿子养老的处境。因此，父权主要是一种威权，而不是霸权。这种威权的特征是，父亲承担着养家糊口、繁衍后代的责任，因此享有决断事务的权力；而子女有服从父权的义务，并因为父亲的养育而负有孝敬父母的责任。这种命令—服从关系因为长期生命延续和共同生活而弥漫着浓浓的亲情。父爱威权是一种因先在、天然的威信而产生的权力，是因信而有权，因威望而行权。信和威望便是一种道德责任。

个体家庭不是一开始就形成的。在远古时代，个体家庭是难以独立存在的，它必须高度依附于更大的群体中。这就是恩格斯所说的"实行土地的共同占有和共同耕作的家长制家庭公社"[②]。在这种家庭公社下，"家户经济是由一组家庭按照共产制共同经营的，土地是全部落的财产，仅有小小的园圃归家户经济暂时使用……一切问题，都由当事人自己解决，在大多数情况下，历来的习俗就把一切调整好了。"[③] 这种习俗包括部落成员的相互依赖和救济，共同生存与发展，是一种个体依赖整体的整体主义道德。

---

① 参见徐勇《祖赋人权：源于血缘理性的本体建构原则》，《中国社会科学》2018 年第 1 期。

② 《马克思恩格斯全集》第 28 卷，人民出版社，2018，第 76 页。

③ 《马克思恩格斯全集》第 28 卷，人民出版社，2018，第 116 页。

周人的先民很早产生个体家庭，这从其家长地位的传承便可以看出。但是，周人长期面对异族的侵扰，从事农业活动，因此聚族而居，其生产和生活方式具有典型的家长制公社的特点。这也使周人能够"笃仁，敬老，慈少"。这种只有"天下为公"时代才有的群体道德，不是周人天生具有道德感，而是他们的传统生产和生活方式赋予的。这种群体道德表现为超越"各亲其亲、各子其子"的个体家庭的爱，而是更大群体的爱。这一群体便是有着共同祖宗的宗族。宗族是家庭和家族的扩大，是由共同的血缘关系联结而成的更大的共同体。其存续机理与家庭相同，这就是要保障每个成员都能够存活，感受到共同体的温情和保护。

周人的"先王之德"的实质便是来自家长和宗族长对所在成员的爱护。在周人看来，正是依靠这种父爱，才形成了巨大的感召力，产生出让人自愿服从和追随的权威。"及他旁国闻古公仁，亦多归之。"（《史记·周本纪》）而商王"昏乱暴虐滋甚，杀王子比干，囚箕子。太师疵、少师强抱其乐器而奔周"。结果是"诸侯不期而会盟津者八百诸侯"（《史记·周本纪》）。这种结果是商纣的专横霸权、不爱众人造成的。

因此，周获得政权之后，一定要继承先王的父爱，将天下视为一家，将天下人视为自己的家人，要像对待自己的家人一样对待子民，即后世所归纳的"爱民如子"。国家因此成为扩大了的家庭，国王因此成为扩大了的家长。在一家是一家之主，在一国是一国之主。这就是所谓"天子作民父母，以为天下王"（《尚书·洪范》）。

国由家而来，一国之主由一家之主而来。国王作为国家的大家长，要对所有子民负责，包括养育子民、开疆拓土、保家护民等。要实现这一使命，履行这一责任，必须有相应的权力。没有集中的权力便难以承担爱护所有子民的责任。

家长制与家产制是一致的。正是因为父亲支配着财产并在财产的子孙继承中而产生父权。家产制是家长制的物质基础。在大家长的权力中，土地权是最为核心的权力。只有通过土地才能为子民提供生活来源。

生产方式决定了人的观念。在各种生产方式中，只有农业民族才能对土地的价值有着最为深刻的认识。因为土地能够重复带来财富。以土地为生产对象的农业成为整个古代世界的决定性的生产部门。农业民族对于土地有与生俱来的占有欲和情感。同时，也只有农业民族才有根深蒂固的土地所有权概念。农业生产要在固定的土地上反复劳动才能获得财富。这种固定的土地产生出人们对土地的所有权意识。这种意识具有排他性，为人们所独有，因此具有不可分割的主权性。

周是典型的农业部族。夏和商部族还带有相当多的采集、游牧、手工业和商业与农业混合的特点，具有很强的流动性。如夏、商多次迁都。周长期定居于渭河流域从事农耕，积累下财富，成为当时的经济发达地区。与此同时，周长期实行家长制公社生产方式，"土地是全部落的财产"，并用于保证共同体所有人的生活。周的兴起中屡受外族侵扰，直至被迫迁徙，深知土地所有权的重要。而周的土地是商所封，从商领有，正是这种土地直接占有权力赐予了周自主发展的力量。这一切都孕育着周人对土地和土地权利重要性的自觉意识。

当周获得国家政权以后，将对土地的占有和支配权视为最重要最核心的权力。与夏、商一样，获得了政权，就意味着获得了为政权所管辖的土地所有权。只是周对土地所有权具有强烈的自觉意识。在周的统治者的意识里，土地所有权、国土的支配权与国家政权是同一的。获得了全国性政权，便获得了全国性土地所有权和领土支配权，这便是所谓的"溥天之下，莫非王土"。

中国的这种土地所有方式曾经引起后世学者的高度关注。具有代表性的便是马克思概括的亚细亚生产方式。这种生产方式是从原始氏族公社脱胎而来，土地公有，并渐次发展为土地国有。在马克思看来，"土地公有制基础上的农村公社的形式，这种农村会社在中国也是原始的形式。"[①]"在亚洲那样，国家既作为土地所有者，同时又作为主权者"[②]。

---

① 《马克思恩格斯论文集》第7卷，人民出版社，2009，第372页。

② 马克思：《资本论》第3卷，人民出版社，1975，第891页。

土地由原始公社所有发展到国家所有，土地所有者同时是领土主权者是亚洲社会从原始社会过渡到国家形态的突出特征。中国的周朝是最为典型的表现形式。"溥天之下，莫非王土"是最为形象的概括。

周王作为全国子民的大家长，最重要的财富便是拥有全国的土地。只有拥有溥天之下的土，才能养育溥天之下的民。土地国有，实质上是土地王有。正因为如此，德国学者韦伯将中国视为"家产制国家"。家产与国产、家长与国王是混同一体的，只是规模不同而已。国王是国家的人格代表，拥有着对土地的终极所有权。

由于土地是人们的基本生活来源，获得了土地的支配权，便获得了对民众的支配权，因此，将土地权力集中到王的手中，是大家长当大家的必然要求。"食之饮之，君之宗之。"（《诗经·大雅·公刘》）随着人口繁衍，原有土地不够，需要开疆拓土。定居生活，会受邻人侵扰。为此便有了开疆拓土和保卫领土的需要。依靠小家族的自我武装已远远不够，而需要有专门性武装组织，这便是军队。国王作为大家长，理所当然成为总体军事首领，有权调动中央王朝和各诸侯的军队出征。

家庭有家务，国家有国务。家务由家长决策，国务由国王决断。周王作为大家长，有对国务的最后决断权。但是，"殷鉴不远"。为了避免大家长的专横，周实行"贵族谏政"，即亲戚贵族有提出意见和建议权。大家长为了更好地当家，需要有得力的人辅助。"武王即位，太公望为师，周公旦为辅，召公、毕公之徒左右王，师修文王绪业。"（《史记·周本纪》）"周公辅政"成为千古美传。作为武王弟弟的周公可以说是周朝制度的总设计师。周王还通过巡狩、述职等方式了解各地实情，便于决策。

国家毕竟不同于小规模的家庭组织。国务大事决定以后，还需要专门的机构执行。周承接商，在周王身边设立"内服"机构，协助处理中央事务。中央事务及负责人员包括土地管理、公共工程、司法、民事等事务。这反映了在周代的国家职能中，有了较多的公共职能。

家有家规，国有国法。至周，有了较为固定的制度法律体系。包括周王的诰命、训令、典章、刑律等。与商一样，在周的法律制度中，反对先王和本王的，会受到严厉的惩罚，包括王的弟弟。这是因为一旦大家长的权威受到挑战，整个大家便会解体。"不孝不友者"，为"元恶大憝"（《尚书·康诰》）。当然，王的同族有一般的罪过，可以享受一定的特权。"凡王之同族有罪不即市"（《周礼·秋官司寇第五》），以顾及同族人的感受。

自远古以来，人类日益走向"各亲其亲，各子其子"。只有将土地集中于大家长手中，由作为大家长的王安排，才有人心统一的物质基础。

三　宗法制度：人口宗亲化

国家本是一种特殊的公共权力，军队、监狱等暴力机器是其支柱。但对于周来说，慎用军，慎用刑。早在未取得国家政权之前，有"戎狄攻之"，周人宁愿迁徙，也不轻言战事。武力推翻商王朝，一而再，再而三宣誓，表示自己的行为纯属不得已。得到政权以后，周穆王准备攻打戎狄，被极力劝阻，这在于"怀德而畏威，故能保世以滋大"。对外用武要慎重，对内用武更不能轻举。其根本原因在于，周作为大家长，要通过怀德而畏威，才能实现长治久安。

人民是国家的核心要素。而在大家长的眼里，人民都是自己的亲人。这些人分散各地，要生活，有利益，并会产生冲突。如何组织民众，调节冲突呢？从氏族公社进化而来的周人，将天下人都视为自己的亲人，按照血亲关系组织和联结天下民众，形成血缘性秩序，从而有了宗法制度。

宗法制度是由氏族社会父系家长制演变而来，以血缘关系分配其地位与权力，从而形成世袭等级统治的制度。其特点是宗族组织与国家组织合二为一，宗族次序与政治次序合二为一。"宗法制度的本质就是家族制度的政治化。"①

---

①　李禹阶、秦学颀：《中国古代外戚政治》，商务印书馆，2017，第25~26页。

在原始社会末期，血缘关系组织发展到父权家长制。这一制度终结了"知母不知父"的时代。这是"人类所经历过的最深刻的革命之一"①。体现父权的一个重要表现是丈夫可以有多个妻子，而妻子则不可以有多个丈夫。对于血缘传承来说，后人越多越好。相当数量的人拥有多个妻子的重要原因是能够有多个子孙。然而，父权的地位只有一个，在众多的后人中谁能继承呢？谁的继承才是正统，并为众人所接受呢？这就需要排他和排序。从父权制来看，首先将女性排斥在外，男女有别。从婚姻来看，将两个及以上的妻子分为正、庶。正妻又称为嫡妻，是丈夫所娶的第一个妻子，所生儿子为嫡子。第一个嫡子则是嫡长子。庶妻所生的儿子为庶子，正庶有别。

血缘关系是在生命生产和再生产中形成的一种关系，时间序列最为重要。特别强调生命起源与长幼次序。

根据血缘次序，第一个始祖最为重要，后人的生命都起源于他，被尊称为祖宗。随着世代的传递，由一始祖传承下来的后代越来越多，关系越来越复杂。没有次序便会发生混乱。特别是财产与权力的传承。从财产来看，所有儿子都有权利和资格继承，即所谓的"诸子均分"，略有差异。这是因为后代都是父母的血肉。从权力来看，父权家长的地位是唯一的，只允许一个人传承。从自然出生年龄来看，第一位序则是嫡长子。这一位序是由与祖先的关系所决定的。"通过对祖先的追溯，人们确立了自己在宗族内的位置。每个人在宗族的位置是通过与祖先的关系而确立的。关系之一是辈分，辈分越高，说明与祖先的关系越近，因而也就受到更多的尊敬。"②

中国先民进入国家状态，是以族成国。血缘关系法则自然延伸到国家生活中。国王的地位传承成为国家大事，并实行家族世袭。夏实行"父死子继"。商在上半期实行"兄终弟及"。这一王位传承制度引起了"比九世乱"，商由盛而衰。带有浓厚氏族传统的周，一方面沿袭

① 《马克思恩格斯全集》第 28 卷，人民出版社，2018，第 72 页。
② 王晓毅：《血缘与地缘》，浙江人民出版社，1993，第 21 页。

着远古时代"父死子继"的习惯，另一方面汲取商的教训，明确王位的继承之法，这就是实行嫡长子继承法。在瞿同祖看来："周以前是游牧的氏族社会，财产为氏族所共有，兄弟依次相及，有同等的承继权，用不着什么宗法，无嫡庶之分，不论长幼，都是平等的。……由于封建政治的成立，王国及封邑便不能不维持其整一，而由一人来统治。为了应付这种需要，于是为宗法制度中心的嫡庶分别应运而生，确定以嫡长子的身份来承继国土田邑。"① 这是以父系血缘的亲疏差别关系为原则的继承法。尽管武王早逝，其长子年幼，由武王的弟弟周公辅政，但周公在武王长子成年以后，便主动归政。之后，周一直实行"传嫡不传庶，传长不传贤"的嫡长子继承制。这一体制的最大好处是具有权力传递的确定性和可预期性。《吕氏春秋》对此评价说："先王之法，立天子不使诸侯疑焉，立诸侯不使大夫疑焉，立嫡子不使庶孽疑焉。疑生争，争生乱。"苏力认为嫡长子继承制，"其优点在于：第一，世代交替，父子年龄相差 15~20 岁，甚或更大，这大大降低了最高政治权力转移的频率，有利于国家政治稳定，有利于政治领导人积累统治经验，其实也可以视其为某种形式的政治治理的专业化和职业化。第二，刚性的嫡长子继承会全面增强继承人无可替代的合法性，令所有利益相关人的预期稳定，这就会大大震撼，也有望减少觊觎最高权力的阴谋家，无论是原先有望继承王位的国王之弟，还是国王的其他儿子——即便他才华横溢。"②

嫡长子继承产生于父权家庭。但由于一夫多妻，特别是随着世代传递，家庭成员越来越多，会形成由不同个体家庭组成家族，再因为共同的祖宗而由多个家族组成宗族，以此类推。这种血缘关系具有很强的扩展性和延续性。组织规模愈大，次序愈重要。嫡长子继承制只是解决了父权地位的传承问题，是最核心的制度，但还远远不够。由这一核心制度扩展为更大血缘组织的宗法制度。周将这一血缘制度复

---

① 瞿同祖：《中国封建社会》，商务印书馆，2015，第 105 页。
② 苏力：《大国宪制——历史中国的制度构成》，北京大学出版社，2018，第 89~90 页。

制到国家组织中，运用宗亲关系实现社会的联结，并形成一个多层级有序的整体。

根据嫡长子继承制，周王对于其他兄弟而言是"大宗"，是大家长。不能继承王位的庶子、次子均出自同一父系，是从属于"大宗"的"小宗"，是周王所封的诸侯。同宗但分大小，体现位阶差别。作为"小宗"的诸侯从属于作为"大宗"的周王。这是最高层级的大小之别。

第二个层级的大小之别在诸侯层面。诸侯仿照第一层级，诸侯的嫡长子继父位，为第二代诸侯，奉始祖为"大宗"。他的诸弟封为卿大夫，为"小宗"，从属于"大宗"。

第三个层级的大小之别在卿大夫层面。卿大夫的嫡长子承继下一代卿大夫，奉始祖为"大宗"。他的诸弟封为"士"，为"小宗"，从属于"大宗"。

第四个层级的大小之别在士的层面。士的嫡长子承继下一代士，奉始祖为"大宗"。他的诸弟为庶人。庶人为最低层次，不再向下分。因此，"庶人无田邑"①。

以上层级从横向来看，每个层级都有"大宗"与"小宗"之分；从纵向来看，上一层级对于下一层级又有"大宗"与"小宗"之分。由此形成由血缘关系构成的树状结构（见图3-1）。

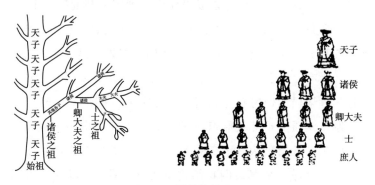

图3-1 树状结构图示

---

① 瞿同祖：《中国封建社会》，商务印书馆，2015，第106页。

以上只是静态结构。血缘是一个生命延续和继替的过程。由于人口繁衍，从嫡长子承继而言，大宗永远是一，而小宗则会不断增多，到了五世就必须分出一些子孙，另立门户。瞿同祖认为："只有一系相承的嫡长子，能承继大统，称为大宗。其他诸嫡子，只有分封的资格，称为别子。……别子被封后对大宗而言，虽为小宗，有事宗之道。对于他自己的子孙而言，成为受封的始祖。他的君位和封邑，便永以他的嫡长子来承继，成所谓'继别为宗'的大宗。其余不能继别只能继祢（父）的诸嫡子为小宗。对于其所属大宗，有事宗之道。又各成为别子，被分封。别受封地而成为其子孙之始祖，其封地世世代代由其宗子承继。"① 这就是"别子为祖，继别为宗，继祢者为小宗，有五世而迁之宗，其继高祖者也；是故祖迁于上，宗易于下，尊祖故敬宗，敬宗所以尊祖祢也。庶子不祭祖者，明其宗也"（《礼记·丧服小记》）。清初万斯大认为："宗法何昉乎？古之时，诸侯之嫡长子为世子，嗣为诸侯；其余支庶之后，族类繁多，惧其散而无统也，因制为大宗小宗之法。"（《宗法》）

除了纵向逐级确立"大宗"、"小宗"以外，周严格规定异姓通婚。这来自久远的传统。"在氏族制度之下，家庭从来不是，也不可能是一个组织单位，因为夫与妻必然属于两个不同的氏族。"② 周人保留了较多的氏族传统，将异姓才能通婚作为一种国家制度确立下来，"同姓不婚"。通过这一婚姻方式将不同姓的人也联结起来，由此推延，亲戚范围不断扩大。正如范文澜所说："各国间同姓既是兄弟，异姓又是甥舅，彼此都有血统关系，可以减少些纷争。天子称同姓诸侯为伯父叔父，称异姓诸侯为伯舅叔舅。用亲昵的称呼，来团结诸侯。"③

宗法制度实质上是父权制家庭的放大。不同层次的"大宗"是不同层次的家长，低层次从属于高层次，最后从属于最高层次的大家长，即周王。通过这样一个层级网状结构将所有人都整合进来，用血缘关

---

① 瞿同祖：《中国封建社会》，商务印书馆，2015，第107~108页。
② 《马克思恩格斯全集》第28卷，人民出版社，2018，第121页。
③ 范文澜：《中国通史简编》上册，商务印书馆，2017，第40页。

系将人们联结为一个整体，"惧其散而无统"。从血缘关系的角度来看，所有的人都是亲戚，是周这个大家族的一员，统属周王这个大家长的管辖。通过血缘关系将人联结为整体是氏族公社制遗留下来的传统。马克思认为："我们越往前追溯历史，个人，从而也是进行生产的个人，就越表现为不独立，从属于一个较大的整体：最初还是十分自然地在家庭和扩大成为氏族的家庭中；后来是在由氏族间的冲突和融合而产生的各种形式的公社中。"① 周保留了氏族公社制的传统，因而运用传统资源解决"散而无统"的问题，由此也奠定了大一统国家的社会基础。在姚大中看来："天子、诸侯与'别子'间，仍系大宗—小宗的本家—分家的关系，却惟此身份得称'宗子'，以别于余子的'支子'。如此本家—分家—再分家，以及共通的、连锁的尊亲敬宗意识，构成强力团结的宗法纽带。"②

血缘关系是一种人与人相互依赖且具有次序性的关系。这种人的依赖关系产生的是人身依附，任何人都不可以离开这一关系，否则便成为无祖无宗、无亲无戚之人，也就不成其为人了。周将日常生活世界的宗法关系引入国家状态，形成宗法制度。它受长期历史形成的血缘关系所决定，也是周取得国家政权以后，借用血缘宗族资源再生产出来的政治制度，即宗主与国主同一，宗法与国法同一，族权与政权同一。"周初宗法关系政治化是周统治者加强王权的手段，而宗法制度的发达完善则是这种宗法关系政治化的结果。"③ "按照血缘关系确立政治关系，从宗族辈分差别形成政治等级秩序，把以血缘为纽带的家族宗法制度变成国家统治制度，是周代政治的典型特征。"④ 在周朝的治理者看来，通过这样一种血缘关系，所有人都成为亲人，都要像亲人一样"笃仁，敬老，慈少"，"天下一家亲"。有了这样一个理想的道德世界，自然可以"保世以滋大"。天下人都统一到亲情网络之中。

---

① 《马克思恩格斯选集》第 2 卷，人民出版社，2012，第 684 页。
② 姚大中：《姚著中国史·1 黄河文明之光》，华夏出版社，2017，第 200 页。
③ 马平安：《中国政治史大纲》，新世界出版社，2015，第 37 页。
④ 王义保：《中国古代专制主义的政治学分析》，中国社会科学出版社，2012，第 76 页。

宗法制度可以说是周人组织和治理国家的根本大法。在苏力看来，"宗法制是中国最早用作建构疆域大国的制度，在当时社会历史条件下，这也是唯一现实可行的宪制架构。"①

孙皓晖在讨论西周的宗法制说："世界绝大部分民族进入父系社会之后，氏族权力和社会权力都长期起着决定性的支配作用。在许多民族的文明形态中，氏族政权与社会政权直接合为一体，族权等同于政权。这种以氏族权力为主体所形成的文明传统，其最重大的基因缺陷，就是很难兼容其他领域，很难兼容其他族群，而只能以氏族城邦的形式生存发展。具有辽阔地域与统一管理的大国，很难在这样的文明形态下出现。周人创造的宗法制，成功地超越了这一狭隘缺陷。由于国家权力超越了氏族权力，国家权力便具有了普遍的社会基础，具有广阔的天下理念。"② 只是，我们一定要注意，这种对其他族群的兼容和天下理念是建立在血缘亲情和模拟血缘亲情的基础上。西周的宗法制超越了氏族权力的狭隘，但又是以血缘氏族为基础的。由此注定这种依照血缘进行广泛的政治联结是不牢固的。

四　分封建国：宗亲地域化

国家的重要标志是按地区划分国民。雅典是最典型的形式。雅典进入国家形态时，将原有氏族社会组织按地区"划分为一百个乡区，每一个乡区都以界碑划分范围，各取一个专名"③。在这样的一种组织下，"有决定意义的已不是血族团体的族籍，而只是常住地区了；现在要加以划分的，不是人民，而是地区了；居民在政治上已变为地区的简单的附属物了。"④ 这种按地区划分反映的是一种地域关系，即人们

---

① 苏力：《大国宪制——历史中国的制度构成》，北京大学出版社，2018，第80~81页。
② 孙皓晖：《中国原生文明启示录（上册）——国家开端》，中信出版集团，2016，第145页。
③ 〔美〕路易斯·亨利·摩尔根：《古代社会》上册，杨东莼、马雍、马巨译，商务印书馆，1977，第269页。
④ 《马克思恩格斯全集》第28卷，人民出版社，2018，第139页。

是根据相应的地域位置，并通过行政区划和管理联结在一起，从而使自上而下的中央权力直接达致每个社会成员。

周王朝保留着大量氏族公社传统，联结氏族社会的血缘关系居支配性地位。周王朝取得了国家政权，根据血缘宗法关系，将溥天之下的人联结为一个亲人整体。而人与地密切相关。周取得政权以后，如何对溥天之下的"土"进行治理，便成为重大事务。

与通过基于血缘关系的宗法制度联结溥天之下的人一样，周是通过基于血缘关系的分封建国来联结溥天之下的土。它不是按地域关系划分行政区域，实现对民众的行政联结。而雅典按地区划分国民也经历了一个漫长的历史时期。由于"地产的买卖，由于农业和手工业、商业和航海业之间的分工的进一步发展，氏族、胞族和部落的成员，很快就都杂居起来；在胞族和部落的地区内，移来了这样的居民，他们虽然也是本民族的同胞，但并不属于这些团体，因而他们在自己的居住地上被看做外人"①。为此，雅典不得不通过改革打破旧的氏族、胞族和部落的界限，按地区划分国民。这种划分"破坏氏族的联系"，"它有着重大的意义，因为它向我们展示了新的、悄悄发展起来的社会要素。"② 而对于周王朝来说，当时还没有出现新的社会要素。周是通过占领都城，杀死商王而取代商王朝的。商的民众尽管有人反对商王统治，但也有相当一部分人习惯于商的统治。周获得政权之初，因发生反抗，将商的遗民迁移到专门的地点，并加以监管。这部分人既不是新的社会要素，也没有与原有的社会群体所杂居并造成整体性关系紊乱。所以，周还没有按照地区划分国民的紧迫需要。这在于"古老的中国文明则是在东亚内陆的腹部地区发展起来的，具有充足的'隔绝机制'，'日出而作，日入而息'的农耕生产方式及生活方式，年复一年，亘久不变。因此在进入文明时代以后，氏族社会的血缘关系和氏族组织没有受到破坏，而是比较完整地保存了下来，与地域组织相

---

① 《马克思恩格斯全集》第28卷，人民出版社，2018，第131~132页。

② 《马克思恩格斯全集》第28卷，人民出版社，2018，第133、132页。

结合，于是就形成了中国古代社会政治结构的一个突出特点，那就是以血缘关系为纽带的宗法制度十分完备而系统。"①

周不仅保留了大量氏族公社传统，而且承担爱民保民的强烈政治使命。周王将自己视为对天下人负责的大家长，具有共建共享的理念。而获得国家政权之后的周，已不是"小邦周"了，拥有着比过往大得多的土地。而在这些土地上居住着不同族类的人群，甚至是"华夷杂居"。如钱穆所说，"西周封建，本为一种耕稼民族之武装拓殖。……除却错落散处的几十个，乃至百数十个城郭耕稼区域以外，同时还存有不少游牧部族纵横出没"②。周王是溥天之下之土的所有者和主权者。但它不拥有直接管理溥天之下之土与民的中央集权的官僚机器的政权能力。"周人从未必须在一个以宗法血缘关系为基础的地方诸侯体系和一个全国范围的中央集权的官僚机器之间做出选择。"③ 周非常自然地选择的是以宗法血缘关系为基础的分封建国制度。

分封建国是从血缘氏族组织脱胎而来，根据血缘宗法关系的差等原则分配领土，实行多级治理的国家治理制度。这一制度发源于夏，明晰于商，成熟于周。钱穆认为："夏、殷之际，虽已有共主、诸侯之名分，然尚不能有如此强有力的建国形势，故曰封建制度起于周代。……殷以前所谓诸侯，大体仅为部族，不能如周室封建各国之文化规模耳。"④ 周的封建制度与宗法制度相配合，目的是建构一种血缘与地域关系紧密结合的地域结合体。"周人决定亲自治理他们的征服空间。他们将大量的王室后裔和近亲分封到各地去建立统治，从而使王室血统在其政治版图内得到延伸。"⑤

分封是一种自上而下的分配制度。分封的主体是作为大家长的周

---

① 李禹阶、秦学顺：《中国古代外戚政治》，商务印书馆，2017，第23页。
② 钱穆：《国史大纲》上册，商务印书馆，2010，第57页。
③ 李峰：《西周的灭亡：中国早期国家的地理和政治危机》（增订本），徐峰译，上海古籍出版社，2016，第299页。
④ 钱穆：《国史大纲》上册，商务印书馆，2010，第42页。
⑤ 李峰：《西周的灭亡：中国早期国家的地理和政治危机》（增订本），徐峰译，上海古籍出版社，2016，第2页。

王。周王是唯一的主权者。周王根据血缘宗法差等和名号原则进行分配。除了领地以外，还有领地上的人。所谓"授土授民"。瞿同祖认为："所有的人民与土地既为周室所获得，整个的都是属于天子一人的。但因为领土太广，人民众多，一人的精力实在管不到，于是大封诸侯。"[1] 除了管不到以外，也与宗族共享的理念相关。

周王是天下"大宗"，既是所有土地的主权者，是天下共主，代表整体利益，又直接占有和管理大量土地。其数量和质量都属于最高等次。据估算，周天子所直接控制的土地达整体的1/8。[2] 周王对天下土地的所有权以都城为物质表征。周有两个都城。除在周的原生区域兴建有都城以外，还在东边的河洛建立都城，目的是行使对天下土地的所有权，便于整体性控制。

周王作为"大宗"，根据亲近差等关系进行分封。

其一，周王对最亲近的，包括作为第一层级的"小宗"进行分封。周王朝建立之初，"兼制天下，立七十一国，姬姓独居五十三人"（《荀子·儒效篇》）。姬姓是王姓，所分封的人主要是其血亲。"武王克商，光有天下，其兄弟之国者十有五人，姬姓之国者四十人，皆举亲也。"（《左传·昭公二十八年》）这些人作为诸侯在所分封的土地上建国。"一来同是族人，看在祖宗的关系上，自当如此，才不负同族的情分。二来以流血得来的领土和人民，交与异族人去负责治理，实在不放心。惟有同一祖先的族人才能同甘共苦，不至于有意外的激变。"[3] 与商朝邦国林立不同，周天子将同姓诸侯广泛分封到各个地方，以通过与自己最亲近的人将天子权威传递到各地，实现对天下的广泛整合，即后人所称的"封建亲戚，以藩屏周……莫如兄弟，故封建之……捍御侮者，莫如亲亲，故以亲屏周"（《左传·僖公二十四年》）。"当时天子称同姓诸侯曰'伯父'、'叔父'和'兄弟'，称异

---

① 瞿同祖：《中国封建社会》，商务印书馆，2015，第30页。

② 吴稼祥：《公天下——多中心治理与双主体法权》，广西师范大学出版社，2013，第151页。

③ 瞿同祖：《中国封建社会》，商务印书馆，2015，第32页。

姓诸侯曰'伯舅'、'叔舅'。"① 如与周武王关系最紧密的周公之子的封地远在鲁（今山东）。姜姓太公的封地在更远的齐（今山东）。召公的儿子封燕（今河北），周王弟弟唐叔封唐（今山西），以抵御戎狄，卫护周王室。后又经过数次分封，所封大小侯国达数百个。

其二，诸侯在自己的领地内仿照上一层分封原则进行再分配。"诸侯在自己的封国之内，也按宗法等级制度把土地和民众分封给自己的子弟——卿大夫。诸侯对周天子来说，是小宗。但在国内又是卿大夫的大宗。诸侯是侯国的最高统治者，掌握着军政大权。"②

其三，卿大夫在采邑内是大宗，通过采邑收族。族人聚集在一起共同生产生活。

这种层级分配使获得封号的人都有自己的生活来源。"天子有田以处其子孙，诸侯有国以处其子孙，大夫有采以处其子孙，是谓制度。"（《礼记·礼运》）这一制度便是宗法封建制。③ "周朝封的诸侯是贵族，是世袭的。……土地永远是被封者所有。"④

分封建国制度使每个人都能有土地供养。这与家庭财产"诸子均分"的总体原则是一致的。但国家毕竟不同于家庭组织，分封建国体现了层级分配和等级不对称的原则。周王作为主权者将土地分配给下一层级的人，下一层级的人要对周王尽义务。这些义务包括：其一，纳贡。"天子自以为是土地人民的最高所有者，土地人民上天付给他的，他又分给诸侯及卿大夫，所以他有权向受封的诸侯要求贡赋，因之诸侯卿大夫也有权向人民要求贡赋。"⑤ 其二，诸侯定期朝见天子，以表示对天子的臣服。"春见曰朝，夏见曰宗，秋见曰觐，冬见曰遇。时见曰会，殷见曰同。"（《周礼·大宗伯》）其三，保卫天子，必要时出动军队"勤王"。其四，听从天子号令。诸侯与周王是臣属关系。

---

① 瞿同祖：《中国封建社会》，商务印书馆，2015，第33页。
② 白钢：《中国政治制度史》上卷，天津人民出版社，2016，第133页。
③ 冯天瑜：《"封建"考论》，武汉大学出版社，2006，第22页。
④ 钱穆：《中国通史》，天地出版社，2017，第35页。
⑤ 范文澜：《中国通史简编》上册，商务印书馆，2017，第40页。

与"溥天之下，莫非王土"相对应的是"率土之滨，莫非王臣"。王国维指出："周公分封，天子正式成为诸侯的君主，王权得以提升。"①接受分封的诸侯，共奉周天子为"天下共主"。"分封的诸侯国家在名义上属于周王所有，在实际政治生活中也必须听从周王的指挥，并承担各种责任与义务。它们与周王室的关系，已不再是方国联合体的那种松散的成员与首领的胁从关系，而是臣属与君主的利害统一关系，这使王权大大得到强化。"②

王臣是政治的上下关系，与基于血缘的宗法上下关系是一致的。在血缘组织内是"大宗"与"小宗"；在国家组织内是"王"与"臣"。"西周分封诸侯把君统与宗统结合起来，从而使中央王朝加强了集权和巩固了统治。"③分封建国反映了血缘与地域合为一体、社会与政治联为一体，形塑的是一种层级宗亲地域政治体。这种政治体不是简单的中央与地方的关系，而是中心与四方的关系。周天子在中心，中心在上；诸侯在四方，四方在下。它"较好地解决了中央与地方之间的关系问题，弥补了夏、商两代所暴露出来的中央对地方控制十分薄弱的缺陷。它对于维护一姓之天下在一定时期内的有效统治而言，也不失为一种较为明智的选择"④。"西周国家在其征服的每一个角落都植入了周的成分，以作为统一政权管理的一部分。"⑤

周王朝的地域治理实行血缘关系与地域关系融为一体，反映了刚从氏族社会走出的国家成长初期的特性。而且由于周作为农业民族，保留了较多的血缘氏族组织的特性。这是人类历史复杂性的表现。冯天瑜指出："西周去古未远，氏族社会遗迹甚深，血缘宗亲纽带对维系国家统治至关紧要，所谓'捍御侮者，莫如亲亲'，故血亲分封是确保宗周社会稳固的不二法门。西周的封邦建国实现了姬姓为主的贵族阶

---

① 转引自冯天瑜《"封建"考论》，武汉大学出版社，2006，第21页。
② 马平安：《中国政治史大纲》，新世界出版社，2015，第36页。
③ 白钢：《中国政治制度史》，天津人民出版社，2016，第136~137页。
④ 辜堪生、李学林：《周公评传》，四川大学出版社，2006，第129页。
⑤ 李峰：《西周的政体：中国早期的官僚制度和国家》，吴敏娜、胡晓军、许景昭、侯昱文译，三联书店，2010，第36页。

层、被征服的臣仆、封地土著三种人的结合，突破了纯粹的血缘组织框架，故又是对殷商氏族联合国家的一大提升，封土之制较之以往仅以氏族立邦是一大进步，体现了定居农耕文明（土地为其基石）主导地位的正式确立。"① 姚大中也认为："周朝封建制自氏族制脱胎，氏族制痕迹因此仍于周朝封建制中残留，分封以同姓（＝同氏族、宗族）为主体，结合同姓不婚原则下的缔姻异族而展开，已不限于公事的与个人的臣随关系，同姓之国也与王室维系本家与分家的血缘关系，因而结合为强有力。"② 产生于海洋征战与殖民文明之中的雅典作为国家成长的典型，很早就实现了按地区划分国民，地域关系与血缘关系相分离。但是随着古希腊、罗马文明的衰败，蛮族的入侵，西方世界进入以农业为主的中世纪，实行的又是血缘与地域合为一体的制度，并不是按地区划分国民，也没有专门的行政区划和行政管理体制。

由于西周的分封建国，后有专门的"封建"一词。这一词曾经引起众多争论。特别是马克思使用了"封建"一词，使中国学界在如何运用这一词语时产生诸多困惑，甚至激烈争论。冯天瑜为此专门写了《"封建"考论》一书。应该看到，马克思主义使用的"封建"主要是一种社会经济形态。中国历史上的"封建"主要是指国家的地域组织和治理方式。"封建，以土地封人使之建国。"③ 这两者是不同意义上的概念。同时，尽管中国历史上的"封建"与西欧中世纪的"封建"有诸多不同，但从社会关系的角度来看，也有共同之处，这就是人身依赖和依附关系。只是关系对象有所不同而已。在西欧，主要是农奴依附于庄园主。在中国历史上，特别是西周，表现为下一层级对上一层级的依赖和依附。这种依赖和依附是全面的，包括社会、政治和经济，更具有等级性。周王朝正是通过寓社会、经济和政治于一体的依赖依附关系，改变长期以来以原生部族为单位的治理结构，实现了国家政权与人口、国家政权与地域的广泛联结。这种联结对于一个尚远

---

① 冯天瑜：《"封建"考论》，武汉大学出版社，2006，第28~29页。
② 姚大中：《姚著中国史·1黄河文明之光》，华夏出版社，2017，第198~199页。
③ 参见冯天瑜《"封建"考论》，武汉大学出版社，2006，第16页。

远未能垄断全国性合法暴力的小政权来说，是非常不容易的。钱穆认为："西周三百年历史，最重要者为封建政体之创建。"① 姚大中也认为："'封建'非单独的立法与单纯的分封者建国，诸侯与王室之间的关系，已于原始政治组织的单纯从属关系与分地制度基调上，与'宗法''井田'三位一体，相与密切。""封建底层小单元隶属民固然是血缘集团，井田经营必然依氏族制纽带，但'国'的血缘关系团结已被打破，中国历史的氏族社会随着殷朝都市国家联合时代结束，终变貌为封建制社会，代表血缘关系的'姓''氏'需要开始升高，正是社会发展新境界的转移指标。"② 中世纪欧洲的血缘与地域的合体只是在很小的范围内才能实现，所以更大范围地域的四分五裂是伴随物。

当然，对于分封诸侯也不可作太多现代比附。孙皓晖认为，"这种诸侯国体制，就是后世的联邦制国体——最高的中央政权与地方邦国之间实行分权运行的一种国家体制。"③ 现代联邦制的核心是组成联邦的政治单位将部分权力让渡于中央，是自下而上授权。而分封诸侯，从根本上说是自上而下分权，其背后的逻辑是作为大家长依照血缘亲情关系分配资源，主权在天子，通过血缘与地域相联结。如马平安说，"封建制把许许多多独立分散的氏族、部族组织用血缘宗法关系联系起来，'以藩屏周'，地方诸侯都要宗周，用天子的政令下达到诸侯，造成初步的政治大一统的局面，为华夏文化的孕育发展与政治上的统一创造了条件。"④

只是在一个辽阔的地域内，运用血缘与地域合体的联结，以分封建国一统天下，实在是超出了其承载能力。这也注定了它的有限性而难以持续。

---

① 钱穆：《国史大纲》上册，商务印书馆，2010，第38页。
② 姚大中：《姚著中国史·1黄河文明之光》，华夏出版社，2017，第180~181页。
③ 孙皓晖：《中国原生文明启示录（上册）——国家开端》，中信出版社，2016，第136页。
④ 马平安：《中国政治史大纲》，新世界出版社，2015，第13页。

五　礼仪之邦：政治生活化

人类社会是由不同成员结合而成的。为了正常生活，需要有秩序，只是秩序的形成方式有所不同。恩格斯在讲到原始家长制家庭公社时说，在那里，"一切问题，都由当事人自己解决，在大多数情况下，历来的习俗就把一切调整好了。"① 这种由习俗来调节人们的行为，形成一个公社整体时，需要有相应的仪式加以表征。恩格斯在举例说明氏族社会的共同特征时，发现有"宗教仪式"、"一年一度的宗教节日"、"共同的宗教节日"等。② 这种节日反映了一种共同理念和规范，又通过一定形式加以表现出来，是维系氏族共同体秩序的必要。如李泽厚所说，"远古氏族正是通过这种原始礼仪活动，将其群体组织起来、团结起来，按着一定的社会秩序和规范来进行生产和生活，以维系整个社会的生存和活动。"③

国家起源于氏族，政治来源于生活。早在夏、商，这种来源于生活的理念和仪式便进入国家政治之中。"自西周以来，'礼'字的意义从祭祀扩及生活中的礼仪规范，指人的身体应遵守的客观规范。"④ 到了周朝，统治者有了政治自觉，将长期延续的生活行为规范及其表现形式理念化，并引入国家政治中，实现日常生活与国家政治的一体结合。这就是"礼"制。"礼，经国家，定社稷，序民人，利后嗣者也。"（《左传·隐公十一年》）

礼是一种行为规范。"礼，体也。言得事之体也。"（《释名》）在日常生活中人们经常说讲礼节，由此形成生活秩序。周通过宗法制度，将天下人都重新定义为"亲人"；通过分封制，将天下的地都重新定义

---

① 《马克思恩格斯全集》第 28 卷，人民出版社，2018，第 116 页。
② 《马克思恩格斯全集》第 28 卷，人民出版社，2018，第 107、144 页。
③ 李泽厚：《中国古代思想史论》，安徽文艺出版社，1994，第 13 页。
④ 甘怀真：《皇权、礼仪与经典诠释：中国古代政治史研究》，华东师范大学出版社，2008，第 12 页。

为"王土",将天下管人管土的人都重新定义为"王臣"。这是一个理想的制度构造。这一制度构造要进入运行过程中才能发挥成效。在实际运行过程中,人们是否会依照制度设计的角色演出呢?这是周的治理者面临的又一问题。解决方式便是对长期延续的日常生活的礼节进行国家加工,再生产出具有普遍性的行为规范——礼制。"礼的文化为里面,又与表面德的政治一体两面"①。通过礼制重新构造人们的日常生活,实现国家政治的生活化。它实际上是一种国家意识形态,用以维系大家长制度、宗法制度和分封制度。

礼是一种行为规范。不同的人处于不同的位置,有相应的行为规范。后世对礼加以概括说:"礼有三本:天地者,生之本也;先祖者,类(族类)之本也;君师者,治之本也。""上事天,下事地,尊先祖而隆君师,是礼之三本也。"(《荀子·礼论篇》)"'礼'是颇为繁多的,其起源和核心则是尊敬和祭祀祖先。"② 这些规范要通过人的外表、举动、程序、方式等表现出来,这就是仪。

礼仪的内容非常丰富。包括冠礼,即成年礼;婚礼,即进入家庭婚姻生活的礼仪;吉礼(祭礼),即祭祀之礼,是有关祭祀方面的礼节和仪式;凶礼(丧礼),主要是丧葬之礼,是对各种不幸事件进行悼念、慰问等方面的礼节仪式;军礼(行军,出征),即军队之礼,是军队活动的礼节和仪式;宾礼(朝觐,互聘),即宾客之礼,是天子款待来朝会的四方诸侯和诸侯派遣的使者向周王问安的礼节仪式,称之为"以宾礼亲邦国"《周礼·春官·大宗伯》;嘉礼(婚宴,加冠),主要是婚冠之礼,是饮宴婚冠、节庆活动方面的礼节仪式。每项礼仪都有严格的要求和相应的形式。同样是人的死亡,但其称呼不一样,天子为驾崩,诸侯称薨,卿大夫称卒,士称不禄,平民为去世。其中,最重要的礼仪分封诸侯,授土授民的仪式。这直接关系到利益的等级分配。

---

① 姚大中:《姚著中国史·1 黄河文明之光》,华夏出版社,2017,第 183 页。
② 李泽厚:《中国古代思想史论》,安徽文艺出版社,1994,第 13 页。

礼仪的功能是确定人的角色，明确人的身份，并按照次序、程式，将人们的行为展现出来。"所谓宗法与礼乐制度，其最初的本质意义不过是贵族内部的组织法、习惯法而已，具有以'名分'约束同姓贵族成员安守本分、不使'僭越'的作用。"① 当这种习惯法提升为国家礼仪制度以后，则是一种对人的再生产。完成相应的礼仪程式，人不再是自然的人，而是经过礼仪规范加工出来的高级社会人和政治人。这样的人便获得了政治自觉，知道怎样做是合乎规范的，也就不必要通过刑罚来惩治。这就是所谓的"刑不上大夫，礼不下庶人"。

礼仪来源于日常生活之中，有深厚的生活根基，并会通过反复进行的程式转变为一种生活习惯。周的治理者，集前朝之大成，将这样一些生活习俗提升起来，形成一种制度规范，推动政治自觉。其根本原则是贵贱有差、尊卑有别、长幼有序，从而确立以天子为中心的政治和社会秩序。"惟其天子受天命，所以宗庙与社稷之祭，诸侯与天子相共通，而祭天之礼惟天子独有。"② 姚大中因此指出，"周文化骨干的'礼'，非仅政治约束力的法则与制度，也是社会全秩序的规范，顶端统治的'天子'意识自中国史最早成立，其重大意义，系已予'天'与'人'的关系再调整，也奠立了中国自此三千年君主支配的精神基石。"③

当然这一差等性的政治和社会秩序具有内在的强制性，有一种威严感，又会造成人与人之间的距离感，与天下之人皆亲人的理想不相吻合。周的治理者由此将"乐"引入礼仪之中。所谓"礼之所及乐必从之"。用适用于不同场合的"乐"来对冲、消解肃穆的政治造成的紧张感和距离感，营造出一种和谐相处的整体氛围。在国家定制中，乐则被升华成了一种待遇，对于不同层次有着不同的待遇，由此与宗法等级制度相配合。

周集前朝之大成，从日常生活中汲取治国理政的智慧，通过有乐

---

① 马平安：《中国政治史大纲》，新世界出版社，2015，第38页。
② 姚大中：《姚著中国史·1黄河文明之光》，华夏出版社，2017，第201页。
③ 姚大中：《姚著中国史·1黄河文明之光》，华夏出版社，2017，第183页。

相配的礼仪制度一统天下，促使不同原生族群、不同层级的人和谐相处，形成长幼有序、君臣有礼、其乐融融的一体化的礼仪之邦！正如姚大中所说："此一过程中，国家组合原型的周人、殷人、奄人之名都以血缘—地缘关系的调整，自记录中隐退"①。"这些分布在极其广大地域之内的周系诸侯，以宗法关系为基础，以礼乐制度为纽带，同气相求，守望相助，以'华夏'自称，以自别于周系诸侯之外的其他'蛮夷'，使周王朝在远较'大邦殷'的范围广阔得多的地域内实现了有效的统治"②。

六　天下一家：家国一体化

国家是由社会土壤生长出来的，原生的社会面貌构成未来国家形态的底色和根基。而在原生的社会中，生产方式又是最基本的。恩格斯在谈到由原始氏族社会进入国家形态的过程中，"一切民族都实行过土地由氏族后来又由共产制家庭公社共同耕作，……继而差不多一切民族都实行过把土地分配给单个家庭并定期实行重新分配"③。定期重分由大家长，即公社首领主持。这种公社形态在德国，尤其是俄国一直保留到19世纪。正是在此基础上生长出俄国大家长政治制度。

周族保留了许多原始家庭制公社的传统。前人将周的土地制度归纳为"井田制"。孟子对此有过细致的描述："方里而井，井九百亩。其中为公田，八家皆私百亩，同养公田。公事毕，然后敢治私事"（《孟子·滕文公上》）。这种描述肯定是一种理想化的形态。在当时，国家没有能力去规划整治方形划一的土地。但这种描述反映了一种生产形态的特质，即家庭公社制。首先是公田先耕。"所谓公田，便是封邑主自己划出来的一部分田土。公者，便是主人的意思，和英国封建

---

① 姚大中：《姚著中国史·1 黄河文明之光》，华夏出版社，2017，第183页。
② 马平安：《中国政治史大纲》，新世界出版社，2015，第38页。
③ 《马克思恩格斯全集》第28卷，人民出版社，2018，第166页。

社会所谓公田（Lord's demesne）相仿佛。"① 天子、诸侯等大小采邑主的土地是公田，耕作者优先于公田的耕作。其次是集体共同耕作。《诗经》中有西周"千耦其耘"，"十千维耦"的集体劳作的描述。在这种制度下，公社整体大于家庭个体，公社大家高于个体小家。换言之，家庭个体在公社整体之中，个体小家在公社大家之中，个体小家不可脱离公社大家而独立存在，"死徙无出乡"（《孟子·滕文公上》）。"在礼……民不迁，农不移，工贾不变"（《左传·昭公二十六年》）。"家族作为一个整体比任何个体都有价值得多。家族如此，国家亦如此。"② 这种生产和社会形态孕育了周朝治理者的理想政治形态——天下一家。

天下一家来自久远的氏族社会理想，并长期影响后世。早在夏，便有这样的政治愿景。周继承了这一理想，且更为自觉和成熟，与家长制、宗法制、分封制等相一致，即"王领'天下'，诸侯领'国'，卿大夫领'家'（'家国天下'之说由此而生）"③。因此，周的天下一家理想有制度性支撑，是一种自觉的政治追求。这就是后人概括的"故圣人耐以天下为一家，以中国为一人者"（《礼记·礼运》）。

天下一家的实质是将家庭与国家联为一体，实现家国一体化。家庭由多个兄弟构成，各有分别，但都是同胞，彼此帮助。这种公社制的家庭是一个患难相恤、荣辱与共、生死相依的命运共同体。它体现出以下特征：一是原生性。人们出自同一家庭，具有与生俱来的命运。二是依赖性。人们在家庭中角色身份不同，但相互依赖，谁也离不开谁，各自以对方的存在为条件。三是对等性。每个人对共同体承担相应的责任，只有承担自己的责任以后才能得到共同体的庇护。各人的权利与义务无法分清。四是共享性。每个家庭成员在为家庭做出贡献后都能共享成果，而不是"长子"独享。正如滕尼斯将家庭定义为共

---

① 瞿同祖：《中国封建社会》，商务印书馆，2015，第93页。
② 许倬云：《中国古代社会史论——春秋战国时期的社会流动》，邹永杰译，广西师范大学出版社，2006，第25~26页。
③ 冯天瑜：《"封建"考论》，武汉大学出版社，2006，第24~25页。

同体的重要原因是"共同体的生活是相互的占有和享受，是占有和享受共同的财产"①。

尽管进入国家形态，有了天子诸侯之别，有了大宗小宗之分，但所有人要如一家人一样，和谐相处，形成命运共同体。由此将"一家天下"与"天下一家"结合起来。家族命运共同体扩展为天下命运共同体。天下人原生于同一始祖，彼此相互依赖，各自以对方为自己存在的条件，共同享受天下财富。没有诸侯，也无所谓天子；没有小宗，也无谓大宗；没有天子分封，无所谓诸侯建国；没有诸侯建国纳贡，也无天子拥有天下；从天子，到诸侯，再到卿大夫，直至庶民，各安其位，各得其所，共享天下。

作为命运共同体，必然需要将共同体成员联为一体的机制。这便是自原始氏族，到夏商，为周所光大的祖宗崇拜制度。这是因为祖宗是血缘关系的神灵。"先祖者，类（族类）之本也。"（《荀子·礼论篇》）"宗者，尊也，为先祖主也，宗人之所尊也。"（《白虎通义》）人类社会从远古而来，特别注重自己的生命起源。正是这种生命起源构成的血缘关系将初始的人类联结为群体。人类初民的思维是向过去追溯的。祖宗便是过去的代表和人格化的体现。王者为天下之大宗，天下皆可归于一宗，收于一族，从而共亲同尊同一个先祖；诸侯者为一国之大宗，一国之人可收于一宗一族，从而共戴一祖。通过祖宗，实现广泛的社会联结和形成相互依赖的关系。正如英国学者梅因所说："所有早期社会并不都是由同一祖先的后裔组成，但所有永久和团结巩固的早期社会或者来自于同一祖先，或者则自己假定为来自同一祖先。有无数的原因可能会把原始集团加以粉碎，但无论如何，当它们的成分重新结合时，都是一种以亲族联合的型式或原则为根据的。"② 美国学者福山在研究早期国家起源时也说，"血统有个神奇的特点，只要追

① 〔德〕斐迪南·滕尼斯：《共同体与社会》，林荣远译，商务印书馆，1999，第76页。
② 〔英〕梅因：《古代法》，沈景一译，商务印书馆，1959，第75页。

溯到更早祖先，便能进入更为庞大的血统组织。"①

周与夏商一样，注重祖宗崇拜，但这种崇拜与宗法等级关系紧密结合，且制度化。冯天瑜指出："宗法制度以血缘亲疏为辨别同宗子孙的尊卑等级关系，以维系宗族的团结，故十分强调'尊祖敬宗'。而实现这一目的的极好形式，是隆重庄严的宗庙祭祀制度。'凡公行，告于宗庙。'（《左传·桓公二年》）商人也有繁复的祭祀典仪，但不像西周人那样具有严格的宗法意义。西周时代，'祭祖是大宗的特权，小宗则无此权力'。"②

夏商之后的周，近世的祖宗比远古的祖先的地位更为重要。周的治理者总是以文王、武王等先王为表率和依据。一是强化王的权威，二是对王的行为有所约制。这是因为周强调以德配天命，强化周天子至高无上的大家长地位，直接的近宗是主要的权威来源。经过夏商，周人已经意识到对王权的约束。其重要方式便是以先王之德来引导和约制现王。"有德之王，则为宜宗"（《尚书》孔安国传）。远祖毕竟已是遥远的过去，对当下没有直接的影响力。即使是一般平民也要明确其宗主。"庶子不祭祖者，明其宗也。"

祖宗崇拜是自夏商以来的传统，过往主要限于本族。而到了周朝，由于宗法制，通过异姓联姻，异姓也成为一家人，共同祭祀祖先。"异姓诸侯同须崇拜与祭祀周族始祖，毋宁又系周朝王室对异姓国家统制权力，以及异姓国家输诚服从周朝王室的表现之一。""共同的祭祀制度便是周朝国家统合的强力精神纽带"③。"通过共同的祖先祭祀仪式，该制度必然为保障远亲支系服从王室大宗并履行义务提供一种道德力量。"④

因此，到了周朝，宗制日益成熟。宗制不仅仅是一种仪式，不仅

---

① 〔美〕弗朗西斯·福山：《政治秩序的起源——从前人类时代到法国大革命》，毛俊杰译，广西师范大学出版社，2012，第56页。

② 冯天瑜等：《中华文化史》（上），上海人民出版社，1990，第197~198页。

③ 姚大中：《姚著中国史·1黄河文明之光》，华夏出版社，2017，第201页。

④ 李峰：《西周的政体：中国早期的官僚制度和国家》，吴敏娜、胡晓军、许景昭、侯昱文译，三联书店，2010，第246页。

仅局限于公社制家庭，更是国家层面的家长制、宗法制、分封制的总支撑，推动着天下一家，促进家国一体化理想图景的实现。后世对周的宗制国家做了理想化的描述："是故人道亲亲也，亲亲故尊祖，尊祖故敬宗，敬宗故收族，收族故宗庙严，宗庙严故重社稷，重社稷故爱百姓，爱百姓故刑罚中，刑罚中故庶民安，庶民安故财用足，财用足故百志成，百志成故礼俗刑，礼俗刑然后乐。"（《礼记·大传》）西周以德配天命，统一人心；以大家长当家做主，收拢各家；以宗法制铸造"天下一家亲"；以分封建国，让亲人各有所得；以礼仪规范天下，让人和谐相处；以尊祖敬宗固化天下一家的精神纽带，从而形塑天下一统的理想世界。这一世界为后人所向往。如孔子的理想国便是"从周"。

周王朝以"小邦周"立国，在血缘关系基础上形成大家长制、宗亲制、分封制、礼乐制，将尽可能多的地方和族群联结为一体，改变夏、商以来部族社会结构的束缚，以血缘道德的力量在中国第一次实现天下一统。"所谓的殷王朝，实际上不过是以大邑商为领袖的，由众多方国组成的一个松散的方国联合体，与周王朝在政治、文化上全方位的大一统有着天壤的差别。"[①] 如王国维所指出的："周人制度之大异于商者，一曰立子立嫡之制，由是而生宗法及丧服之制，并由是而有封建子弟之制，君天子臣诸侯之制；二曰庙之制；三曰同姓不婚制。此数者，皆周之所以纲纪天下，其旨则在纳上下于道德，而合天子诸侯卿大夫士庶民以成一道德之团体。"[②] 李峰也认为："西周国家为后世王朝留下了一节重要的政治课，即通过血缘组织来达到政治统一的方法；这个方法之后被重新使用并且为中华帝国的政治文化所吸收。更为重要的是，西周时期中国北方的人民产生了一种文化认同感"[③]。

① 马平安：《中国政治史大纲》，新世界出版社，2015，第35页。
② 王国维：《殷周制度论》，《观堂集林》卷十，转引自冯天瑜等《中华文化史》（上），上海人民出版社，1990，第199页。
③ 李峰：《西周的灭亡：中国早期国家的地理和政治危机》（增订本），徐峰译，上海古籍出版社，2016，第30页。

第四章
血缘—地域关系中的王制国家衰落

人类历史是一条长河。血缘关系为主体的氏族社会经历了一个漫长的过程，它不会因为国家的产生而戛然而止，会一直延伸在国家形态中。中国的文明与国家进程尤其如此。经历了夏、商，至周代，在血缘—地域关系中孕育出来的王制国家达到最高峰。它既是历史的延续，又有周人的自觉。王制国家依靠久远的血缘关系，将一个地域规模日益扩大的国家统一为一个整体。但血缘关系毕竟难以承受如此重任。王制国家至周达到顶峰，很快便进入衰落期。周的先贤设计的愿景蓝图愈是美好，现实愈难实现。周朝一分为西周东周，便是王制国家从顶峰走向衰落的过程。"分"成为这一过程的主题。

一　地域大一统与血缘小而分

在人类学家摩尔根看来，"一切政治形态都可归纳为两种基本方式……，按时间顺序来说，先出现的第一种方式以人身、以纯人身关系为基础，我们可以名之为社会"。① 人类社会初始，血缘关系是唯一的社会关系。依据血缘关系形成家庭及其扩大了的氏族组织是唯一的

---

① 〔美〕路易斯·亨利·摩尔根：《古代社会》上册，杨东莼、马雍、马巨译，商务印书馆，1977，第 6 页。

社会组织。这是人类社会与生俱来、世代相伴的原生关系与组织。人类社会在这一关系和组织下经历了漫长的历史。所以，从人类之初来看，没有后来的少数民族与多数民族之分，人类共同生活于氏族组织状态之中，没有国家，更没有所谓民族国家。中国人以炎黄作为自己的祖先，而炎黄只是无数个氏族部落当中的两个。

只有当国家产生以后，孤立分散单个形态的氏族才开始联结为更大规模的组织。从根本上说，国家是地域关系的产物。在恩格斯看来："国家和旧的氏族组织不同的地方，第一点就是它按地区来划分它的国民。"其原因是"由血缘关系形成和联结起来的旧的氏族公社已经很不够了"。① 因此，政治形态的"第二种方式以地域和财产为基础，我们可以称之为国家"。"政治社会是按地域组织起来的，它通过地域关系来处理财产和处理个人问题。"②

地区是一种由地域关系形成的地域概念。与原生的血缘关系相比，地域关系是次生关系。在氏族社会，血缘关系与地域关系合为一体。一是采集、狩猎等原始的生产方式使人类初民没有固定的地域，经常处于迁徙不定状态。二是孤立分散的氏族组织没有固定的地域概念。只是随着财富的增加和冲突战争，并在冲突战争中产生了国家这一特殊的公共权力，才有了将众多孤立分散的氏族联为一体的特定地域空间，并形成了地域关系。因此，地域关系是一种从血缘关系基础分离和次生出来的一种新型的社会关系。这一关系表示，在一个特定的地域空间里生活着多个血缘群体，同时也表示，人们的生活空间不再只是狭隘孤立的血缘氏族组织。

被视为中国人始祖的炎黄后代，正因为夏王朝的建立，率先冲出狭隘孤立的血缘氏族组织的局限，得以在无数氏族部落中脱颖而出，成为一个地域日益扩大的政治实体。经过夏、商数千年时间的发展，至周朝，已拥有了一个上百万平方公里的固定地域。如何将如此大的

---

① 《马克思恩格斯全集》第28卷，人民出版社，2019，第199页。
② 〔美〕路易斯·亨利·摩尔根：《古代社会》上册，杨东莼、马雍、马巨译，商务印书馆，1977，第6页。

地域范围，且有着多个不同特性的人群联结为大一统的整体，则是王朝治理者面临的重大问题。

人类脱胎于母体，其婴幼儿要更多从母亲那里汲取营养，并会模仿母亲的行为。从氏族母体脱胎而出的早期中国，深受氏族母体的影响，模仿血缘关系来联结众多人群，以血缘关系推动地域的大一统，"天下皆可归于一宗，收于一族"，从而形成以血缘关系为主、地域关系为辅的王制国家。经历了夏、商，至周，这一国家形态日益成型。"在宗法制度下，周天子和姬姓贵族之间既存在政治上的君臣关系，同时又存在着宗法上的血缘关系，从而使西周时期的政权与族权紧密结合在一起，也使国家结构打上了家族结构的印记，并由此奠定了中国古代社会结构家国一体，家国同构的早期格局。"①

然而，伴随王制国家日益成型的是，地域规模日益扩大，人群的复杂性、流动性、分化性日甚一日。"由血缘关系形成和联结起来的旧的氏族公社已经很不够了，这多半是因为它们是以氏族成员被束缚在一定地区为前提的"②。血缘关系的组织形态已无法承受将广土众民联结为一个大一统整体的重任。这是由血缘关系的天生局限所决定的。

血缘关系是在生命生产中形成的。这种关系决定了它的以下特征：一是组织规模小。生命生产是男女结合而进行。即使早期实行群婚制，其男女结合的范围也有限。尽管由家庭到家族，再至氏族、胞族、氏族部落，直至氏族部落联盟，其组织规模总是有限的。二是不断分化性。生命生产由群婚，到个体婚姻，是一种整体组织不断分化的过程。起初是一个原生的大家庭，后因为财产继承和生育生活而不断分化出若干小家庭，仍旧会无限分离下去。尽管这种分离仍然有血缘的纽带，甚至如费孝通所说的"一表三千里"，但终究会因为空间距离而淡化和稀释血缘关系。尽管"血浓于水"，但水可稀释血。

血缘关系的以上特性使它很难将广土众民联结为一个大一统的地

① 周书灿：《中国早期国家结构研究》，人民出版社，2002，第113页。
② 《马克思恩格斯全集》第28卷，人民出版社，2018，第199页。

域政治实体。血缘关系基础上的王制国家，尽管很理想，但终究属于"小马拉大车"，无法承受大国之重。所以，王制国家定型成熟之际，便是它走向衰落之时。

二 大家长再失德：人心分离

血缘共同体的维系依靠的是共同体的一致性。氏族社会实行民主制，在于只有所有氏族成员的共同参与，氏族整体才有可能维持。因此，它的首领"站在社会之中"，能够获得"不是用强迫手段获得的，无可争辩的尊敬"①。

而国家不同于氏族组织的本质特征是拥有特殊的公共权力，也就是强迫性手段。周人经历了获得这种强迫手段的好处，获得了王朝权力；也经历了和见证了这一强迫手段的残酷，这就是拥有这一强迫手段的王者因"失德"而"失民"，因"失民"而"失权"。夏因为"暴桀而亡"，商因为"纣乱而亡"。作为"其命惟新"的周能够打破这一历史宿命吗？周试图"以德配天命"，要求作为大家长的国王，必须有德、守德；有德才有天下，守德才守天下。

历史未能让周的先贤如愿。作为天下大家长的周王自数代以后便开始偏离先王之道，而且愈偏愈远。

先是周穆王准备攻打犬戎，祭公谋父谏曰："不可。先王耀德不观兵"。《史记》记载祭公谋父长篇大论，反复陈述不可轻易动武的道理。先王从来不崇尚武力，而是以德服人。即使有不来朝见的，首先也要检查自己，而不简单以武力压服。但是，穆王不听，仍然动用武力讨伐。结果是仅仅收获四只白狼和四只白鹿。更为严重的后果是将犬戎推至敌对的一方，从此再不来朝见天子，且经常侵扰周地，最后灭掉西周的也是犬戎。

周厉王登位三十年，"好利，近荣夷公。"周王本是大家长，理应

_____

① 《马克思恩格斯全集》第28卷，人民出版社，2018，第200页。

成为天下的道德表率，为天下人谋利。可是他"好利"于自己。大夫芮良夫谏厉王曰："王室其将卑乎？夫荣公好专利而不知大难。夫利，百物之所生也，天地之所载也，而有专之，其害多矣。"（《史记·周本纪》）先王们"种植五谷养万民"，所有的人都向先王看齐，才有了"广施恩泽开周业"。只有为天下人谋利才能为天下人拥戴，周业才能继往开来。如果重用荣公这样的人，周朝肯定会败亡。但厉王不听劝谏，还是任用荣公做了卿士，掌管国事。

"天视自我民视，天听自我民听"本是周的先贤的理想政治要求。而周厉王的独断专行，暴虐无道，引起众多国人的非议。"召公告曰：'民不堪命矣。'王怒，得卫巫，使监谤者，以告则杀之。其谤鲜矣，诸侯不朝。三十四年，王益严，国人莫敢言，道路以目。厉王喜，告召公曰：'吾能弭谤矣，乃不敢言。'召公曰：'是障之也。防民之口，甚于防水。水壅而溃，伤人必多，民亦如之。是故为水者决之使导，为民者宣之使言。'"（《史记·周本纪》）民众之声，是民心的表达。民众把话从嘴里说出来了，政事哪些好哪些坏也就可以从这里明白。好的就实行，坏的就防备。用暴力可以堵住民众的嘴，但失去的是人心。人们的心会与周王分离，统治就不可长远。"若壅其口，其与能几何？"但厉王仍然我行我素，不听劝阻。从此，国人都不敢说话。过了三年，国人造反，袭击厉王。厉王逃到彘（zhì，智）。作为大家长的王被迫逃离，反映了王失德必失民，也预示着周王朝统治开始日益衰落。

导致西周完全衰败的是周幽王。幽王的失德具有根本性。先是重用贪财好利善于逢迎的虢石父主持朝政，引起国人怨愤。再是听信宠妃褒姒的谗言，废掉王后申后及太子宜臼（申后之子），立褒姒为后，立褒姒之子伯服为太子。这是对先祖传承的嫡长子继承制的背离。后相传只为了褒姒一笑，周幽王点燃了烽火台，戏弄了诸侯。诚信本是大家长维护其地位的基本要求。权威由诚信出。周幽王戏弄诸侯，也就失去了诸侯的信任。申后与宜臼逃回申国。公元前772年，周幽王主动进攻原来的申后外家申国，申侯联络犬戎族打败周王，西周因而灭亡。

西周总共十二个王。除开国之王外，平平者居一半，严重失德者在三分之一以上。大家长的表现与周的先贤们所期待的大相径庭。其实这并不是周所特有的现象。夏、商有德有作为的王也不多。但夏、商除开国君王以外，还有若干有作为的君王，出现过所谓"中兴"。如著名的夏"少康中兴"、商武丁中兴，而周则像样的"中兴"都没有。

从夏、商、周三代来看，均是开国君王有所作为，有很高的威望，之后的王，每况愈下，其间虽偶有一二个有德之王，但总体趋势是向下行。作为大家长和天下道德表率的国王，屡屡失德、失人心，最后失天下。这成为夏、商、周三代，以至于后世反复出现的政治现象。造成这种现象的原因不能简单地归之于个人品质。失去政权的王的个人品质不是没有问题，而且问题非常严重。但深刻的原因是国家权力的特性及其背后的关系机制。

国王的产生是基于血缘关系的家长制。家长制的基本特征是家长权力的至上性、家长地位的不可替代性和家长权力传递的世袭制。这一机制能够保证权力的稳定性行使和持续性运行，不会有其他人参与对家长地位的竞争。但是，这一机制对个人的品质要求高。当家的人如果有德有为，家可以兴，反之便会败家。国王作为天下大家长，拥有与一般家长所不同的巨大强迫手段，对个人的品质要求更高。开国君主历经了王朝兴替，是在艰难的奋斗中脱颖而出的，深知打江山之艰难、失江山之容易，因此能够励精图治，或者能够谨慎使用权力。但权力的世袭制使后任者凭借的是血缘关系先赋的角色而获得的权力。嫡长子继承制排除了权力竞争，有利于权力的稳定传递，但也将有作为的人排除在最高权力拥有者之外。商朝实行兄终弟及制，最高权力拥有者的选择范围大一些，但因容易造成恶性竞争而被废除。周武王早逝，周公有能力，但只能辅政，而不可替代。"王位嫡长子继承制的确定，避免了由于争夺最高权力而造成的王族内部相互残杀，保证了姬姓家族占据最高统治地位的稳定和团结。"[①] 但嫡长子继承制所产生

---

① 白钢：《中国政治制度史》上卷，天津人民出版社，2016，第118页。

的君王，权力是血缘先赋的，有一种与生俱来的正统性和优越感，也十分容易出现权力任性。

作为开国君王的周武王也从商的灭亡中意识到权力任性的可怕，"殷鉴不远"，因此"自夜不寐"。周的先贤试图通过"德配天命"，以道德来破解这一历史难题。但这只是美好的愿望。它反映了周人的思维还处于婴幼儿时期，以天真纯洁的眼光看待人性与世界。作为"德配天命"的先王之子，有与生俱来的基因和血统，理所当然会继承父业，秉承父命。他们没有意识到国家这一特殊公共权力对人的诱惑，对人性的腐蚀；没有意识到"暴桀"、"商纣"同样是贤君之后。当然也不可能设计出一种机制来监督权力。当然，这种权力控制体制又是与家长制权力本质是根本冲突的。

当然，周的先贤的政治设计从根本上说，受制于生产方式及其社会关系。农业生产是家长制的温床。一家人为单位在一块固定的土地上重复性劳作，不断再生产出血缘关系及其家长制。而具有流动性的谋生方式则有所不同。英国历史学家汤因比在谈到海洋文明时说，"跨海迁移的第一个显著特点是不同种族体系的大混合，因为必须抛弃的第一个社会组织是原始社会的血族关系。……跨海迁移所产生的一个成果……是在政治方面。这种新的政治不是以血族为基础，而是以契约为基础的。……同伙的感情会超过血族的感情，而选择一个可靠的领袖的办法也会代替习惯传统。"① 古希腊能够率先以地域和财产关系为基础的城邦组织替代氏族组织，得以产生出世界最早的民主制度，与其海洋文明有关。当然，这种依靠掠夺的海洋文明是不可持续的。随着作为游牧民族的蛮族的入侵，古希腊民主制度也随之消亡。到了中世纪，血缘关系及其相应的政治体制得以出现并长期延续。

因此，中国的农业生产方式及其家长制长期存续，构成了国主家长制的社会基础，之后长期延续。中国政治也将反复上演夏、商、周三代的兴亡更替的故事。这是不以人的意志为转移的，是处于血缘关

① 转引自顾准《希腊城邦制度》，中国社会科学出版社，1982，第60~62页。

系之中的国家宿命。

三　亲情五世而淡：人情分离

周的先贤将天下视为一家，将天下人视为一家人，天下一家亲。这是一种美好的意愿，并试图以宗法制度加以固守。但是，周时毕竟已不是"天下为公"的远古时代了。以宗法制度固守亲情非常之难。

血缘关系区别于其他关系的突出特点是因为原生于家庭并共同生活产生的亲情。宗法制度与其他制度不同的是有一层温情脉脉的面纱。但生命生产是一个过程，是一个男女不断结合又不断再生产的世代更替过程。世代更替过程也是人们由亲到疏的过程。从人的生命年岁来看，多至五世，即五代同在。从本人算起，有父、祖父、曾祖、高祖。五代人视为亲人，通常称之为"五服"。"五服"本是周朝的一种理想政区制度。"先王之制，邦内甸服，邦外侯服，侯卫宾服，夷蛮要服，戎狄荒服。"（《国语·周语》）"五服"又指五种孝服，有先人去世，人们穿着不同颜色的服装，以区别辈分。由此推断，从血缘关系来看，"五服之内为亲"。凡是血缘关系在五代之内的都是亲戚。五服之后则没有了亲缘关系，可以通婚。

宗法关系也注意到了五世之别。"别子为祖，继别为宗，继祢者为小宗，有五世而迁之宗，其继高祖者也"（《礼记·丧服小记》）。血缘关系由近到远，经历了五代之后，亲情便由浓到淡。人与人依靠亲情联结的纽带也会松弛，从而产生人情的分离。这是宗法制度难以遏止的。

血缘关系产生的亲情除了生命的共同起源以外，还在于朝夕共同生活，从而构成一个相互依存、难以割舍的情感共同体。滕尼斯指出："一切亲密的、秘密的、单纯的共同生活，（我们这样认为）被理解为在共同体里的生活。""事实上，唯有血缘的亲近和混血，才能以最直接的方式表现出统一，因而才能以最直接的方式表现出人的共同意志的可能性；首先是空间的接近，最后——对于人来说——也是精神上的亲近。""亲属和夫妻相亲相爱，或者容易相互习惯：往往乐于一起说话和思考，共同商量，一起切磋，亲密无间"；"相爱的人等等之间存在着默认一致"；"相爱的人和相互理解的人长久呆在一起，居住在一起，安排他们的共同生活。""共同体决定性的意志的总形式，它变成了如此自然，犹如语言本身一样自然，因此这本身包含着多方面的默认一致，由总形式的准则来表示默认一致的程度，我称之为和睦和家庭精神"。①

情感共同体的重要前提是空间接近的共同生活。而空间上的距离则会稀释亲情。中国民间经常说"远亲赶不上近邻"。与商不同，周天子将自己的最亲的人分封到天下各地，实现了对更广泛地域的控制和影响。但这一制度存在着一个致命的弱点，这就是距离愈远，亲情愈疏。路途遥远，不经常相见，再亲的人，其情感也会淡漠。

任何人的生存都依赖于物质条件，利益关系是最根本的关系，即使是血缘共同体也是如此。"人们在共同体里与同伙一起，从出生之时起，就休戚与共，同甘共苦。"② 同居共财是家庭的本质特征。亲人除了与生俱来的共同血脉以外，还有同居共财的相互依赖。"共财"是一种利益关系。而亲情经不住利益的诱惑和考验，特别是获得江山后的巨大利益。周推翻商朝以后，周天子委派与自己最亲近的兄弟管叔、蔡叔、霍叔对商的遗族进行监督，不料三叔乘新王年幼而反叛。从人性上可以理解：兄弟共同打江山，而由兄弟之子一人坐江山的现实，不能不引起兄弟的不满。事实上，从周一获得江山，王族亲人之间的猜忌便已开始。武王去世后，成王年幼，周公辅政，引起成王和召公的猜忌。周公以其受命于危难之际的成就和忠心才化解了猜忌。但世上并不是所有的人都像周公那样具有高尚的人格。

更重要的是，周代的宗法制度与政治制度高度一致，血缘关系的

① 〔德〕斐迪南·滕尼斯：《共同体与社会》，林荣远译，商务印书馆，1999，第52~53、73~74页。
② 〔德〕斐迪南·滕尼斯：《共同体与社会》，林荣远译，商务印书馆，1999，第53页。

差等性形塑政治关系的等级性。"在宗族系统中的位置和政治上的等级完全重合。成员政治等级的高低与地位的贵贱尊卑和血缘关系的亲疏远近紧密相连,与统治者血缘愈近,政治地位愈高,政治权力愈大。"①这种具有差等性的关系,势必造成距离宗族和政治中心愈远的人,其感情的亲近度和政治的忠诚度愈弱。如秦、楚等诸侯国均不属于周王室的近亲,而是周王室的积极反叛者。

宗法制度以宗族为单位。合家共宗,聚族而居。但宗族组织的范围有限,至多数千人。这是由农业生产的分散性特点决定的。尽管同一祖宗,但不居住在一起,没有共同财产支持,相互之间的依存度不高,亲而情淡,甚至为了利益而不念亲情。随着生产方式愈来愈个体家庭化,人情也愈来愈分离,宗亲不如家亲。

四　土地封无可封:利益分离

周的先贤并不是没有意识到利益对于亲情的重要性,采取的方式是对亲人分封,授土授民,即通过土地的授予来维系王室与地方的联系,实现对天下的控制。"西周国家的创建者实施的'封建'制度在西周早期的特殊历史环境下确实是一个巨大的成功。这种制度运作得非常之好,因为那些地方诸侯大多是周王的同族或者亲戚,他们对王室的忠诚不仅是可以预想的,更是完全有理由期待的。"②但是,随着历史进程的推移,结果愈来愈出乎先贤设计之外。这是因为"分化是封建政治的一大特点"③。

王室作为土地的所有者,将土地分封诸侯,属于所有权与占有权的分离。而所有权的维护得依靠政治统治权加以保障。但是,周王室

① 王义保:《中国古代专制主义的政治学分析》,中国社会科学出版社,2012,第76页。
② 李峰:《西周的灭亡:中国早期国家的地理和政治危机》(增订本),徐峰译,上海古籍出版社,2016,第300页。
③ 瞿同祖:《中国封建社会》,商务印书馆,2015,第195页。

对于诸侯地方只有要求纳贡、随从天下征伐等权力，而没有直接的行政管辖权，并通过这一权力来维护土地的所有权地位。同时，周替代商之后，不再是一个地方性的族群，而是拥有着广土众民的国家。地域关系超越了血缘关系，并需要通过建立在地域关系的公共管理机构行使全国性的管理，包括土地所有权的维护。但是，周对这样一个新的地域治理缺乏足够的准备，而是沿袭着原有的血缘氏族组织的机制进行地域性治理，当时也没有足够的国家能力建立由税收支撑的公共管理机构来行使直接所有权。四方诸侯及其以下层级有相当的自主性。国王的命令和意志不能直接下达至民众，而只能由上一层级再到下一层级。特别是诸侯有国，与上一层相仿，有自己的武装和公共机构，很容易成为不受天子挟制的"独立王国"。"诸侯被授予的不仅是掌管政府的权力，而且也包括组织军事力量及其领土内获取经济资源的权力。简言之，一个地方封国虽小，却是完整的社会政治实体，它拥有对所属领土区域多样化分层人口实施民政、司法、财政以及军事权威的综合权力。"[1]

周的先贤以血缘和道德化的思维对待分封的诸侯，但对土地只有分出而未有收回的制度设计。在吴稼祥看来，分封制"对于中央政府，一次性丧失了三样东西：对诸侯领地的直接支配权和受益权（除了每年或每几年接受诸侯进贡的礼品）、对领主的更换权（领主世袭）以及对诸侯军队的直接指挥权"[2]。这一理解固然不错，但未从周的先贤的血缘性思维去还原性理解。周人深深陷入血缘家庭思维。从家长的角度来看，财产分给孩子后，就不可能重新收回。孩子不孝敬家长，家长也无法更换孩子。所以，在家庭里，老人轻易不会分家。只是周的先贤没有意识到，国家毕竟不同于家庭。周王室将土地分封给诸侯之后，试图依靠血缘和道德来维系彼此关系。而大家长的权威来源便是

---

① 李峰：《西周的政体：中国早期的官僚制度和国家》，吴敏娜、胡晓军、许景昭、侯昱文译，三联书店，2010，第244页。
② 吴稼祥：《公天下——多中心治理与双主体法权》，广西师范大学出版社，2013，第151页。

血缘和道德。殊不知，亲情反被亲情误，道德反被道德误，大家长为亲情和道德所绑架。土地分封给诸侯之后，大家长失去了对土地的控制权，如果诸侯不能听命于天子，天子没有收回土地的正当性。这是因为土地可以收回，血亲却不可以收回。没有了血亲，大家长治理的基础就缺失了。地域关系严重受制于血缘关系。地域关系产生的是明确的契约，亲情关系产生的是模糊的情谊。而情谊会因为利益而受到侵蚀。"在分封制条件下，诸侯国对王室的财货缴纳，并不依据土地大小，也没有确定的常数定额税，而是'贡品'性质的定时不定量进献。所谓诸侯来朝，其实质意义就是诸侯来'进贡'不定量的财货珍宝。若是诸侯不来朝，也就没有额外的财货进贡了。"① "自然，诸侯过分的渎职不法，或侮辱中央，天子有讨伐的权力。不过因此而除其国，将土地收回的事却不曾载诸史籍，通常不过伐以陈其罪而已。"②

周王室因为财政困难，试图通过清查包括诸侯领地的人口来获得收益，但遭到强烈反对。这是因为诸侯获得分封的土地后，直接占有和经营，是利益的直接获得者。尽管地方诸侯作为被封者要纳贡，尽义务，但是地方诸侯有土地的直接经营权和人口的直接管辖权，有公共机构，形成国中之国。久而久之，自以为是主，地方诸侯对土地的占有权就会固化。所有权与占有权的两权分离带来的是利益分离。韦伯对此分析道，"层层的分封最终是源于拥有'合法的'的政治财产之'原权'（Besitztitel）的王，而王则从分封的诸侯那儿收受赠礼。由于此种赠与并非强制性，王权乃逐渐被削弱，并陷于一种艰苦的依附关系。他所授予的品级只限于诸侯，而再下面封臣就与他没有直接的关系"。③

周王室与诸侯是一种血缘亲戚关系。这种关系更多的是一种基于

① 孙皓晖：《中国原生文明启示录（上册）——国家开端》，中信出版社，2016，第167~168页。
② 瞿同祖：《中国封建社会》，商务印书馆，2015，第195页。
③ 〔德〕韦伯：《中国的宗教：宗教与世界》，康乐、简惠美译，广西师范大学出版社，2004，第80页。

过往的情感，而不是基于未来的权利与义务的契约关系。它很难预见未来可能发生的事情，从而政治上陷于被动。在周的分封制中，土地与人口是一体的，授土与授民并存。然而，土地是相对固定的，人口却是不断增长的。"今人有五子不为多，子又有五子，大父未死而有二十五孙。"（《韩非子·五蠹》）周王室尽管拥有着最多最好的土地。但是随着人口的不断增长，对土地的人均占有会减少。根据宗法和分封制，五世迁宗，自立门户，授土授民。由血缘延续无限分配，最终分无可分，由土地上的收益也会日益减少。正如吴稼祥所指出的："王室领土从周公定疆之后，不增；因王室小宗代代分封，只减。减少的速度，决定于每代国王生子多少。这样，有直接收益权的王土，就像是沙漏里的沙子，随着时间的流逝而逐年减少，总有枯竭的一天。"[1] 而周王室作为大家长，为了维持最高层次的礼仪，开支特别大，仅仅依靠诸侯的有限纳贡，财政日益困难。况且，诸侯不纳贡，天子也无力。"鲁人不纳贡赋，致使天王遣人来求。"[2]

而诸侯获得了分封的土地之后，并不是没有道德义务感。更为现实的问题则是，地方诸侯同样面临着有限土地与无限人口的矛盾。根据宗法和分封制，诸侯也要向下一个层次授土授民。分到一定时候，与王室一样，也会面临着分无可分的境地。显然，没有土地，就没有统治的基础。如此会造成两方面的结果：一是政治关系因为无地可分而日益脆弱。"血缘权威需要不断供血，也就是国王和诸侯要持续把土地分封给不继承主位的小宗们。可分封的土地一旦耗竭，血缘权威的脐带失血，小宗们就从宗法体系上自动脱落。"[3] 二是地方诸侯试图通过开拓，获得新的土地。而新开拓的土地收益则更多的为开拓者所拥有。

为了化解土地有限和人口增长的矛盾，周王室希望开拓新的土地。

---

[1] 吴稼祥：《公天下——多中心治理与双主体法权》，广西师范大学出版社，2013，第167页。

[2] 瞿同祖：《中国封建社会》，商务印书馆，2015，第220页。

[3] 吴稼祥：《公天下——多中心治理与双主体法权》，广西师范大学出版社，2013，第176页。

但王室的力量有限，需要借助地方诸侯的力量。这种共同开拓获得的土地不可能完全由王室所有，王室也缺乏行政机关来直接管辖。地方诸侯在开拓中不仅希望共同分享土地的所有权，而且因为与开拓的土地更为靠近，所以能够获得更多的土地收益份额。

这一格局造成的结果是，周王室的土地日益减少，地方诸侯直接控制的土地日益增多。最后导致周王室只有依托于地方诸侯。萨孟武对此评价说："最初封建诸侯向蛮方扩大领土，对于中央政府是有利的，因为诸侯的领土愈大，其对于中央的土贡亦愈多，所以天子往往放任他们，甚至奖励他们掠取未占领的土地，然其结果乃养成尾大不掉之势。到了最后，诸侯竟然侵占了中央的权力。"[①] 特别是在西周灭亡，王室失去了自己直接的领地之后，东周王室已成为没有土地支撑的空架子了。李峰因此认为，"西周国家采纳了一种'自杀式'的管理方法，即授予官员以不动产而非俸禄。这种体制最终导致了贵族家族财富和权势不断增长，同时也使周王室日益贫困。王畿之外，在西周早期'封建'制度之下建立的诸侯国逐渐发展出一种离心力，裂解了西周国家"。[②]

周人开国分封，是实有的土地和人口。但随着周王室的衰落，没有实体的土地能够分封，更多的是利用王室权威进行象征性的分封，也就是封的只是一个名义。能够实际获得这一封地，还得依靠被封者的能力。西周灭亡时，依靠秦人相救，周王室勉强延续下来。秦本属于边缘性族群，只是救助王室有功，才得到周王室的分封。但是这一分封只是一种名义，还需要秦自己争取封地的实际控制权。"戎无道，侵夺我岐、丰之地，秦能攻逐戎，即有其地。与誓，封爵之。"（《史记·秦本纪》）这种关系已不是血缘亲戚关系，而是利益交换关系了。交换关系是无原生的血缘关系造成的忠诚可言。何况王室可供交换的只是一种名义和象征。这种象征性权威终究是不可持续的。周最后

---

① 萨孟武：《中国社会政治史（先秦秦汉卷）》，三联书店，2018，第 34 页。
② 李峰：《西周的灭亡：中国早期国家的地理和政治危机》（增订本），徐峰译，上海古籍出版社，2016，第 28~29 页。

灭于秦，与秦之初就缺乏对周的亲密和忠诚密切相关。

周的先贤实行"封建亲戚，以藩屏周"，以"恩宠换忠诚"。但是，亲戚也会随着时间的推移发生变化，亲情因为利益关系和空间距离变得疏远。原有的重要的同姓诸侯国有相当一部分已经是异姓。他们与周王室非亲非故，也无"屏周"的责任感。特别是当天子"失德"时，更加速了诸侯国的离心力。李峰认为："周王在'恩宠换忠诚'的这种交易中持续实行的土地赐予政策从物质上削弱了周王室的经济基础，弱化了西周国家的统治能力。"①

周是以经济相对落后的"小邦周"为基础统治广大地区的。"较落后的周人为控制先进的东方的土地人民，只得保存各地的氏族统治，与这些氏族势力分享政治权力、经济利益，实现了血缘与地缘的整合。"② 但这种整合是不牢固的。原生的东方氏族不会轻易臣服于周王室，具有极强自我复制能力的血缘团体的成长会不断弱化与周王室脆弱的地域联结。即使是周王室在接近东方的地方再造一座都城，也无法改变东方氏族对周王室的离心力。

周的分封建立在血缘差等基础上，依照与周天下的远近亲疏关系进行分封。同姓诸侯分封的地方一是距离王室近，二是地理条件好。"除了吴在江苏南部（姑苏）长江流域外，其他诸国都在王室附近，黄河上下游地区。土地肥美，河流所经，便于灌溉，宜于耕种，是最好的地方了。"③ 而异姓诸侯处于偏远和危险之地。"这些歧异完全基于维护族人的观念。"④ 这种差等式的分封必然带来差等式的认同。先是异姓诸侯离心离德。"非我族类，必有异心。"（《左传·成公四年》）"异姓中非受王室直接受封的诸侯，可以分为三类。1. 本来存在，因而封之。——以宋为例。2. 本来存在，因鞭长莫及，或势力悬殊，无法

---

① 李峰：《西周的灭亡：中国早期国家的地理和政治危机》（增订本），徐峰译，上海古籍出版社，2016，第318页。
② 冯天瑜：《"封建"考论》，武汉大学出版社，2006，第29页。
③ 瞿同祖：《中国封建社会》，商务印书馆，2015，第46页。
④ 瞿同祖：《中国封建社会》，商务印书馆，2015，第46页。

干涉——以越、楚为例。3. 命其自行开辟土地，而予以承认的。——
以秦为例。"① 正是这些异姓诸侯率先反叛于天子。西周中央王朝多次
与南方楚国发生战争，甚至造成周昭王"卒于江上"。最终埋葬周朝的
则是秦国。最后是一些边远地域的方国部落日益希图摆脱周王朝
的控制。

土地是国家存续的基础。马克思将封建社会"不可转让"的领地，
称作"已经硬化了的私有财产"。② "而私有财产的硬化，也就意味着
地区联系的割裂，意味着农民对封建领主依附关系的加强。从控制论
角度看，各部分之间联系的削弱和割裂过程，就是一个大系统解体的
过程。"③ 有土斯有权。当周王室失去了对土地的控制，其统治权威便
难以维系了。特别是周王室东迁，失去了周朝兴起的原地，成为周天
子权威急剧衰退的标志。"地方诸侯势力便以王室弱化而抬头，翼护王
室东迁，新的建国地与王室直辖领东边相邻，俨然以王室保护者自居
的王室近支郑国，最早壮大，也最早公开向王权挑战，接着强割王室
领地，抗拒王命等事件演出，纪元前八世纪末东周第二代桓王时代，
又开创郑国与王亲率的陈、蔡、虢、卫四国联军对阵，敌对形势下悍
然射伤桓王的犯上恶例，天子威权由而坠地。""东周时代的青铜器铭
文全无言及天子。"④

五　礼将崩乐在坏：规范分离

周沿袭氏族社会的传统，试图将天下塑造成一个礼仪之邦的道德
王国。但是，周毕竟已不是氏族社会，任何人都处在一个利益和等级
结构之中，由血缘关系养成的礼仪道德必然受到利益的侵蚀。随着周
的延续，礼崩乐坏便已开启，人们日益与规范相分离。

① 瞿同祖：《中国封建社会》，商务印书馆，2015，第38页。
② 《马克思恩格斯全集》第1卷，人民出版社，1956，第369页。
③ 金观涛：《在历史的表象背后》，四川人民出版社，1983，第19页。
④ 姚大中：《姚著中国史·1黄河文明之光》，华夏出版社，2017，第208~209页。

礼仪是道德规范的外在表现。任何道德规范都是一定历史条件的产物。原始社会道德的基础是共财平等，氏族首领没有任何特权，只有更大贡献。所以，"文明时代最有势力的王公和最伟大的国家要人或统帅，也可能要羡慕最平凡的氏族酋长所享有的，不是用强迫手段获得的，无可争辩的尊敬"。① 但是，周已进入有国家的文明时代。文明时代特有的等级特权与此相伴。周的先贤所设计的礼仪之邦，从本质上是维护等级特权的。这就注定了理想与现实的内在冲突。

礼崩乐坏本是孔子形容地方诸侯僭越等级规则的行为。这一思维长期沿袭，即坏事首先从地方开始。而从实际上看，造成规范的分离首先在于周王。这是因为从血缘和道德的角度来看，周王是天下的大家长，也是最高的道德人格，理应成为天下人的道德表率。天下人都以天子为行为楷模。但从政治上看，周王又享有巨大的特殊权力。这种特权又使国王经常突破道德的约束。周的先贤以德配天命，首先便包含着对天子的要求。但是，周天子毕竟是人，特别是有着巨大特权的人，且因为利益的冲突而"失德"。

当然，道德只是一种原则性的理念与规范。当道德与利益处于混沌状态时，究竟哪些是应有之德，哪些是应有之利，实际很难区分。周天子为维护天下统治，包括王室的支配地位，清点天下人口，从政治上合理，但从道德上被认为与民争利而"失德"。特别是随着王室公然允许以钱赎罪、平民用钱获官受爵，天子的道德人格权威急剧流失。

天子因为是最高的道德人格，一旦失德，其影响力超过任何人：既然天子可做，天子之下的人为何不可以做？所以，周的礼崩乐坏起源于周天子，并引起全社会的失范。这就是《史记·礼书》所评价的，"周衰，礼废乐坏，大小相逾；……循法守正者见侮于世，奢溢僭差者谓之显荣。"上自最高层的天子，下至诸侯大夫庶人，全面失范，更重要的是成为一种风气，不以失范为耻，反以为荣。"楚、吴、越、齐、

---

① 《马克思恩格斯全集》第28卷，人民出版社，2018，第200页。

秦等国先后僭称为王。"①

当然，礼崩乐坏与地方诸侯对规范的僭越密切相关。但这不能简单归之于地方诸侯的人格，而是经济社会深刻变化的结果。周的礼仪从根本上是维护等级特权制度的。但等级特权建立在一定的经济实力基础之上。随着时代推移，王室分无可分，统治虚化，但旧礼却约制了王室实力的增强。"诸侯虽有纳贡的义务，但依礼王室却不应开口向诸侯有所要求。"② 与此相反，诸侯的实力与时俱进。这种实力的提升必然要求礼仪的变动。因为礼仪毕竟属于意识形态领域，会受到经济基础的冲击。周的先贤试图用固定的礼仪来维系长期的权威和秩序，是不现实的。"诸侯的势力越扩大，天子的地位越可怜。"③

仪式是理念和规范的外在表现和反映。氏族社会的仪式具有群体参与性和简约性，体现的是氏族社会的平等观念和规范。周沿用了氏族社会的仪式，但却嵌入了与氏族社会完全不同的理念和规范，这便是等级和特权。愈是上层，仪式愈复杂，繁缛礼节，不堪重负。"照春秋战国时代儒家说，大礼有三百，小礼有三千。"④ 仪式远远超越出要表达的内容。周天子为维持天子的权威，可以维持既定的仪式，而远在外地的地方诸侯却难以承受，朝会成为一种负担。"西周社会生活的方方面面都有着烦琐细致的礼仪规定。不说邦国大政凡事皆有礼仪了，即或人民大众的日常生活，譬如加冠，譬如葬礼，譬如社交，譬如出行，譬如饮酒，譬如射箭、投壶、游戏等，无一不是礼仪重重，严格琐细。而在所有的礼仪中，葬礼和婚礼最为耗费财力与精力。尤其是葬礼，要一直延续三年，对任何人都是巨大的摧残与无情的折磨。"⑤

周礼具有统一性，但地方的实际情况不同，在礼的实施方面会出现不同的情况。姚大中认为："礼制，嫡长子世袭原理乃宗法根底，于

---

① 瞿同祖：《中国封建社会》，商务印书馆，2015，第221页。
② 瞿同祖：《中国封建社会》，商务印书馆，2015，第67页。
③ 瞿同祖：《中国封建社会》，商务印书馆，2015，第221页。
④ 范文澜：《中国通史简编》上册，商务印书馆，2017，第41页。
⑤ 孙皓晖：《中国原生文明启示录（上册）——国家开端》，中信出版社，2016，第193~194页。

周朝王室的权威性可以确认，但诸侯之国推行的效力便存在疑问。《史记》鲁周公世家记纪元前七世纪中叔牙之言，'一继一及，鲁之常也'，已明言鲁国君位继承的传统，'兄终弟及'制系与'父死子继'制相交替。"① 而鲁国还是周王朝的近亲之国。

礼仪作为一种道德行为规范，依靠的是内心认同和自觉践行，也需要外部力量的监督和感染。周的先贤设计道德王国，其前提是天下人皆君子。这实际上是不可能的。特别是在分封制度下，每个层级的首领在自己的领地内都享有特权，周王室缺乏自上而下的监督，其各个层级内部更缺乏监督机制。一旦有超越礼仪规范的行为，难以纠正。而在那些边缘性地带的外姓诸侯本来就缺乏对礼仪的认同和自觉，也更难有纠正机制加以约束。如处于边缘地带的楚君公然自称蛮夷，立自己的儿子为王，后不承认周天子的地位。

礼仪体现着远近先后亲疏差序关系，内含着排他性，只有排他排位才有秩序。但排他排位又隐含着政治疏离感。周王举行大盟会，楚蛮小国君没有正式资格参加，由此怨恨于周王室。

正是在多方交互作用下，礼崩乐坏日益严重。

六 天下只为小家：整合分离

原生的社会状态规制着周的先贤的政治想象。周保留着较多的氏族共产制传统，周的先贤以一家来想象和设计天下，从而有了天下一家的美好愿景。

但是，周获得了全国性的政权以后，拥有了广土众民，面对的是一个日益分化、各为小家的社会，将天下合为一家的愿景遭遇极大挑战。

在由氏族社会进入国家形态时，城市与乡村的分离是重要因素。恩格斯描述了城市崛起与城乡分离在雅典国家形成中的作用，"国家已

---

① 姚大中：《姚著中国史·1 黄河文明之光》，华夏出版社，2017，第202页。

经不知不觉地发展起来。最初在城市和乡村间，然后在各种城市劳动部门间实行的分工所造成的新集团，创立了新的机关以保护自己的利益；各种公职都设置起来了。"① 马克思和恩格斯从文明进程的角度指出："城乡之间的对立是随着野蛮向文明的过渡、部落制度向国家的过渡、地域局限性向民族的过渡而开始的，它贯穿着文明的全部历史"。"随着城市的出现，必然要有行政机关、警察、赋税等等，一句话，必然要有公共的政治机构……从而也就必然要有一般政治。"②

周获得全国政权之后，兴建了新的都城。诸侯分封建国，也要建立作为诸侯国象征的二级都城。周的时代可以说是前所未有的都邑兴建的时代。都城的兴建尽管是政治统治的需要，但带来的社会变化却是周的先贤们所未曾预料的，这就是人口变化和国野之分、城乡之别。一是大量人口集聚到都城。都城人口从各方聚集而来，与原生的并保留着大量血缘氏族传统的社会的联结日益松弛。二是社会一分为二，一部分人居住在都城，称之为国人，一部分人居住在乡村郊野，直接从事农业生产，提供贡赋，由此城乡利益分化。"'国—野对立'、'国人—野人'分治，是西周封建制的基本格局。"③ 三是居住在城市的人口更多的是地域关系，自我利益意识增强。

尽管中国周代的城市与雅典国家存在很大差异，城市的兴起主要是外部性的政治统治需要，但城市的兴起必然促成传统政治的变化，催生着人们独立的政治意识，并以其自我行动加以表达。其标志性事件便是"国人暴动"。周厉王酷爱财货，重用荣夷公，受到国人（市民）的议论。国人谤，厉王怕。但厉王凭借手中权力，不仅不听，反而压制言论，随意杀戮，激起国人的强烈反抗，周厉王被迫出逃。这一暴动是中国历史上第一次城市市民的自发的政治斗争，标志着社会的分化与自我利益的萌生。尽管这一政治事件并没有成为常态，但它预示着以原有的血缘氏族同质社会为基础的国家整合受到利益分化的

---

① 《马克思恩格斯全集》第 28 卷，人民出版社，2018，第 136 页。
② 《马克思恩格斯选集》第 1 卷，人民出版社，2012，第 184 页。
③ 冯天瑜：《"封建"考论》，武汉大学出版社，2006，第 21 页。

挑战：如果大家长只为己家，必然面临已有政治意识的国人的不满和反对，天下人成一家的国家整合便难以实现。

周是以"小邦周"为蓝本来想象和构建天下一家的国家共同体的。集体共耕共享的"井田制"是天下一家的经济基础。但是，天下并不是如"小邦周"一样，各个地方的经济社会发展形态各异。特别是在长江一带水稻生产区域，要像"井田制"那样集体共耕共享是很难的，更多的是小家庭的生产。生产形态必然产生出不同的政治意识。被称为蛮夷的楚国之君，不受周礼限制，封自己的三个儿子为王，便是例证。

即使是原有的"井田制"也面临着解体。周厉王死后，周宣王继位，但在国人的压力下，为了缓解严重的财政危机，对农民加重负担，不以公田获得贡赋，而是清查人口，征收田租。此举遭到贤臣劝阻，认为有害政治，造成祸乱。① 其结果便是集体共耕共享制的解体，经济基础趋于小家庭化，大大动摇了周的统治基础。至此，天下各为其小家，西周统治每况愈下。

公田与集体共耕是在特定历史时代和地域发生的。随着生产力发展和农人的自我意识的增强，作为生产者的农民对自己的切身利益更为关心，"民不肯尽力于公田"（《公羊传》），自上而下组织的集体共耕也趋于瓦解。

自夏商以来，王朝均是通过祖宗崇拜将天下整合为一家，周更是如此。但是，周的宗法制和分封制为自己设下了一个陷阱，这就是利益分立，利益重心向下。

早期国家从氏族社会脱离而来，其国家政权的整合能力不强，共同的祖宗崇拜是维系政治共同体的重要纽带，延续到周也是如此。只是周的先贤已意识到远祖毕竟已是遥远的过去，与宗法制相联系，更加强化近宗的整合功能。天子成为宗主。天下一家与天子宗主相联系。

周王室通过主持共同祭祀，维系天下共主的地位和天下一家的总

① 范文澜：《中国通史简编》上册，商务印书馆，2017，第43页。

体格局。

但是，周的宗法制的演进造成宗法的支系分家愈分愈多。如秦一姓分化为十四氏。作为周的最大姓的姬姓，"一姓近两百'氏'的数字，繁衍可谓惊人，愈分化愈疏远也可想象，共同祭祀从现实上不可能而被迫写下休止符。同姓向心力既已式微，重视的已是'氏'而非'姓'，'氏'便渐渐向取代'姓'的路线行进。"[①] 其行进的必然结果是人们更认同于与自己最接近的小的血缘共同体。

周的层级分封，意味着愈往下层，周天子的控制能力愈弱小，土地的私有化程度日益增强。"大的封邑主能以他的田邑分赐给他的亲属和手下官吏，成为许多小封邑主。这种复封制是组成封建制度中分封网层的要素。同时也可见封邑主对于他的封地有绝对的私有权，封给了他，便由他自由处置，天子是不再过问了。"[②] 实际上也无能力过问。"王土"因此转化为"私田"，结果是利益重心向下。

周的层级分封使各个层级都有宗主，都会通过各自的祖宗崇拜来维系小宗主的地位，从而形成祖宗崇拜的在地化格局，周天子的天下共主的地位自然会弱化。

由于地域交通的限制，由周天子主持，地方诸侯参与的共同祭祀先祖的活动不可能经常进行。"天子与同姓诸侯间，亦即本家与分家间，血缘意识至春秋时代显然冷漠。宗法团结本家与分家的规制之宗庙祭祀，已因普遍的朝觐懒散而天子主祭权徒存虚名。"[③] 各个层级的地方首领有自己的祖宗，而且更重视对自己祖宗的认同，以维系地方共同体。特别是随着经济重心向下，农村公社向家族生产过渡，过往最低一级的家族组织也有了自己的祖宗崇拜和祭祀。

在利益重心向下的格局下，祖宗崇拜的多层格局也呈重心向下的格局。由此造成周王朝试图通过共同的祖先崇拜进行政治整合，从而维系天下一家的道德共同体已是十分艰难了。正如苏力在评价西周时

---

① 姚大中：《姚著中国史·1 黄河文明之光》，华夏出版社，2017，第 216 页。
② 瞿同祖：《中国封建社会》，商务印书馆，2015，第 89 页。
③ 姚大中：《姚著中国史·1 黄河文明之光》，华夏出版社，2017，第 215 页。

所说的："这个借助血缘关系构成的政治共同体，完全可能因血缘关系彻底淡化而告终，所谓的宗法亲缘关系将变成一个概念空壳，让位于基于地缘利害关系和政治竞争的社会。利益交换和竞争还肯定会激化各诸侯国之间的矛盾和冲突，最终引出激烈的政治军事冲突，导致强大的诸侯国觊觎、侵犯、掠夺其他诸侯国的土地、人民、财富、地位和权力，甚至吞并。"①

---

① 苏力：《大国宪制——历史中国的制度构成》，北京大学出版社，2018，第98页。

第五章
血缘—地域关系中的王制国家转型

　　人类社会的进化是一个由整体到个体的不断分化过程。由血缘氏族向国家的演进，便是氏族社会内部日益分化，氏族组织无法容纳分化的结果。国家基于分化而产生，且由于要对分化的社会进行整合而存续。由于以族成国，早期国家政权以长期延续的氏族组织为摹本，以血缘家族性国王为中心组织和治理国家，形成王制国家。但这种以狭隘的血缘关系为基础的王制国家，实在难以承受对地域辽阔、族群各异的社会进行政治整合的功能，社会进入国家形态下的再分化状态。西周东周的分裂便意味着兄弟分家，各奔前程。不分不活，分而必争，争中求变。"争"与"变"成为春秋战国时代的主题。这种"争"与"变"标志着中国先民进一步挣脱着长期延续的血缘氏族社会的束缚。

一　铁与火：富国强兵

　　如果说，铜助力了商，那么，铁则毁坏了周，并迎来了中国第一次大竞争的时代。

　　人类的文明进化最终是由生产力水平决定，并以生产工具的改进为标志的。恩格斯对摩尔根的人类历史分期做了如下概括："蒙昧时代是以获取现成的天然产物为主的时期；人工产品主要是用做获取天然产物的辅助工具。野蛮时代是学会畜牧和农耕的时期，是学会靠人的活动来增加天然产物生产的方法的时期。文明时代是学会对天然产物进一步加工的时期，是真正的工业和艺术的时期。"① 如果说青铜器是文明时代的第一个象征，那么，铁则是第二个象征。摩尔根充分肯定了铁在人类文明进程中的历史性作用，认为"冶铁术的发明给人类的进步带来了无比强大的推动力，终于把人类中的一部分推入了文明社会"②。

在中国，商周时期可以说是青铜器时期，达到青铜文明的高峰。但当时的青铜主要用于制作礼器，其次用于制作兵器，很少用于直接的物质生产。"古代中国特负盛名的青铜器制作技术，向不用为生产手段，而用来制作彝器与武器，象征与权力相结合。"③

精致的青铜器一方面标志着中国先民的智慧，另一方面也标志着对直接的物质生产和社会进步的作用有限。消耗了大量人力财力的青铜器却永远沉没在地下。可以说，青铜器与王朝的兴衰密切相关。随着商周王朝的衰落，青铜器时代也随之消失，取而代之的则是铁器时代。

铁在中国很早就出现了，但直至春秋战国时代才广泛使用。与精致的铜器相比，铁看起来十分粗糙，被当时的人称为"恶金"。《国语·齐语》载："美金以铸剑戟，试诸狗马；恶金以铸钼、夷、斤、斸，试诸壤土。"铁作为"恶金"可以广泛运用。一是适用于农业生产。孟子说："许子……以铁耕乎。"（《孟子·滕文公上》）有了铁器之后，可以用牛等牲畜替代人力，从而大大提高生产效率。铁器时代可以说是农业生产历史上划时代的一场革命。

"铁器登场，包括农具与一般工具，可誉为中国产业史的一大革

---

① 《马克思恩格斯全集》第 28 卷，人民出版社，2018，第 42 页。
② 〔美〕路易斯·亨利·摩尔根：《古代社会》上册，杨东莼、马雍、马巨译，商务印书馆，1977，第 179 页。
③ 姚大中：《姚著中国史·1 黄河文明之光》，华夏出版社，2017，第 230～231 页。

命，足堪比拟近代西洋产业革命的机械发明。"① 在人类早期，大量土地因为生产能力有限而荒芜。随着铁器的广泛运用和牛耕技术的发展，大规模开垦荒地成为可能，从而促进了私田的发展。先民们在制作和使用铁器时，或许根本没有预见其后果，但它对生产关系及其相应社会关系变革的巨大意义是难以估量的。这就是大量无主荒地的开垦和私田的占有，使长期以来人们以宗族共同体为单位共同耕作的生产关系及其相应的社会关系发生着重大变革，人们得以挣脱长期以来沿袭的血缘母体的束缚，以更小的家庭作为生产单位。古人有关"今大道既隐，天下为家。各亲其亲，各子其子，货力为己"的描述第一次以生产方式的形式展现出来。

人类社会组织是由整体到个体的演进过程。尽管"天下为家"在道德上是退步，但在生产力方面却是巨大的进步。铁器的广泛使用和生产力的进步，使人类有了更多的物质财富，也使人类文明和国家演进有了必要的物质基础。但财富的增多与人类的行为方式进化并不是同步的。原始野蛮时代对财富的掠夺传统自然而然地传承下来。正如恩格斯所描述的："邻人的财富刺激了各民族的贪欲，在这些民族那里，获取财富已成为最重要的生活目的之一。他们是野蛮人：掠夺在他们看来比用劳动获取更容易甚至更光荣。以前打仗只是为了对侵犯进行报复，或者是为了扩大已经感到不够的领土；现在打仗，则纯粹是为了掠夺，战争成了经常性的行当。"② 尽管至周代，中国先民们已对野蛮时代有所超越，但野蛮时代的无序暴力行动仍然延续下来。随着周王室统治日益衰落，进入春秋战国的无序竞争时代。这一时代的主题便是铁与火，铁可以增加财富，能够富国；火则意味着战争，为了保卫和获得更多的财富，必须强兵。富国强兵因此成为春秋战国时代人们所追逐的目标。

人类的进化总是伴随生产发展和战争掠夺。愈是人类早期，战争

---

① 姚大中：《姚著中国史·1 黄河文明之光》，华夏出版社，2017，第 231 页。
② 《马克思恩格斯全集》第 28 卷，人民出版社，2018，第 192 页。

在推进文明和国家演进中愈是扮演着更重要的角色。尽管在春秋战国时代，铁开始广泛运用于生产，促进了财富的增长；但是铁也开始广泛运用于战争。"铁剑对于野蛮时代和火器对于文明时代一样，乃是决定性的武器。"[①]"富国强兵"本身便意味着"血与火"，意味着战争。古人将这一时代冠以"战国"实在是太恰当不过。

春秋战国时代是中国文明和国家产生以来第一次大规模、长时间、持续性的战争时期。

早期人类以氏族部落组织方式存续，尽管有冲突，但规模和烈度较小。国家产生，一方面意味着人类组织规模扩大，另一方面意味着暴力向国家集中，一旦发生冲突，其规模和烈度都比过往更大。从目前记载来看，在中国的夏商代内部战争不多。各个地域族群各自为政，各自生存。只是随着周天子衰微，统一王朝内的地方性战争得以爆发，时间延续长达数百年。"整个春秋时代，发生战争 395 次。从公元前 475 年，到公元前 221 年，254 年的战国时代，史料有迹可循的大小战争发生过 230 次。"[②] 更重要的是战争规模日益扩大。战国时代后期，诸侯国之间的战争参加人数一次规模可达到上百万人。而战争的残酷性也是空前的。"争地以战，杀人盈野；争城以战，杀人盈城，此所谓率土地而食人肉，罪不容于死！"（《孟子·离娄上》）

大规模、长时间、持续性战争的一个重大结果，是对长期延续的血缘关系的破坏。夏、商、周三代都是以族成国，即以一个主体族群为核心建立王制国家。在王制国家之下，各个族群的独立性强。这种族群主要依靠血缘关系进行自我联结。王制也运用血缘关系的力量进行国家整合，形成族群之间的联结。至周代，这种血缘整合达到高峰。但是，随着诸侯国力量的增强，这种血缘联结实在是难以承受对大规模国家的整合。而当时的王制国家没有也不可能建立起在地域关系基础上的国家整合，一旦周天子的地位衰微，统一的王朝秩序崩溃，带

---

① 《马克思恩格斯全集》第 28 卷，人民出版社，2018，第 38 页。
② 孙皓晖：《中国原生文明启示录（中册）——文明爆炸》，中信出版社，2016，第 491~492 页。

来的是诸侯国之间的战争。这种战争直接破坏着长期延续的血缘关系。首先，诸侯国之间的战争具有兼并性质，即一方兼并另一方。周的先贤试图以大家长、宗法关系、分封制度等方式打造出天下一家亲的政治联结。各诸侯除了同姓以外，异姓诸侯也通过联姻等方式成为亲戚，"本是同根生"。但兼并战争以利益为上，原有的血缘亲情不复存续。战争"以外力对宗法神圣加以无情打击。同姓相并，被灭亡者连带被剥夺祭祀权，丧失其宗法中的地位"①。春秋战国时代的战争实际上是"本家和亲戚"之间的战争，是只认利益不认亲情的战争。这就是孟子的："春秋无义战。彼善于此，则有之矣。征者，上伐下也，敌国不相征也。"（《孟子·尽心下》）战争征伐是处于最高地位的天子的专有权力，"礼乐征伐自天子出"，这才是合乎义的。春秋时代"礼崩乐坏"，"礼乐征伐自诸侯出"。这种原本为亲戚的诸侯国之间的战争是不正义的。其次，在残酷的兼并战争中，大量的邦国被灭掉。这些邦国实际上是一个以血缘关系为纽带形成的血族共同体。邦国灭掉以后，原有的血族团体不复存续。孔子说："兴灭国、继绝世、举逸民"（《论语·尧曰》）。灭国意味着"绝世"，即一个血族团体整体绝亡，其后人要么在战争中死掉，要么分散流落。根据史书，秦国白起一次坑杀战俘达 40 万人，无数家族被灭掉。在战国时代，"诸侯的兼并热度已达到了顶点，不管是同姓异姓，不管是王室所封，或是僭越为君，只要力所能及，便加以吞灭，虽对王室也无所顾忌，毫不客气地一一攫为己有。"② 在利益主导的春秋战国时代，"有些国君太过相信血缘感情，终被那些不顾情义又一心扩张的亲戚所灭"。③

　　所以，春秋战国时代的大规模、长时间、持续性战争，是对早期中国长期延续的血缘关系及其政治联结的空前破坏，也意味着以地域关系为基础的新兴国家正在生成。福山为此评价说："战争和战争的需

---

① 姚大中：《姚著中国史·1 黄河文明之光》，华夏出版社，2017，第 215 页。
② 瞿同祖：《中国封建社会》，商务印书馆，2015，第 229 页。
③ 许倬云：《中国古代社会史论——春秋战国时期的社会流动》，邹永杰译，广西师范大学出版社，2006，第 70 页。

求，在一千八百年内，把成千上万的弱小政治体凝聚成大一统的国家。它创立了永久且训练有素的官僚和行政阶层，使政治组织脱离亲戚关系成为可行。"①

二 地方起：天下争霸

春秋战国时代大规模、长时间、持续性战争的主体是诸侯国。这些诸侯国原本为周天子所分封。周天子从政治上看是"天下共主"，从血缘关系来看是"天下宗主"。诸侯国为主体的战争实际上是周天子"双主"地位的衰落，也是作为周天子之下的地方诸侯崛起的结果。

周是以族建国的。血缘关系是其立国根基。从血缘宗族的世代传递来看，宗族会不断分化裂变。同一个祖宗和家长，在孩子成年后必然会分家，即开枝散叶。同一个宗族因为世代沿袭和传递，又会在族之下分为分支和房头。特别是兄弟分家，自立门户，形成不同的房头。对于大家族来讲，兄弟分家后的房头更为重要。兄弟之间，既同祖共宗，通过敬祖祭宗推进兄弟之间的整合和团结。同时，兄弟之间因为各有自我利益，又产生着竞争关系，并存在着差别。血缘关系又会裂变为阶级关系，并会产生利益对立和冲突。这种利益上的差别和冲突被包裹在浓浓的血缘关系之中，并通过血缘关系加以缓解和整合。

周获得了政权以后，实行分封制，从血缘关系来看，也是一种分家制。周天子作为长子，占有较多较好的土地。周天子的兄弟们通过分封获得次一级的土地和人口。再次是其他同姓和异姓功臣获得更次一级的土地和人口。周天子与分封的诸侯既是政治上的君臣关系，又是血缘上的宗亲关系。周天子依靠宗亲关系维护君臣关系。但这种宗亲关系随着世代的传递，日渐淡化。特别是作为大家长的周天子的失德及其无土地可再分，"天下一家"的大共同体单位逐渐解体，守护这

① 〔美〕弗朗西斯·福山：《政治秩序的起源——从前人类时代到法国大革命》，毛俊杰译，广西师范大学出版社，2012，第93页。

一大共同体的宗法—封建制度走向崩溃，并造成天下大乱和诸侯纷争。如姚大中所说："宗法—封建制的内溃因素，也随时间而注定潜在，分家世代呈现几何级数增加，分封受土地的限制，增加却只能依算术级数，是其根本上矛盾，矛盾终随从本家提纲能力衰败而爆发。解决之道，惟有被迫中止分封。中止分封的结果，以宗法—封建秩序大乱为问题的总解决，鼓励愈朝同姓分封的逆方向，无视血缘关系而惟依适者生存自然定律的兼并之途演进，国家'同姓''异姓'的意识反而渐渐模糊。"[1]

在依适者生存自然定律的兼并之途演进中，诸侯国成为政治主体。尽管诸侯在天子之下，土地和人口为天子所封，但诸侯国是真正的政治实体。由于周的地域范围太大，周不可能运用地域关系基础上的行政机构进行直接治理，而是通过宗法和分封制度进行间接治理。正如大家族分家以后的房头成为利益主体一样，分封之后的诸侯成为利益主体。在孟子看来，"诸侯之宝三：土地、人民、政事"（《孟子·尽心下》）。在授土授民的分封制下，诸侯国对上是政治实体，对下不再立国，只是立家。"只有天子能建国分封，公侯伯子男诸侯虽能分封亲属及官吏，但只能'立家'，不能立国。"[2] 诸侯国拥有对土地及其土地上的人口的直接治理权，并直接处理相应的政事。对于诸侯国的人民来讲，周天子更多的只是遥远的象征性权威。诸侯国才是人民的利益和命运所在，尤其是在天子权威衰败和天下秩序崩溃的春秋战国时代。在"公元前九到三世纪之间，实际上是一个各个独立的封建王国并存的时代"[3]。

周的先贤运用血亲关系治理地域国家，分封建国，但存在两个缺陷。一是诸侯国之间并没有明确清晰的领土边界，并通过这种边界确定人们的利益所在。二是各诸侯国之间的土地、人口存在较大差别，

---

① 姚大中：《姚著中国史·1 黄河文明之光》，华夏出版社，2017，第 215 页。
② 瞿同祖：《中国封建社会》，商务印书馆，2015，第 89 页。
③ 〔德〕韦伯：《中国的宗教：宗教与世界》，康乐、简惠美译，广西师范大学出版社，2004，第 80 页。

与周天子的关系也不一样。这种缺陷在周天子权威尚存的条件下还不明显，随着诸侯国发展不平衡，特别是周天子的政治整合能力日益衰弱的情况下，便越发显露出来。由利益而引起的冲突最终演变为战争。

春秋战国时代的战争有两大特性，一是兼并，二是争霸。所谓"周室微，诸侯力政，争相并"（《史记·秦本纪》）。兼并是对他国土地的并吞，即运用暴力将他国的土地和人口占为己有。"今天下之诸侯，将犹皆侵凌攻伐兼并"（《墨子·天志下》）。争霸就是各诸侯国争夺霸权，攻城略地，寻求最大权力并占有更多土地和人口，成为霸主。兼并和争霸无疑都是受直接的利益驱使，是为了生存或者扩张而展开的激烈战争。

在激烈的政治竞争中，组织规模无疑居于重要地位。人类的进化是基本组织单元由整体到个体的变迁过程。马克思认为："我们越往前追溯历史，个人，从而也是进行生产的个人，就越表现为不独立，从属于一个较大的整体：最初还是十分自然地在家庭和扩大成为氏族的家庭中；后来是在由氏族间的冲突和融合而产生的各种形式的公社中。"① 一般来讲，组织规模愈大，群体力量愈强。在氏族组织的互动竞争中，国家得以产生并能够取代氏族组织，便在于国家的组织规模较大，可以包容更大的地域和更多的人口。合适的地域面积，是一个国家存续的基础。亚里士多德认为："国境不可太小也不求太大"。"一国人口太少则不足自给，太多则难于维持秩序。"② 前述的宗族共同体也是如此。同一家族的兄弟分家立户，以房头为组织单位，既可以通过分家获得活力，又不可无限再分。因为单位过小，在竞争中难以形成较大的族群力量。

春秋战国时代以诸侯国为主体。这在于诸侯国是独立完整的经济、社会和政治实体。随着天子权威衰败和天下秩序崩溃，在激烈的兼并争霸战争中，各个诸侯国的主体意识更为强烈，富国强兵不仅基于争霸的目标，更是求生存的需要。那些具有一定规模土地和人口的诸侯

---

① 《马克思恩格斯选集》第 2 卷，人民出版社，2012，第 684 页。
② 〔古希腊〕亚里士多德：《政治学》，商务印书馆，1965，第 460 页。

国在竞争中无疑居于优势地位。春秋战国时代的所谓"春秋五霸"和"战国七雄"都有着较好的土地和一定的人口规模，并"率先摆脱了周朝宗法制度的束缚"①。

所谓"春秋五霸"一般指春秋时期参与争霸的最具代表性的五个诸侯国君主。春秋时期，一些强大的诸侯国为了争夺天下，展开了激烈的争霸战争，相互之间合纵连横、东征西讨，前后共有数位诸侯依次为霸主。"春秋五霸"的说法不一，但有几个诸侯是共同的。

一是晋文公。晋是周王朝最重要的诸侯国之一。周初被周天子封为侯爵，姬姓晋氏，首任国君唐叔虞为周武王姬发之子，周成王姬诵之弟。国号初为唐，唐叔虞之子燮继位后改为晋。从渊源来看，晋与周天子是近亲关系。整个春秋时期基本都是姬姓晋国在替周天子行使王道，晋国在整个春秋历史上维持了百年之久的霸业，基本享有领导诸侯之权。

晋国起初的领地并不大。晋武公在位时晋国的疆域开始了扩张进程，先攻灭了荀国、董国、贾国、杨国，晋献公时期"并国十七，服国三十八"，黄河中游皆为晋国所有，为晋文公争霸奠定了基础。晋文公时受赐周畿的阳樊、温、原、州、陉、郗、沮、攒茅等邑。同时大败楚国，一战而霸。至晋悼公时，独霸中原，达到晋国霸业的巅峰。其地域囊括今山西省全部、陕西省东部与北部、河北省中部与南部、河南省西部和北部、山东西北部与内蒙古一部分的广大地区。

二是齐桓公。齐与晋一样，是周王朝最亲近的，也是最重要的诸侯国之一。周武王为了酬谢周朝宗室与功臣，首封身为师父的功臣吕尚于营丘（后改称临淄），国名为齐。因国君为姜姓，故又称为姜姓齐国。姜太公东去就国，大力发展工商业，利用当地鱼盐之利，人口大增，使齐国成为大国。至齐桓公时，任管仲为相，推行改革，实行军政合一、兵民合一的制度，齐国日益强盛。齐桓公于公元前 679 年在甄（今山东菏泽境内）召集宋、陈等四国诸侯会盟，成为历史上第一

---

① 赵鼎新：《东周战争与儒法国家的诞生》，夏江旗译，华东师范大学出版社、上海三联书店，2006，第 56 页。

个充当盟主的诸侯。后宋国违背盟约，齐桓公以周天子的名义，率几国诸侯伐宋，迫使宋国求和。齐桓公还灭了谭、遂、郕等小国。当时中原华夏各诸侯苦于戎狄等部落的攻击，于是齐桓公打出"尊王攘夷"的旗号，北击山戎，南伐楚国。齐桓公成为中原霸主，受到周天子赏赐，将齐国的霸业推至高峰。

争霸的过程实际上是血缘宗法秩序的颠覆过程。"齐桓、晋文是并称的两位最有名的霸主，两人君位却都自斗争而得。"他们"无一符合宗法继承程序，本家—分家规则严重受损"①。

所谓"战国七雄"，是战国时期七个最强大的诸侯国的统称。经过春秋时期旷日持久的争霸战争，周王朝境内的诸侯国数量大大减少，周王室名义上为天下共主，实际上已形同灭亡，诸侯国互相攻伐，战争不断。三家分晋后，赵国、魏国、韩国跻身强国之列，又有田氏代齐，战国七雄的格局正式形成，七国分别是：齐国、楚国、燕国、赵国、魏国、韩国和秦国。"三家分晋"和"田氏代齐"也是血缘宗法秩序受颠覆的产物。

"五霸"和"七雄"的形成则意味着大量小诸侯国、方国和族群的被兼并，也意味着依靠血缘关系联结的政治格局难以为继。在西周，存在数百个诸侯国等经济政治实体单位。经过数百年的兼并战争，地方经济政治实体单位越来越少，一种新的权力格局和秩序开始兴起。在福山看来："从西周到东周早期，亲戚关系仍是社会组织的原则。到了春秋和战国，这些亲戚团体之间战火纷飞，国家开始慢慢成型。"②

三 争者强：权力集聚

在春秋战国时代的兼并争霸战争中，诸侯国成为政治主体。原有的"礼乐征伐自天子出"变为"礼乐征伐自诸侯出"。一定规模的土

---

① 姚大中：《姚著中国史·1 黄河文明之光》，华夏出版社，2017，第216页。

② 〔美〕弗朗西斯·福山：《政治秩序的起源——从前人类时代到法国大革命》，毛俊杰译，广西师范大学出版社，2012，第104页。

地和人口是兼并争霸战争的必要条件。但是，这些条件并不是决定性的，更不是固定不变的。如强大的晋国规模扩大而称霸后，发生了"三家分晋"，原有的晋国被灭。齐桓公成为中原霸主之后发生了"田氏代齐"，姜姓齐国被灭。其重要原因便是对国家的治理，即孟子所说的诸侯三宝之一的"政事"。当政者必须处理好事务，才能将土地、人口联结起来，形成强大的整体，从而在激烈的竞争中存续并扩展。与周朝建国之初依靠血缘关系基础上的宗法制度和分封制度实现土地与人口的联结不同，春秋战国时代主要借助权力的集聚。这是因为，"封建社会是宗法社会，国家的构成分子不是个人，而是家族。国家的命令不能直接达于个人，只能透过家族，间接达于个人。家族团结的强弱又与国家团结的强弱成为反比例。质言之，家族的团结愈坚固，国家的团结常随之而松懈"。[1] 而在以诸侯国为政治主体的争霸时代，只有集聚权力才能在激烈的竞争中取得优势地位。权力集聚是国家治理和国家竞争的基础。整个春秋战国时代，可以说是散落的权力集聚的时代。谁集聚的权力愈大，谁的资源调配能力和竞争优势便愈强。

（一）经济权力向国家集中

在人类社会早期，血缘单位与经济单位并不是同步生成的。从血缘传递来看，人类社会很早就产生了夫权制个体家庭，以便于世系和财产的传递。而从经济单位来看，早期人类还不得不从属和依附于更大的组织。如马克思所说的，人类"最初还是十分自然地在家庭和扩大成为氏族的家庭中；后来是在由氏族间的冲突和融合而产生的各种形式的公社中"[2]。周的先人便生活在各种形式的农村公社中。周获得全国性政权以后，土地国有，层级分封，人们以村社共同体的方式从事经济活动。公田与私田并存，公田的收获作为贡赋交纳给土地的主人。在经济活动中公田优先。这意味着，与物质生产直接相关的经济

---

[1]　萨孟武：《中国社会政治史》（先秦秦汉卷），三联书店，2018，第58页。
[2]　《马克思恩格斯选集》第2卷，人民出版社，2012，第684页。

权力掌握在各个领主手中，生产者直接依附于各个层级的封建领主。这些领主凭借着世袭的土地支配着物质生产活动。经济关系与宗法关系相交织。经济权力散落在社会当中。

进入春秋战国时代，生产关系发生了很大变化，以村社共同体为基础的领主经济向土地私有制的地主经济转变。一是由于铁器用于生产，大量无主的荒地得以开垦。如秦国专门从晋国引进移民开荒垦地。这些新开垦的土地不属于原有的领主体系，为家户所有。二是激烈的战争使大量附着于原有土地上的原生族群被消灭。统治者为了获得战争胜利，以军功作为分配土地的依据。军功地主成为土地的新主人。带有深厚宗法关系的村社共同体解体，土地私有制开始出现。中国历史上第一次实现土地和人口的直接结合。从物质生产的角度来看，生产者与土地的结合越紧密，积极性越高。

与西方在"废墟"和"空地"上自然生成的土地私有制不同，中国春秋战国时代的土地私有制属于国家支配下的私有制。首先，在中国，自氏族社会出现国家形态，国家一直存续，只是朝代有所不同。土地的终极所有权一直归属于国家，只是国家的主人不同。土地分封的只是土地占有和使用权。周王朝更是确立了"溥天之下，莫非王土"的国有土地格局。周天子权威式微之后，诸侯国成为土地的支配者。其次，春秋战国时代的土地私有是诸侯国对新开垦地的承认和对有军功者的赏赐，是出于富国强兵，调动生产者和军人积极性的需要。最后，土地私有与国家税赋密切关联。实行土地私有的目的，可以从生产者手中直接获取税收。由贡赋向税收的转变具有历史性意义。贡赋是生产者自下而上的上交，更多依靠的是道德自觉。税收是国家自上而下的收取，更多依靠的是强制。换言之，春秋战国时代的私有制实际上是诸侯国家与生产者的交换，诸侯国家给予生产者以长期土地占有权，生产者向国家持续上缴税款。

国家支配下的土地私有制导致双重后果：一是传统的村社共有共耕制受到破坏，与村社紧密相关的血缘宗法关系得以弱化，人们更加关注的是家户个体利益；二是从表面上看，私有制使生产者有了更多的经济权力，但这种权力是国家政权所赋予的，并通过税收的方式直接获得对生产成果的支配权。由此，原来散落在社会当中的经济权力集聚在国家手中。国家通过私有制和税收制建立起与生产者的直接联结。而这意味着国家形态的重大转变。在摩尔根看来，一切政治形态都可归纳为两种基本方式，"第一种方式以人身，以纯人身关系为基础，我们可以名之为社会"，"第二种方式以地域和财产为基础，我们可以名之为国家"。① 恩格斯在指出国家与氏族社会的不同时，特别指出国家是一种特殊的公共权力，"为了维持这种公共权力，就需要公民缴纳费用——捐税"。② 自夏商周以来，王朝国家屡屡发生危机，甚至于崩溃，其重要原因便是国家没有能够从社会直接获得持续不断的财政来源，根源则是国家没有高度集聚散落在社会之中的经济权力，并运用经济权力获得维持国家所需要的税收。春秋战国时代的诸侯国通过土地私有和税收制度，实现了国家形态由以血缘人身关系为基础的原生国家向以财产为基础的次生国家的转型。

（二）社会权力向国家集中

权力作为一种支配关系，存在于社会之中。只要有公共事务，就会存在公共权力。在以血缘关系为基础的氏族社会，其内部的公共权力不具有暴力压制性。但由于氏族组织之间的冲突，氏族成员必须武装起来，保卫自己及其氏族。氏族成员"直接就是自己组织为武装力量的居民"③。而国家不同于氏族的重要标志是，"居民的自动的武装组织已经成为不可能了"④。在中国，国家并不是在基于血缘关系的氏族制度被摧毁的"废墟"上形成的，反而由于以血族成国，原生的血缘关系及其组织长期延续下来。直接支配人的活动的权力大量散落在

---

① 〔美〕路易斯·亨利·摩尔根：《古代社会》上册，杨东莼、马雍、马巨译，商务印书馆，1977，第6页。
② 《马克思恩格斯全集》第28卷，人民出版社，2018，第200页。
③ 《马克思恩格斯全集》第28卷，人民出版社，2018，第199页。
④ 《马克思恩格斯全集》第28卷，人民出版社，2018，第199页。

各种血族社会组织之中，如祭祀祖宗及其神灵的神权。特别是人们的日常生活更多的在一个个血族共同体内。共同体之间经常会发生冲突，并通过武力来解决冲突。大量的无序暴力存在于社会中间。原始社会久已存在的血亲复仇等社会暴力活动延续下来。如长期处于文明边陲的秦国，民风彪悍，"怯于公战，勇于私斗"。"燕国有勇士秦舞阳，年十三，杀人，人不敢忤视。"（《史记·刺客列传》）

春秋战国时代是以诸侯国为主体的竞争。在激烈的兼并争霸战争中，每个诸侯族群都面临着"灭国、绝世"的生死存亡威胁。"勇于私斗"的结果是所有人同归于尽。与此同时，以诸侯国为主体的竞争，使大量的"居民自动的武装组织"转化为国家的武装组织，以进行涉及全体居民利益的"公战"。为了解决"怯于公战，勇于私斗"的问题，诸侯国实行严格的法治，用严刑酷法校正人们的行为，将无序的暴力转换为有序的暴力。当时，秦国"勇于私斗"最严重，用法也最严酷。

"怯于公战，勇于私斗"风气的根源是长期以来的血缘关系及其血族组织的存续。血族组织成员更认同于血缘共同体，国家则是一种遥远的存在，国家权力可有可无。春秋战国时代的激烈竞争推动着社会权力向国家集中，以国家为主体的法律制度第一次深入社会生活之中，为人们的行为划定边界。

（三）地方权力向中央集中

尽管中国的早期国家是由一个核心族群建立的国家政权，但其影响力和包容性扩展到众多的族群，形成远远超出一个核心族群的政治地域。但是，长期以来，由一个核心族群构成的中央王朝并不能对政治地域行使有效的管辖权。直接支配人们生活的大量权力仍然沉淀在地方族群部落，包括作为国家权力最核心的军事权力。这是氏族社会"居民的自动的武装组织"的延续。正因为如此，早期中国经常发生地方族群部落反对中央王朝的战争。商取代夏，周取代商，便是由王朝之下的地方族群部落所发起的。周实行层级分封建构中央与地方的关系。不仅地方诸侯有土有民，而且拥有军事等核心权力，成为自主性很强的政治实体。起初表现为"枝干并茂"的格局，后来则呈现为"枝茂干衰"。随着周天子权威衰败和王朝统治秩序式微，地方诸侯率先发起对中央王朝秩序的反叛，并相互争霸。

周王朝实行的是层级分封，除了诸侯一级以外，诸侯国内部再进行分封。那些大家族也是拥有土地、人口和军事力量的政治实体。诸侯国对于这些大家族缺乏有效的控制。特别是那些规模较大、地域阻隔较强的大诸侯国，地方大家族的实力强，并可以挑战诸侯国。晋是周王朝最重要的诸侯国之一，在整个春秋历史上维持了百年之久的霸业，其地域范围迅速扩大。而晋国对于扩大了的地域缺乏有效的治理，特别是晋国国君统治衰落，实权由六家大夫（韩、赵、魏、智、范、中行）把持，另外还包括郤、栾等大家族。他们各有各的地盘和武装，互相攻打，最后是韩、赵、魏三个大家族胜出，并瓜分了晋国的土地。周天子不得不封韩、赵、魏为诸侯。此一事件史称"三国分晋"，并成为春秋与战国的分水岭。而齐国作为周王朝另一个最亲近和最重要的诸侯国，发生了类似晋国的事件。齐国内的田氏家族以其实力取代姜姓齐国，周安王册命其为齐侯，形成田氏齐国。史称"田氏代齐"。

如果说春秋时代，周天子还有一定的影响力，那么，战国时代的周天子的影响力日益减小，直趋于无。结果是各诸侯国的横向竞争更为激烈。这种竞争是全民动员的总体性竞争。在全民面临生死存亡的竞争中，形成举国体制，即举全国力量参与竞争的战时体制。在激烈竞争中，国家规模小，力量有限，容易被吞并；规模大，如果不能集中权力，也容易再分裂，甚至被灭掉，如"三家分晋"和"田氏代齐"。所以，兼并争霸战争直接推动了地方权力向中央集中，形成"强干弱枝"的格局。只是这个中央已不是周王室的中央，而是诸侯国中央。即使是韩、赵、魏和田氏齐国这些诸侯新贵，也得将权力集中于诸侯国中央层面。过往沉淀在地方和基层的土地、人口和政事等权力上收于中央，旨在激烈的竞争中形成全国性的统一力量。

（四）中央权力向君主集中

早期中国由氏族社会进入国家形态，以核心族群成国，家长成为国王。但国与家毕竟不同。家有一家长便可治，国仅有一个国王则难治。国王必须有人辅佐，所辅佐的人则是与自己有血缘关系的亲人。只有亲人才最可靠、最可信。血缘关系的思维是"非我族类，必有异心"。"在宗法家族式政府里，国君最亲近的亲属应该扮演最重要的政治角色。"① 因此，夏、商、周的王制，实质上是家族统治。王只是家族的代表和象征。大量国家统治事务必须经由王的家族共同治理。"贵族、兄弟和其他宗室近亲属实际上与君主共享权柄，君主的命令根本就不能控制他们。"② 最为典型的是周成王年幼，由周公摄政。尽管王之下为臣，是上下关系，但由于王的近臣均是亲人，甚至是自己的长辈，王权既需要家族力量护卫，也会受到家族力量的制约。如周厉王在国人暴动后出逃，是周王公牺牲自己的儿子保存王室血脉，延续周王室统治。而周幽王破坏权力传递的家族规则，又是家族力量联合外族将其推翻。与此同时，"天子拥有天下，诸侯受封为国君，这二种人虽是天下及一国之主。为人民父母，但都是养尊处优，宴享游乐的特权阶级，他们所从事的只是巡狩朝聘、祭祀、宴享等所谓大事……，一切的行政是不过问的"③。"国家就像一个放大了的家庭，国君君临天下但并不治民。"④ 王与家族共治及不过问行政，在一个变动缓慢的时期还可维系，尽管有诸多问题。而在春秋战国这样的前所未有的横向竞争时代，则难以适应。特别是在激烈的战争时代中，必须由一个人在复杂和多变的形势下独断，迅速作出决策。随着经济权力和社会

---

① 许倬云：《中国古代社会史论——春秋战国时期的社会流动》，邹永杰译，广西师范大学出版社，2006，第94页。
② 许倬云：《中国古代社会史论——春秋战国时期的社会流动》，邹永杰译，广西师范大学出版社，2006，第95页。
③ 瞿同祖：《中国封建社会》，商务印书馆，2015，第197页。
④ 许倬云：《中国古代社会史论——春秋战国时期的社会流动》，邹永杰译，广西师范大学出版社，2006，第94页。

权力向国家集中，地方权力向中央集中，中央权力则向君主一人集中。家族统治转为君主专断。辅佐君主统治的是非私人化的臣相，而不是世袭贵族。君与臣是一种雇佣关系而不是相互依存的亲属关系。"君主与臣下已非传统的宗族关系，而完全向君臣间个人主从关系变化"①。因此，在春秋战国时代，诸侯国君主的称呼发生了重大变化，这就是君主以"寡人"相称，突出了君王的独断地位。尽管诸侯国的统治仍然是家族统治，但只是表明君主权力在本家族传递，而不是家族共治。君主权力无亲戚关系所制约。

中央权力向君主一个人集中显然是战时环境所决定的，不以人的意志为转移。赵武灵王本是赵国的一代强君，在他手下，赵国成就非凡。赵武灵王传位于太子何，是为赵惠文王，他则自称为主父，形成二元治理。在一次朝会时，赵武灵王见赵惠文王的哥哥公子章在行君臣之礼时萎靡颓废，于心不忍。于是有意扶持公子章，结果酿成政变大祸，不仅本人被活活饿死，赵国国势也日益衰败。在战争时代，权力集中与国家力量密切相关。"凡国力强而能称霸的，权力则向国君集中"②。

春秋战国时代权力集聚的重要后果是长期以来的血缘关系被淡化。恩格斯讲道，由国家"代替按血族来组织的旧办法以前，曾经需要进行多么顽强而长久的斗争"③。而在早期中国，这一斗争是通过大规模、长时间、持续性的战争方式表现出来的。如许倬云所说："在春秋初期，有许多的国家，它们都由多家贵族分治；到了后来，国家数目大大减少，而且仅由公室一家单独统治。这个过程增大了国家的强制性和君主的专制。由于不再有贵族能挑战君主的统治权威，所以君主获得了绝对权力。"④

---

① 姚大中：《姚著中国史·1 黄河文明之光》，华夏出版社，2017，第257页。
② 刘文瑞：《中国古代政治制度：皇帝制度与中央政府》，中国书籍出版社，2018，第69页。
③ 《马克思恩格斯全集》第28卷，人民出版社，2018，第199页。
④ 许倬云：《中国古代社会史论——春秋战国时期的社会流动》，邹永杰译，广西师范大学出版社，2006，第113页。

四 行政制：地域国家

自人类产生以来，便会以不同的方式联结并进行治理。摩尔根经考察认为："古代社会建立在人身关系的组织上，它是通过个人与氏族、与部落的关系来进行治理的"[①]。在早期中国，尽管有中央王朝，但由于以一个核心族群成国，中央王朝对于一个远超于本族群范围的更大地域，采用的主要是血缘或准血缘关系的联结。这是因为地域联结需要统一的行政建制进行管辖。而当时的中央王朝缺乏这一能力。周王朝在通过血缘封建联结广大地域方面达到了高峰，但其脆弱性日益凸显。而春秋战国时代的大规模、长时间、持续性的战争直接推动着传统血缘联结的国家向地域联结的国家转型，由中央通过行政制度直接掌握土地、人口和政事。美国学者福山在进行比较研究时指出，"不管是中国还是欧洲，发动战争的需求促使了国家的形成：封建属地逐渐聚合成领土的国家，政治权力趋于集中，现代非人格化行政脱颖而出。"[②]

（一）以边关确定领土

国家是一个有明确疆域的政治共同体，但疆域的形成有一个过程。早期中国以一个核心族群成国，国家之下有众多原生族群。王制国家建立后，并没有对原生的族群进行根本性改变。商周实行分封，只是将一个地域封赐给某人。封地内存在着众多原生族群。封地之间缺乏清晰的边界。其重要原因，一是中央王朝没有能力为各个封国划定明确的边界。二是在周天子看来，天下一家亲，各个地方诸侯都是亲人，彼此没有必要划定明确的边界。三是各诸侯国以城郭作为诸侯国的标

---

① 〔美〕路易斯·亨利·摩尔根：《古代社会》上册，杨东莼、马雍、马巨译，商务印书馆，1977，第218页。

② 〔美〕弗朗西斯·福山：《政治秩序的起源——从前人类时代到法国大革命》，毛俊杰译，广西师范大学出版社，2012，第104页。

志，辐射周边领土，城郭郊野有大量荒地。

至春秋战国时代，诸侯国的政治实体地位日益突出，并成为兼并争霸战争的主体。一方面，由于铁器的运用，大量荒地被开垦，有了主人。开垦到一定程度必然发生冲突。而在兼并争霸战争中，各政治实体都希望能够掌握更多的土地，容易加剧对土地的争夺。另一方面，兼并争霸战争强化了人们的领土意识，过去的"亲人"反目成仇，昔日不分彼此的亲情为各自利益所替代。与此同时，一些诸侯国还面临着非中原族群的侵扰，在周王室权威日益式微的条件下，防卫非中原族群的任务只能由相应的诸侯国承担。以上因素推动着对领土边界的确立。原有的以城郭为标志的模糊边界为清晰的疆域边关所替代。在边关设立有专门的守卫。如赵国在靠近中山国边境的鄗（今河北柏乡北）专门筑城守卫。一些诸侯国还修建长城。

"长城的原始意义，不可能涉及北方胡人，代表的毋宁是列国彼此间国界标志或国境线意味"。[①] "特别地域是由各诸侯国设定划作自己地盘的土地。"[②] 边界的划分，对于建立一个具有明确地域基础的领土国家具有重要意义，也标志着国家存在的基础由血缘—地域关系向地域关系的转变。

（二）以户籍掌握人口

人口是国家的基本要素。原始社会，人口由血缘关系所联结，形成一个个血族单位。早期中国进入国家形态以后，血缘关系及其组织单位形式没有根本性变化。至西周，实行层级分封，授土授民，人口为诸侯及其之下的族群所掌握。在孟子看来，"诸侯之宝三：土地、人民、政事"（《孟子·尽心下》）。由于实行层级分封，政府不直接掌握人口，人口的基本组织是一个个族群部落。这也是自夏、商、周以来，地方能够挑战中央的重要原因所在。春秋战国时代，地方和基层

① 姚大中：《姚著中国史·1 黄河文明之光》，华夏出版社，2017，第 274 页。
② 〔日〕平势隆郎：《从城市国家到中华：殷周　春秋战国》，周洁译，广西师范大学出版社，2014，第 125 页。

不仅挑战周王室，也挑战诸侯国，重要原因在于直接掌握着人口和武装，如"三家分晋"和"田氏代齐"。

在春秋战国的大规模、长时间、持续性的战争时代，诸侯国成为兼并争霸战争的主体，权力高度集聚。人口由诸侯国政府所直接掌握。由政府重新定义人口。这就是赋予人口以国民身份，并以户籍制加以编制。

户籍制的实施，表明过往的人口完全由血缘关系所联结发展到地域关系联结，人们的基本组织单位不再只是血族单位，同时还是政府所控制的地域单位，人们"与国家的关系是通过地域关系来体现的，不是通过他个人与氏族的人身关系来体现的"[1]。

（三）以行政建制地方

在恩格斯看来，"国家和旧的氏族组织不同的地方，第一点就是它按地区来划分它的国民。"[2] 摩尔根描述了国家通过行政建制组织国民的形式，指出："政治社会是按地域组织起来的，它通过地域关系来处理财产和处理个人的事情。其顺序相承的阶段如下：首先是乡区或市区，这是这种组织的基本单位；然后是县或省，这是乡区或市区的集合体，最后是全国的领土，这是县或省的集合体。"[3] 乡区或市区、县或省，完全不同于血缘联结的氏族单位，而是国家的行政建制单位，通过这种行政建制单位，政府直接掌握人口，并赋予国民以权利和义务。

早期中国以族成国，建立了中央王朝，但原有的族群单位仍然保留，还没有出现恩格斯所描述的情况，即"由血缘关系形成和联结起来的旧的氏族公社已经很不够了，这多半是因为它们是以氏族成员被

---

① 〔美〕路易斯·亨利·摩尔根：《古代社会》上册，杨东莼、马雍、马巨译，商务印书馆，1977，第218页。

② 《马克思恩格斯全集》第28卷，人民出版社，2018，第199页。

③ 〔美〕路易斯·亨利·摩尔根：《古代社会》上册，杨东莼、马雍、马巨译，商务印书馆，1977，第6页。

束缚在一定地区为前提的，而这种束缚早已不复存在。地区依然，但人们已经是流动的了。因此，按地区来划分就被作为出发点，并允许公民在他们居住的地方实现他们的公共权利和义务，不管他们属于哪一氏族或哪一部落。这种按照居住地组织国民的办法是一切国家共同的"①。当然，早期中国与雅典和罗马一样，在"能够代替按血族来组织的旧办法以前，曾经需要进行多么顽强而长久的斗争"②。这种斗争在中国一直持续到春秋战国时代。

在春秋战国的兼并争霸战争中，一方面是权力向政府和中央集中，国家有了强大的组织能力；另一方面是战争灭掉了许多血缘氏族政治实体，原有的血缘联结已被摧毁，即使是恢复，也不便于政府直接掌握人口和土地。"对新征服的土地，当时的所有霸权国家，都不约而同地在不同程度上废弃了西周封建制（血缘权威+多中心治理），自然而然地采用了立体化的中央集权制，也就是郡县制。"③ 于是，一种新型的地方组织方式出现了。在兼并争霸战争中，诸侯国先后在被灭掉的小邦国基础上设立县，由诸侯国直接委派官员进行管理。县与过往的基层组织单位的特性不同，它不是以血缘关系联结居民，而是以地域关系联结，是一种行政建制单位。县以下的基层社会也发生了变化。"战国时期各国基层社区中乡、里、聚、连、闾、伍、什等设置依然存在，但这时已不再依附于贵族家族，而成为真正由国家控制的各级行政区划。"④ 国家治理因此获得了行政基础。这一转变具有历史性意义，标志着早期中国的社会结合由血缘人身关系向地域关系转变。"在前一种结合中，人身关系是基本的、最主要的标志——地域关系是从属的；在后一种结合中，财产和住址变成了主要因素，而人身只有在连带财

---

① 《马克思恩格斯全集》第 28 卷，人民出版社，2018，第 199 页。
② 《马克思恩格斯全集》第 28 卷，人民出版社，2018，第 199 页。
③ 吴稼祥：《公天下——多中心治理与双主体法权》，广西师范大学出版社，2013，第 205 页。
④ 谢维扬：《中国早期国家》，浙江人民出版社，1995，第 469 页。

产和住址一道来衡量时才被视为一种因素。"① 因此，"郡县制，是华夏政治史上反封建制的伟大国体创制。这项改革的第一冲动，是要摆脱周王室和各诸侯中央陷入的权力漏斗，使侯国中央政府集中控制资源，防止地方权力组织全面瓦解。但这样做的后果，则是自动脱离西周确立的血缘权威和宗法体系。"②

（四）以官僚掌握政事

国家按地区划分它的国民，以行政建制地方，由此必然要求有管理地方事务的人员。在古希腊，在建立乡区、县省和城邦的同时，以民主选举的方式产生出管理各个层级政事的官员。早期中国以核心族群成国，中央王朝之下保留着原有的血族团体，由血族团体处理相应的政事。"夏、商、周三代的政治制度有着突出的特点，主要表现在三代的行政制度具有浓郁的宗族血缘性质。从甲骨文中可以很清楚地看到，几乎所有职官的担当者都冠以其族名。他们数代世袭一职，这显然是沿袭了氏族社会酋长是天然公职人员的旧有传统。"③ 西周实行层级分封，土地家族世袭，管理土地和人口的权力也是世袭，从而形成一个世袭职位的贵族阶层。这一阶层既不是基于公民权利的选举，也不是基于中央权力的任命，而是基于血缘的世代传递，是国的亲属。"国君不能解除大夫的职务，因为他们不是由国君任命的，而是生来就帮助他治理国家的。"④

进入春秋战国时代，随着县制这一超越血缘的地域组织的出现，以行政建制地方，由诸侯国君直接委派官员管理县的政事，并对诸侯国君负责，从而形成新型的君臣关系。官员"去留受命于君主，领地

---

① 〔美〕路易斯·亨利·摩尔根：《古代社会》上册，杨东莼、马雍、马巨译，商务印书馆，1977，第228页。

② 吴稼祥：《公天下——多中心治理与双主体法权》，广西师范大学出版社，2013，第206页。

③ 任怀国等：《中国历代政治制度得失》，泰山出版社，2009，第38页。

④ 许倬云：《中国古代社会史论——春秋战国时期的社会流动》，邹永杰译，广西师范大学出版社，2006，第95页。

分封的原则为之一变"①。这种管理地方政事的官员既不是基于公民权利的选举，也不是基于血缘关系的世袭，而是基于诸侯国中央权力的任命。通过由诸侯国君的任命，将中央权力的意志传递到各个地方。"虽然这些地方官有公室的爵衔，但他们不能世袭职位，也不能与国君有领主与诸侯之关系。"②　"他们不能与君主分享任何权力"，"更依赖君主的宠信，因而可能较那些此前的世袭大夫更忠于君主"。③

（五）以赋税支持官僚

管理政事必然支付成本。"为了维持这种公共权力，就需要公民缴纳费用——捐税。"④　在早期中国，中央政府未能建立自上而下的行政管理，地方治理主要是依靠地方自我治理。这种治理是一种低成本治理，即中央政府不必支付管理广大地域的成本。中央政府主要是依靠自己所占有的地域和地方提供的贡赋维持运行。地方在进行自我治理时，需要考虑自我的财政能力，从长计议。

春秋战国时代以行政建制地方，以官僚管理政事，官僚则成为一种职业，需要支付报酬。这种报酬在以往是没有的，现在则是必需的。正如恩格斯所说的："这种公共权力在每一个国家里都存在。构成这种权力的，不仅有武装的人，而且还有物质的附属物，如监狱和各种强制设施，这些东西都是以前的氏族社会所没有的。"⑤　中央政府委托地方官僚管理政事，必须支付包括官僚报酬及其物质的附属物在内的各种成本。官僚代表中央政府管理地方政事，只是履行职业行为的利益所需，而无血缘共同体的义务感。在这一背景下，原有的财政体制必然改变，这就是通过赋税制以支持官僚体系。

---

① 姚大中：《姚著中国史·1 黄河文明之光》，华夏出版社，2017，第 224 页。
② 许倬云：《中国古代社会史论——春秋战国时期的社会流动》，邹永杰译，广西师范大学出版社，2006，第 113 页。
③ 许倬云：《中国古代社会史论——春秋战国时期的社会流动》，邹永杰译，广西师范大学出版社，2006，第 114 页。
④ 《马克思恩格斯全集》第 28 卷，人民出版社，2018，第 200 页。
⑤ 《马克思恩格斯全集》第 28 卷，人民出版社，2018，第 199 页。

五　亲与贤：出身与命运

血缘关系是人类最初甚至唯一的社会关系。人们因为血缘联结，成为亲人，也是最信任的人。受这种关系支配，产生出"非我族类，必有异心"的意识，并影响着政治行为。

早期中国由血缘氏族社会而来，并以核心族群建立国家，国家权力为家族所执掌，并在家族内传递。只有家族的人才可靠，最可信。国王用人，首先是用本家族的亲人。国家利益亲人优先。如西周，周天子将与自己亲近的人留在身边辅佐执政，将全国的土地分封给自己的亲人，由此形成一个贵族阶层。

贵族阶层与国王统治在本质上是一体的，这就是世袭制。贵族的封土和权力与国王一样，终身所有，世代相传。人们的原生出身决定其后续命运。这就是所谓的"实命不同"（《诗经·国风·小雅》）。如果说天子的统治权威来自"天命"的话，那么，贵族的权威则来自出身。因为出身，社会裂变为贵族与平民两个不同的阶层。阶级间隔绝，"世代无机会上升，统治阶级君（天子、诸侯）、大夫（'卿'自大夫选任，非独立的阶级）、士的阶级身份同样绝对化，各个世代固定于同一阶级，藩篱严密，上下间不能逾越。"[1]"一生命运的贵贱，完全在出生时决定了。"[2]

春秋战国时代可说是一个平民崛起的时代。这在于在长达数百年的激烈竞争中，国家需要大量有作为并积极进取的人才。"废公族疏远者，以抚养战斗之士。要在强兵"（《史记·孙子吴起列传》）。贵族虽然是国君的亲人，但总体上偏于保守，其与生俱来的世袭身份也使他们的能力不够。"贵族养尊处优，大部分的光阴乃消耗于田猎与宴会，无遑研究治术，以应付复杂的政治。"[3]具有生存竞争性的战争弱

---

[1]　姚大中：《姚著中国史·1 黄河文明之光》，华夏出版社，2017，第198页。
[2]　瞿同祖：《中国封建社会》，商务印书馆，2015，第118页。
[3]　萨孟武：《中国社会政治史（先秦秦汉卷）》，三联书店，2018，第75页。

化了血缘关系。国家为了在激烈的竞争中生存和扩展，必须任用既忠诚于国君又有相当才干的人，以成败论英雄。这种人不是亲人，而是能够决定成败的贤才。他们虽然没有高贵的出身，但有着独特的才能，并形成了一个依靠自己能力而不是出身获得地位的阶层，这就是"士"。"谁给士衣食，士就给谁用力，这是士的特征。"① 这种"士"有多种类型。包括：能谋善断的"谋士"，如商鞅、张仪、苏秦、管仲、吕不韦等；勇于献身的"勇士"，如荆轲；以身殉国的"壮士"，如田横八百壮士。

"士"阶层的出现，标志着社会流动。在早期中国，人们生活在一个个族群共同体中。这种共同体为人们提供庇护，使人们不能离开、不愿离开、不敢离开共同体，人们在共同体中形成相互依存的关系。因此，早期中国的社会是一个不流动的静止社会。西周的宗法和封建制进一步强化了这种封闭静止性。人们的地位取决于先天的出身，人们的活动限制在封地范围之内。春秋战国时代打破了封闭状态，促进了社会流动。一方面是以成败论英雄，激烈的竞争为大量平民出人头地提供了机会。"士无贤不肖，皆谦而礼交之"，"无贵贱一如文等"（《史记》）。即使鸡鸣狗盗者也可获得出头的机会。另一方面大量有能力的人希望依靠自己独特的才能走出共同体，有所作为，尽管其中存在巨大风险。"当时知识阶级往往离开乡井，周游列国，不问用我者是哪一国，只问哪一国能够用我。"② 苏秦、乐毅等人"都出身寒微，但他们在列国争雄时期，通过学习对君主有用的知识，都跻身社会的最高层"③。

在春秋战国时代，商人异军突起。早期中国，保留了大量基于血缘关系的社会组织和意识形态。其重要内容之一，便是对言利的商人的排斥。尽管商代的商品经济较为活跃，但未能形成一个稳定的商人

① 范文澜：《中国通史简编》上册，商务印书馆，2017，第67页。
② 萨孟武：《中国社会政治史》（先秦秦汉卷），三联书店，2018，第42页。
③ 许倬云：《中国古代社会史论——春秋战国时期的社会流动》，邹永杰译，广西师范大学出版社，2006，第124页。

阶层。西周实行宗法制和封建制，对商人更是持否定态度。其深刻的原因便在于，以货币交换为主要目的的商人会稀释和淡化血缘关系。恩格斯在考察古希腊之所以能够率先挣脱血缘氏族联结，重要因素便是商品交换成为主要经济形态。"日益发达的货币经济，就像腐蚀性的酸类一样，渗入了农村公社的以自然经济为基础的传统的生活方式。氏族制度同货币经济绝对不能相容"①。

春秋战国时代的大规模、长时间、持续性战争，一方面冲击着传统的血缘宗法关系，另一方面战争需要财富，商品经济因此活跃起来。商品经济的活跃造就了一个商人阶层。"他们不是由于贵族出身，不是出于军功，也不是由于充当政府官员来赢得社会地位。"② 这一阶层具有商人的一般属性，就是以利为先；同时又具有特殊属性，这就是投资于政治，将政治作为最大的利益所在，如吕不韦。

六 公共性：文明建构

在中国的国家形成中，超越血缘氏族组织的公共性起到了重要作用。如传说中的大禹治水就是对血缘族群组织的超越。但是，在夏、商和西周，社会构成的族群性没有太大变化，中央王朝的主要功能是军事与祭祀。西周的层级宗法和分封，宗亲地方成为基本单位，人们更多地关注血族和地方共同体的存续。超越血缘和地方的公共性受到相当限制。

春秋战国时代，激烈的国家竞争使宗法封建制受到极大冲击，并推动着超越狭隘的血缘关系的公共性得以迅速发展，促使文明建构达到历史上前所未有的程度。

物质形态的文明建构主要有以下几个方面。

保卫工程。国家是一个有自己疆域的政治共同体。但在早期中国，

---

① 《马克思恩格斯全集》第28卷，人民出版社，2018，第133页。
② 许倬云：《中国古代社会史论——春秋战国时期的社会流动》，邹永杰译，广西师范大学出版社，2006，第167页。

国家的疆域不清晰。国家主要以自己独特的族群文明形态与其他族群区分开来。但在地域上，"华夷杂居"。没有归类于华夏民族的其他族群经常进入华夏族群的地域。特别是北方的游牧和狩猎族群，缺乏领土意识，加上气候等原因，很容易造成对华夏族群的侵扰。在相当长的时间里，中原王朝国家主要是依靠国家组织的军事讨伐应对周边族群。史书记载的"烽火戏诸侯"，一方面反映非华夏族群很容易进入中原王朝的疆域，另一方面也反映了中原王朝国家主要依靠国家军事力量应对外族进入。

进入春秋战国时代，周王室力量衰弱，基本上没有军事力量来维护广阔地域的安全。诸侯国成为相对独立的政治实体。宗主依靠不了，过往的宗子只能依靠自己的力量保卫自己。哪些接近于北方异族的诸侯国，除了以军事力量保卫自己以外，便是兴建用于保卫的物质工程。如赵国在阴山筑赵长城以抵御胡人，后又修建两道长城阻止北方的林胡和楼烦南下。

水利工程。在春秋战国时代，富国强兵成为国家目标。为了在激烈的竞争中获得生存和发展，必须发展经济，特别是农业。水利则是农业的命脉。作为政治实体的诸侯国在自己的管辖范围内兴建水利工程。秦国兴建的郑国渠和都江堰可以进行大面积的农田灌溉。

交通工程。交通是人们交往的重要条件。在早期中国，人们主要生活在自己的族群共同体内，相互联系不多。进入春秋战国时代，一是大规模、长时间、持续性战争需要便利的交通，二是原有的宗法封建界限被突破。诸侯国家组织和推动着交通建设，最主要的是道路。赵鼎新指出："随着战局的发展，战争的规模和各国的实力也在不断提高，于是一些国家开始建造运河将天然水道连通，以便运输兵员和补给。""长距离的水渠或运河一旦建成就不可避免地会被用于货物运输和农田灌溉。"[1]

---

① 赵鼎新：《东周战争与儒法国家的诞生》，夏江旗译，华东师范大学出版社、上海三联书店，2006，第114、117页。

以上公共工程都是由国家组织建设的，由此促使国家的公共职能得以迅速扩展。承担公共工程成为国家职能的基本要求。国家因此超越过往狭隘的血缘限制，履行着对更多社会成员都能受益的公共职能。而公共工程的兴建又推动着国家形态的转型。"交通便利，可以缩小国家的幅员，不必封茅列土，使诸侯统治列国，陪臣统治采邑。郡县令守虽为地方长官，但是他们随时可以罢免。"①

精神形态的文明建构主要有以下几个方面。

思想争鸣。思想意识是文明进程的重要体现。在早期中国，人类从血缘母体脱胎而来，还缺乏自我意识，上天的神灵和过往的祖宗成为人们的行为依据。至西周，人的自我意识增强，有了"道配天命"的政治自觉。但此时的思想意识仍然是以"法先王"为依据，学在官府。这与当时的宗法制、封建制和礼乐制是相一致的。

进入春秋战国时代，人的意识空前觉醒。这一方面在于旧的天下秩序分崩离析，新的秩序尚在形成之中；另一方面，激烈的国家竞争对思想有着前所未有的渴求，特别是如何富国强兵、治国理政的思想为各国君主所渴求。正是在这一背景下，出现了各种思想流派，并相互竞争，即所谓"百家争鸣"。私学被允许，并产生了一批专门从事精神产品生产和传播的知识分子。这是过往时代从未有过的。

文字传播。文字是人们交流的工具，更是文明的载体。中国很早就有了文字。这也是早期中国在文明进化中领先的重要原因。但是，在相当长的时间里，文字只是为少数统治者所掌握，在极小范围内传播。如作为早期中国文字重要标志的甲骨文主要用于占卜。进入春秋战国时代，大规模、长时间、持续性战争活动需要借助文字，行政管理需要借助文字，精神生产和传播也需要文字。文字因此从极少数人向更广泛的人群扩散。赵鼎新指出："由于表意性文字书写系统能够脱离语音而使用，这极大便利了使用不同方言乃至不同语言的人群之间

---

① 萨孟武：《中国社会政治史》（先秦秦汉卷），三联书店，2018，第79页。

的交流。"① "汉字圈开始急剧扩张是在春秋时代。直到西周时代，汉字圈大小也仅仅停留在一个还谈不上广袤的范围内。"重要原因在于"文书行政是用来联系领土国家中央与地方之物"②。战国时代在文字使用方面可以粗略依照地域分为五大系统：东方齐系、东北燕系、南方楚系、北方晋系和西方秦系文字，各系统的文字大体上相近，只有小部分文字有所差异，因此彼此文书往来并没有太大问题。

制度形态的文明建构主要有以下几个方面。

在以血缘关系为基础的氏族社会，调节人与人的关系主要依靠传统习俗。进入夏、商、周的国家形态时，有了法律，但受血缘差等性的影响，法律具有很强的随意性、封闭性、等级性。"周王时常发布的誓诰和训命，也具有法律性质，违者将受到惩处。"③ 就是作为道德规范的"礼"也具有差等性。

法律是否明文公布是政治文明的重要尺度。"书写能够用来阐明行为准则，而行为准则的最重要方面，显然就是成文的法律准则。"④ 在春秋战国时代，法律制度通过各种方式公开，昭告天下，如"郑人铸刑书"。姚大中因此指出："青铜器铸刻刑法公布国内，乃是中国最早的成文法制订与发布，在中国法律史上具有里程碑意义。向来习惯法时代因而一变，领导列国否定临事制刑的封建贵族传统，开拓了国家化法治主义的新境界。"⑤ 更重要的是，"法制体系取代了礼制体系，成为社会生活中唯一的强制性规范。礼制的绝大部分内容已经被自然抛弃，其中适合社会发展的保留部分，只作为一种道德规范在起作用，

---

① 赵鼎新：《东周战争与儒法国家的诞生》，夏江旗译，华东师范大学出版社、上海三联书店，2006，第36页。

② 〔日〕平势隆郎：《从城市国家到中华：殷周春秋战国》，周洁译，广西师范大学出版社，2014，第29、32页。

③ 白钢：《中国政治制度史》上卷，天津人民出版社，2016，第147页。

④ 〔英〕安东尼·吉登斯：《民族—国家与暴力》，胡宗泽、赵力涛译，三联书店，1998，第55页。

⑤ 姚大中：《姚著中国史·1黄河文明之光》，华夏出版社，2017，第219页。

而不再具有强制性。"① 法制体系体现的是地域关系基础上的平等性，而礼制体系体现的是血缘关系基础上的差等性。

七　后居上：秦国胜出

文明与国家的成长是一个漫长的历史过程，是伴随着社会关系的生成和扩展而演化的。在摩尔根看来，"一切政治形态都可归纳为两种基本方式……。第一种方式以人身、以纯人身关系为基础，我们可以名之为社会。……第二种方式以地域和财产为基础，我们可以名之为国家。"②

经历长达数百年兼并争霸的春秋战国时代，秦国最终胜出，成为新天下的统治者。秦国胜出是一个历史事实，也有诸多讨论为何胜出的观点。③ 但在本书看来，秦国胜出不是单纯的一个诸侯国成就霸业，而是一个时代的转折，标志着早期中国由血缘关系主导的国家形态向地域关系主导的国家形态的转变。这一时代同人类其他文明形态的演进一样，正处在一个历史节点上，即"人民力求摆脱他们自远古以来即生存于其中的氏族社会，而转入以地域和财产为基础的政治社会，这是进入文明领域所不可少的一个步骤"④。正是在这一历史节点上，秦国具有突出的比较优势。

西周是早期中国以人身、以纯人身关系为基础建构国家的最高阶段。血缘出身决定命运。周王朝依照血缘宗法和分封制，形成一个个相对独立又以血缘相互联结的政治实体。由于血缘关系的自我封闭性，

---

① 孙皓晖：《中国原生文明启示录（中册）——文明爆炸》，中信出版社，2016，第369页。

② 〔美〕路易斯·亨利·摩尔根：《古代社会》上册，杨东莼、马雍、马巨译，商务印书馆，1977，第6页。

③ 参见〔美〕许田波《战争与国家形成——春秋战国与近代早期欧洲之比较》，徐进译，上海人民出版社，2018，第86页；赵鼎新：《东周战争与儒法国家的诞生》，夏江旗译，华东师范大学出版社、上海三联书店，2006，第138页。

④ 〔美〕路易斯·亨利·摩尔根：《古代社会》上册，杨东莼、马雍、马巨译，商务印书馆，1977，第217页。

各个政治实体及其人的命运也处于封闭的世袭等级之中。宗主世代为宗主，宗子世代为宗子。出身定贵贱。

在西周的诸侯国中，秦国出身并不显贵。与那些对待有所成就者一样，后人对秦国的先人也赋予了神化的色彩，但至少在西周，秦国的原初地位并不高。秦国族群不是王姓，也不是依据与周王的血亲关系获得封地。秦国先人只是因功劳而封于西部边远的地方。秦国先人因出身并不高贵，秦国之地贫瘠，常为其他诸侯国所鄙视。但正如西周的开创者一样，边缘性族群有其得天独厚的条件，也有他人没有的进取。

在西周的诸侯国当中，秦国的血缘封闭性最弱，地域开放性最强。秦国不是原生族群，本土的历史传统积淀不深厚。秦所在的西部边陲，与游牧族群混杂，并深受其影响。游牧族群的流动性强，在恶劣的环境下更加重视后天能力。秦国在"扶掖周围落后民族开化的进程中，自身也必须部分野蛮化"[1]。

秦是后崛起的诸侯国，缺乏以出身定命运的贵族传统。在富国强兵、兼并争霸的春秋战国时代，秦国的传统羁绊少，变法更彻底，包容性和进取性更强，具有突出的比较优势。其国家形态更多的是以地域和财产为基础。

其一，权力更集中。

西周实行层级宗法分封，形成各个层级的贵族及其既得利益。在激烈的横向竞争中，贵族利益制约着权力的集聚，甚至导致以下犯上，如"三家分晋"、"田氏代齐"。秦国发源于西部边陲，后据西周天子之地，基本上是在没有严格层级分封的"空地"上形成的，贵族既得利益尚不强大，这使秦国集聚权力受到的制约更小。在秦国，没有发生类似晋国、齐国的王室被架空，甚至被瓜分和替代的事件。"秦国的贵族势力在整个春秋战国时代主要的诸侯国中是最弱的。……春秋时期某些国家的国君被本国贵族弑杀的比例高达一半左右。而同一时期，

---

[1]　姚大中：《姚著中国史·1 黄河文明之光》，华夏出版社，2017，第 270 页。

秦国只有一位国君（秦出公）被贵族所弑。"① 在战争状态下，军事权力最为重要。战国时代，楚国与秦国的军事实力最强，长期"带甲百万"。"但是，楚国军队与秦国军队的构成基础不同；秦国没有封地私兵，秦军全部是国家军队，全部归秦国'庙堂'指挥。楚国军队，则是由王室直领的国家军队，以及大量的封地私兵共同构成的。封地私兵基本上不听国家调遣，只效忠于封地世族。"② 陈长琦指出："战争促成了专制与集权，专制程度高、集权深的国家在兼并战争中能够更有效地集中国家的财力与兵力，比那些权力分散、封君众多的国家在竞争中有更多的优势。在战国七雄竞争中，秦国最后能一统天下，虽然有很多原因，但从国家政体来考察，它的君主专制与集权的程度确比其他诸国为高。"③ "秦国成功地把权力集中到了统治者个人手里，这在诸国中是独一无二的。在其他各国的分封官员和皇室宗族忙于分裂政府权威时，秦国却把权力集于统治者一人之手。"④

其二，国授私耕更彻底。

人身、人身关系是以财产关系为基础的。西周实行层级分封，土地为领主所有，并形成一个个层级共同体。人们更加认同于层级共同体。秦国不是原生地族群，层级共同体尚不强大。秦国实行土地国有和私人经营双重体制。通过土地国有，因土地分封而形成的地方共同体难以形成。同时，由国家按户口授田于民，由农民直接经营，并向国家统一缴纳税收。秦国要求分家立户，从而产生出更多以核心家庭为基础的小农，并以小农作为集权统治的基础，建立起国家与农民的直接联结，将权力集中于政府。"民有二男以上不分异者，倍其赋。"（《史记·商君列传》）商鞅变法的重要措施，"就是瓦解所有家族组织，只允许单细胞或单丁家庭存在。所谓单细胞家庭，是指只有一个

① 赵鼎新：《东周战争与儒法国家的诞生》，夏江旗译，华东师范大学出版社、上海三联书店，2006，第 139 页。
② 孙皓晖：《中国原生文明启示录（下册）——统一文明》，中信出版社，2016，第687 页。
③ 陈长琦：《中国古代国家与政治》，文物出版社，2002，第 22 页。
④ 〔美〕陆威仪：《早期中华帝国：秦与汉》，王兴亮译，中信出版社，2016，第 39 页。

成年男性为核心的家庭。"① "秦的建国者清楚地看到，早期的亲戚人脉关系是中央集权的障碍，为了取而代之，特意实施把个人与国家绑在一起的新制度。"② 因此，秦国的基础主要是个体家庭单位为基础的地域和财产。而社会构成的个体家庭，则是君主专制统治的基础。"小农的政治影响表现为行政权支配社会。"③

其三，官僚制更突出。

在以人身、人身关系为基础的社会里，政治上表现为世袭贵族制。贵族占据着重要的位置，但因为与生俱来的优越性，并不一定具备卓越的才能。在春秋战国的激烈竞争中，贵族政治的不适应性日益突出。秦国作为后起之国，贵族政治传统不厚重。秦国的公子与东方诸侯国中的公族截然不同。春秋秦国的卿大夫中均为外来人才，未曾见一位公族。在没有贵族政治的条件下，官僚政治比较容易推行。官僚产生于郡县。郡县不同于西周世袭封地。"原有封地越小，新征服的土地越大，就越能彻底地实行郡县制度——这就是秦国的故事。"④ "商鞅竭尽全力投入社会工程，将传统亲戚关系的权力和地产制度转换成以国家为中心的非人格化统治。"⑤

其四，人才制更开放。

相对于核心诸侯国而言，秦国作为后起国家，教育相对落后，人才并不丰富。但春秋战国时代的人才也有不同类型，一是以维持传统秩序为使命的人才，二是以创立新秩序为使命的人才。在激烈的竞争中，秦国一方面对人才需求比其他国家更强烈，另一方面高度重视能够直接为自己服务的人才。如以维护传统秩序为使命的孔子便没有得

---

① 吴稼祥：《公天下——多中心治理与双主体法权》，广西师范大学出版社，2013，第193页。
② 〔美〕弗朗西斯·福山：《政治秩序的起源——从前人类时代到法国大革命》，毛俊杰译，广西师范大学出版社，2012，第115页。
③ 《马克思恩格斯选集》第1卷，人民出版社，2012，第763页。
④ 吴稼祥：《公天下——多中心治理与双主体法权》，广西师范大学出版社，2013，第206页。
⑤ 〔美〕弗朗西斯·福山：《政治秩序的起源——从前人类时代到法国大革命》，毛俊杰译，广西师范大学出版社，2012，第117页。

到秦国的重视，秦国所重用的是一些出身平民且具有创立新秩序的人才，功用主义特别突出。

"从秦国创造历史伟业前后诸代表性人物'相'的籍贯，可以发现，概非秦国自国所产，都是所谓'客卿'。"① 这些人尽管属于外来的"客"，但只要他们立了功勋，便可以获得厚待。秦国分封直到战国时期才开始多起来，而且大多数都是分封给有功之臣，如商鞅封于商，魏冉封于陶，范雎封于应，吕不韦被封为文信侯。在战国时期秦国的封君中，异姓大夫占了多数。当然，这种"封"更多的只是一种奖励，而不是领土的让予，属于"封"而不"建"。与此同时，作为具有血缘关系的"主"却受到各种约制和冷落。"宗室非有军功，论不得为属籍"，"宗室贵戚多怨望者"（《史记·商君列传》）。秦景公之时，秦公子缄因为受先君之宠而富，出走晋国，直到秦景公去世之后才敢回国。长期受世族困扰的晋平公对此很不理解，在他看来，作为公族的公子缄应该和晋国的世族一样享有众多特权。只是晋国的世族特权没有能保障晋国国君的统治地位和增强国家力量。秦国淡化门第出身的血缘特权，国力更强。

其五，法治化更严格。

西周是典型的以礼治国，这种礼具有血缘差等性，即"刑不上大夫，礼不下庶人"。秦国受西周礼制的束缚较小，能够以更大力度推进法治。"秦国之俗，贪狼强力，寡义而趋利，可威以刑，而不可化以善，可劝以赏，而不可厉以名。"（《淮南子·要略》） 这种民情对于血缘道德治理是弱点，却有利于无差等的严刑峻法治理。商鞅因此说："民勇，则赏之以其所欲；民怯，则杀之以其所恶。故怯民使之以刑则勇，勇民使之以赏则死。怯民勇，勇民死，国无敌者必王。"（《商君书·说民》） 无论官多大，均受法制；无论民多小，都可获赏。② "宗室非有军功论，不得为属籍。明尊卑爵秩等级，各以差次名田宅，臣妾衣服以家次。有功者显荣，无功者虽富无所芬华。"（《史记·商君列

---

① 姚大中：《姚著中国史·1 黄河文明之光》，华夏出版社，2017，第 269 页。
② 参见萨孟武《中国社会政治史（先秦秦汉卷）》，三联书店，2018，第 51 页。

传》）即使是太子触犯法律，也受到相应惩罚。"鞅之初为秦施法，法不行，太子犯禁。鞅曰'法之不行，自于贵戚。君必欲行法，先于太子。太子不可黥，黥其傅师。'于是法大用，秦人治。"（《史记·秦本纪》）

其六，进取性更突出。

在以人身、人身关系为基础的社会里，人们重视传统，具有强烈的保守主义倾向。对于后起的秦国来说，传统羁绊较小，其进取心更强，在国家发展中形塑的是积极有为的政府，国家能力提升显著。秦国的起点较低，但经过一代代人的开拓进取，成为大国。至秦穆公，"益国十二，开地千里，遂霸西戎。"（《史记·秦本纪》）秦国在开疆拓土的过程中，努力经营，如修建郑国渠、都江堰等大型水利工程，改善农业生产条件，不仅成为大国，而且成为天下富国。"关中自汧、雍以东至河、华膏壤沃野千里，自虞夏之贡，以为上田……故关中之地，于天下三分之一，而人众不过什三，然量其富，什居其六。"（《史记·货殖列传》）不仅民富，而且民勇。"家给人足，民勇于公战，怯于私斗"（《史记·商君列传》）。

当然，秦国的比较优势是在兼并争霸中形成的，具有典型的战时体制的特点。后人称秦"刻薄寡恩"、"尚首功"、"虎狼之国"、"贪狼强力，寡义而趋利"均反映秦作为后起之国，既少有传统血缘贵族传统的礼义束缚，又特别注重以强大的国家力量和铁血治理实现地域扩张，直至最后获得霸权。

八　道与体：同质竞争

在公元前的数百年，东西方文明进程不约而同进入一个历史节点上，就是"人民力求摆脱他们自远古以来即生存于其中的氏族社会，而转入以地域和财产为基础的政治社会"[①]。但是，不同文明实体在走

---

① 〔美〕路易斯·亨利·摩尔根：《古代社会》上册，杨东莼、马雍、马巨译，商务印书馆，1977，第217页。

向政治社会的进程中，所依托的条件不同，表现形式也不一样。

在西方，古希腊率先步入政治社会，表现出两个突出特点。一是新的社会因素足够将旧社会"炸毁"，"在以血族关系为基础的这种社会结构中，劳动生产率日益发展起来；与此同时，私有制和交换、财产差别、使用他人劳动力的可能性，从而阶级对立的基础等等新的社会成分，也日益发展起来；这些新的社会成分在几个世代中竭力使旧的社会制度适应新的条件，直到两者的不相容性最后导致一个彻底的变革为止。以血族团体为基础的旧社会，由于新形成的各社会阶级的冲突而被炸毁；代之而起的是组成为国家的新社会，而国家的基层单位已经不是血族团体，而是地区团体了。"① 因为旧社会被"炸毁"，新的政治社会与旧血族社会彻底分割开来。人民与国家的关系成为政治社会最重要的内容，并产生出人民统治的理念与制度。这种理念与制度既是对原始民主制的承接，但已完全超越在狭小的氏族范围内的原始民主，是以乡区、县市、城邦的地域为载体的国家民主。二是作为政治社会的各城邦形成多样化的政体。古希腊是由诸多岛屿形成的。茫茫无际的海洋将一个个岛屿从空间上隔离开来。这种地理环境为各个城邦在横向竞争中形成不同的政体形式提供了条件。如雅典与斯巴达便为两种不同的政体。即使是在一个城邦国家内，政体形式也经常发生变化。多个阶级在政治上的不同组合，形成不同的政体形式。如以平民为主导的民主政体，以精英为主导的贵族政体，以多个阶级共同执政的共和政体。由于社会中存在多个阶级的竞争和冲突，古希腊的政体形式处于一种不稳定的状态之中。这种不稳定性也是古希腊文明后来受到摧毁的原因之一。

中国的春秋战国时代与古希腊处在同一时期，并面临着同一转变，但是步入政治社会的条件不同，并形成其特点。

春秋战国时代对于早期中国摆脱他们自远古以来即生存其中的氏族社会，无疑迈出了重要的一步。春秋战国时代的劳动生产率有了

---

① 《马克思恩格斯全集》第28卷，人民出版社，2018，第32页。

一定提高，产生了大量前所未有的新的社会成分，但是这些新的社会成分还不足以炸毁旧的社会，也还不足以构成建立新的国家形态的新的社会基础。春秋战国的历史变革主要是大规模、长时间、持续性战争推动的。这种推动更多的是改变事物的形式而不是性质。旧的社会及其生长之上的国家形态的大量特质延续下来。人民与国家的关系仍然保留着传统性质。一方面是氏族民主制早已破坏，另一方面是基于血缘关系的家长制及其家族世袭统治长期延续下来。尽管春秋战国时代的政治形式发生了一些变化，但人民与国家的关系没有根本性变化，国家统治权力仍然执掌于君主之手，人们的命运系于君主一人之身，而且君主的权力影响更大。"法家中也没有人能够哪怕是稍微触及一下君权本身的问题。似乎当时的时君世主没人愿意看到有人讨论这个问题。"[1] 在谢维扬看来，"春秋、战国时期中国国家制度的变革，不仅没有削弱或改变传统国家制度的专制主义性质，反而发展了中国早期国家形态中的专制主义因素。"[2] 由此便可说明，为什么变法是各国竞争的共同诉求，但变法及其主张者的命运却有很大不同。商鞅变法为秦国崛起立下重大功劳，却被车裂。其根本原因在于权力的家族世袭，原受到惩处的太子成为统治者之后对商鞅加以报复。"及孝公卒，太子立，宗室多怨鞅，鞅亡，因以为反，而卒车裂以徇秦国。"（《史记·秦本纪》）

春秋战国是诸侯国兼并争霸的时代。只是这种横向竞争不同于古希腊的城邦竞争，属于同质性竞争。一是诸侯国是在天下共主的格局下的竞争，长期存续的共同性权威对于各国具有制约作用，如"尊王攘夷"。二是各诸侯国存在于共同的陆地上，地理相连。三是各国的经济社会发展有差异，但本质上都属于农耕文明，全新的社会成分的生长都不足成为替代旧社会的力量。反而，某些新的社会成分的生长还不利于整体性竞争，如商品经济意识弱化了齐国的整体竞争力，重农

---

① 许倬云：《中国古代社会史论——春秋战国时期的社会流动》，邹永杰译，广西师范大学出版社，2006，第173页。

② 谢维扬：《中国早期国家》，浙江人民出版社，1995，第474页。

的秦国更胜一筹。正是在这一共同性条件的支配下，各诸侯国的竞争表现为一种同质性竞争。在竞争中，诸侯国更重视的是"治道"即治理的道理与方式，而不是本体上的"政体"，即不同阶级和阶层在国家中的地位与组合。各诸侯国在政体上是同一的，均是君主执政，不同的是治理理念和方式。政体的同一性保持着政治形态的延续性，以治道的变化适应变化了的形势。

早期中国重治道不重政体，显然不是个人意志的产物，而是历史条件的结果。虽然春秋战国时代，人民在摆脱他们自远古以来即生存于其中的氏族社会方面取得了进展，但还没有完全转入以地域和财产为基础的政治社会。大量源于人身、人身关系及所形塑的政治因子被传承下来，并进入新的政治过程之中。如诸侯国在联盟中，为了获得彼此的政治信任和联合，经常采用基于血缘关系的因素。包括：王族亲人作为人质抵押，秦始皇早年便是如此；政治联姻，如赵武灵王娶韩女为夫人的韩赵联姻。即使是新兴的阶层也具有高度的人身依附性。特别是在古老家长制基础上形成的专制型统治一直延续下来，并构成新型国家的核心要素。正如顾准在比较古希腊城邦民主政体与中国春秋战国时代的政治走向时所说的，"春秋战国时代，正当我国历史转变的关头，但是从殷商到西周、东周长期'神授王权'的传统，已经决定了唯有绝对专制主义才能完成中国的统一，才能继承发扬并传布中国文明，虽然这种专制主义使中国长期处于停滞不前，进展有限的状态之中，但这是历史，历史是没有什么可以后悔的。"①

---

① 顾准：《希腊城邦制度——读希腊史笔记》，中国社会科学出版社，1986，第143页。

参考文献

经典著作

《马克思恩格斯选集》第 1 卷，人民出版社，1995。

《马克思恩格斯选集》第 2 卷，人民出版社，1995。

《马克思恩格斯选集》第 3 卷，人民出版社，1995。

《马克思恩格斯选集》第 4 卷，人民出版社，1995。

《马克思恩格斯全集》第 1 卷，人民出版社，1956。

《马克思恩格斯全集》第 3 卷，人民出版社，1960。

《马克思恩格斯全集》第 19 卷，人民出版社，1993。

《马克思恩格斯全集》第 42 卷，人民出版社，1979。

《马克思恩格斯全集》第 46 卷（上册），人民出版社，1979。

《马克思恩格斯全集》第 46 卷（下册），人民出版社，1980。

马克思：《资本论》第 3 卷，人民出版社，1975 年。

马克思：《摩尔根〈古代社会〉一书摘要》，中国科学院历史研究所翻译组译，人民出版社，1965。

《列宁选集》第 1 卷，人民出版社，1972。

《列宁选集》第 4 卷，人民出版社，1995。

《邓小平文选》第 2 卷，人民出版社，1994。

国内著作

白钢：《中国政治制度史》上卷，天津人民出版社，2016。

范文澜：《中国通史简编》上册，商务印书馆，2017。

费孝通：《中国绅士》，中国社会科学出版社，2006。

冯天瑜：《"封建"考论》，武汉大学出版社，2006。

甘怀真：《皇权、礼仪与经典诠释：中国古代政治史研究》，华东师范大学出版社，2008。

顾准：《希腊城邦制度——读希腊史笔记》，中国社会科学出版社，1986。

李峰：《西周的灭亡：中国早期国家的地理和政治危机》（增订本），徐峰译，上海古籍出版社，2016。

李峰：《西周的政体：中国早期的官僚制度和国家》，吴敏娜、胡晓军、许景昭、侯昱文译，三联书店，2010。

李禹阶、秦学颀：《中国古代外戚政治》，商务印书馆，2017。

李泽厚：《中国古代思想史论》，安徽文艺出版社，1994。

刘泽华：《中国政治思想史》（先秦卷），浙江人民出版社，1996。

刘文瑞：《中国古代政治制度：皇帝制度与中央政府》，中国书籍出版社，2018。

吕思勉：《中国通史》，上海人民出版社，2015。

马平安：《中国政治史大纲》，新世界出版社，2015。

钱穆：《国史大纲》上册，商务印书馆，2010。

瞿同祖：《中国封建社会》，商务印书馆，2015。

萨孟武：《中国社会政治史》（先秦秦汉卷），三联书店，2018。

孙皓晖：《中国原生文明启示录（上）：国家开端》，中信出版社，2016。

孙皓晖：《中国原生文明启示录（下）：统一文明》，中信出版社，2016。

苏力：《大国宪制——历史中国的制度构成》，北京大学出版社，

2018。

　　宋镇豪：《夏商社会生活史》，中国社会科学出版社，1994。

　　王晓毅：《血缘与地缘》，浙江人民出版社，1993。

　　王义保：《中国古代专制主义的政治学分析》，中国社会科学出版社，2012。

　　吴稼祥：《公天下——多中心治理与双主体法权》，广西师范大学出版社，2013。

　　姚中秋：《国史纲目》，海南出版社，2013。

　　姚大中：《姚著中国史1：黄河文明之光》，华夏出版社，2017。

　　谢维扬：《周代家庭形态》，中国社会科学出版社，1990。

　　谢维扬：《中国早期国家》，浙江人民出版社，1995。

　　徐扬杰：《中国家族制度史》，武汉大学出版社，2012。

　　徐扬杰：《家族制度与前期封建社会》，湖北人民出版社，1999。

　　许倬云：《中国古代社会史论——春秋战国时期的社会流动》，邹永杰译，广西师范大学出版社，2006。

　　岳庆平：《中国的家与国》，吉林文史出版社，1990。

　　赵鼎新：《东周战争与儒法国家的诞生》，夏江旗译，华东师范大学出版社、上海三联书店，2006。

　　张彦修：《婚姻·家族·氏族与文明：〈家庭、私有制和国家的起源〉研究》，中国社会科学出版社，2007。

　　周书灿：《中国早期国家结构研究》，人民出版社，2002。

国外学者著作

　　〔德〕马克斯·韦伯：《儒教与道教》，王容芬译，商务印书馆，1995。

　　〔德〕马克斯·韦伯：《经济与社会》下卷，林荣远译，商务印书馆，1997。

　　〔德〕马克斯·韦伯：《中国的宗教：宗教与世界》，康乐、简惠美译，广西师范大学出版社，2004。

〔德〕斐迪南·滕尼斯：《共同体与社会》，林荣远译，商务印书馆，1999。

〔德〕黑格尔：《历史哲学》，王造时译，商务印书馆，2007。

〔法〕孟德斯鸠：《论法的精神》（上），许明龙译，商务印书馆，2012。

〔古希腊〕亚里士多德：《政治学》，吴寿彭译，商务印书馆，1965。

〔美〕巴林顿·摩尔：《民主和专制的社会起源》，拓夫、张东东等译，华夏出版社，1987。

〔美〕费正清：《美国与中国》，张理京译，世界知识出版社，1999。

〔美〕弗朗西斯·福山：《政治秩序的起源——从前人类时代到法国大革命》，毛俊杰译，广西师范大学出版社，2012。

〔美〕卡尔·A. 魏特夫：《东方专制主义——对于极权力量的比较研究》，徐式谷等译，中国社会科学出版社，1989。

〔美〕陆威仪：《早期中华帝国：秦与汉》，王兴亮译，中信出版社，2016。

〔美〕路易斯·亨利·摩尔根：《古代社会》上册、下册，杨东莼、马雍、马巨译，商务印书馆，1977。

〔美〕塞缪尔·P. 亨廷顿：《变化社会中的政治秩序》，王冠华等译，三联书店，1989。

〔日〕宫本一夫：《从神话到历史：神话时代夏王朝》，吴菲译，广西师范大学出版社，2014。

〔日〕平势隆郎：《从城市国家到中华：殷周春秋战国》，周杰译，广西师范大学出版社，2014。

〔英〕安东尼·吉登斯：《民族—国家与暴力》，胡宗泽、赵力涛译，三联书店，1998。

〔英〕亨利·萨姆拉·梅因：《早期制度史讲义》，冯克利、吴其亮译，复旦大学出版社，2012。

〔英〕梅英:《古代法》,沈景一译,商务印书馆,1959。

〔英〕洛克:《政府论》(下),叶启芳等译,商务印书馆,1964。

〔英〕塞缪尔·E.芬纳:《统治史　卷一:古代的王权和帝国——从苏美尔到罗马(修订版)》,王震、马百亮译,华东师范大学出版社,2014。

后 记

我在自序中说到本书是因对长期和反复出现的社会和政治现象的观察和思考而设立的题目。

设题不易，解题更难，特别需要有一个宁静的环境。自 2015 年之后，我便自我放逐到学校里一栋非常僻静的房子。那是我 30 多年前刚成家时居住过的一栋旧房。之后，我的家庭和办公用房都有了很大改善。但这栋旧房的最大好处是宁静，可以摆脱俗务。有一天，上任不久的学校教务处处长到我办公室看望我，进门后差点哭了起来：大牌学者在如此狭小的办公室工作！他不理解，一个真正的学者不在乎办公室有多大，而在于有一个宁静的空间和一个宁静的心境。心灵空间比物理空间更为重要。我自我放逐前的办公室够大够气派的，可一部著作写了十年还未完成，直至进入这间小屋后才收尾。动手写作本书时，我下决心卸下所有的俗务，一心著述。所以我要特别感谢为我所营造的宁静小环境，使本书能够在这里出生。

人生往往从终点又回到起点。我刚进入学界时，过的是两点一线的生活，从学习的地方到休息的地方。写作本书时又进入这样一种生活状态。妻子一如既往地操持家务。所不同的是，她退休后有兴趣于历史，看了许多历史类图书。我们因此有了共同的兴趣和爱好，并成为交谈的对象。尽管她不是专家，但她提出的问题引发了我的思考，丰富了我的知识，给了我很多启发，成了生活和学术双伴侣。

　　一个好汉三个帮。我与执教学校的原社会科学处石挺处长相识30多年，从第一个项目的申报一直到他退休后，他对我及所在机构的工作给予了他力所能及的最大支持，我们亦兄亦友。校党委原书记黄晓玫多次光临我的"顿悟小屋"交流学科发展，她是一位十分难得的尊重学术、学者的领导。我的本科同学李建平，商界打拼有所成就，但非常关心母校和老同学，有深厚的学术情怀。中国社会科学杂志社的孙麾先生有广阔的学术视野和独特的学术眼光。十多年来，他一再鼓励我进行原创性研究，哪怕会遭遇学术争议。自2015年启动的"深度中国调查"以来，我走访了上百个村庄，与实地调查的师生们互动，收获甚大。学生助理帮助我处理了不少写作中的事宜。出版社的领导和编辑更是在各个方面给予了大量支持。在此一并致谢！

　　当然，也要感谢从各个角度关心我及所做学术的人，不同的声音会进一步激发和促使我的学术探究！一个人，一个机构，一个学者的学术观点，要得到所有人的称赞和同意，是永远不可能的，关键在于平和与开放的心态！

　　我运用田野调查的思维方式进行历史政治学研究，进入过多个考古现场，还原历史场景。进入历史思维通道之后，我的人生观有了很大改变。历史就是中国人的宗教。任何人在漫长的历史长河里，都不过是沧海一粟；任何事在漫长的历史长河里都不过是过眼烟云。没有什么放不下的，没有什么想不开的，也没有什么比做自己感兴趣的事更开心的。

　　在本书写作过程中的2019年，我的学术和人生经历遭遇了一系列未曾想象的事情。写作本书成为我重要的支撑力量。进入写作状态以后，仿佛这个世界不复存在。我曾经极端地认为，在世界上，只有两种人有可能做出大学问，一是中国的司马迁似的人物，世俗名位与他无关；二是歌德似的人物，贵族家庭衣食无忧的生活使他能专心致志仰望天空。但这只是一种想象。人生活在现实世界，必然会有各种遭遇。人生就是一个过程，谁也无法预知未来，更不必因为会出现各种遭遇而后悔。写作本书时阅读到顾准先生著作中的一句话，令我感受甚深，这就是："历史是没有什么可以后悔的"！当然，历史却是需要借鉴的。人毕竟不是历史的简单复制，还得要在历史的曲折中创造历史！

过了六旬之后，学术上有了积累，是真正出思想的时候，但身体状态与思想状态成反差，写作本书时，是以与生命赛跑的心态来进行的。本书计划是多卷本，但不知时间老人是否恩赐。所以我尽可能将自己的想法表达出来，可能来不及精雕细琢，希望批评指正。

这本书不是一本可以流行的书，但每当某一政治现象反复发生时，人们或许会记起曾经有过这样一本专题探讨这一机理的书。

谢谢社会科学文献出版社的友善、高效和谨严！

徐　勇

2019 年 6 月 19 日于武汉顿悟小屋

图书在版编目（CIP）数据

关系中的国家. 第一卷 / 徐勇著. -- 北京：社会
科学文献出版社，2019.10（2023.6 重印）

　　ISBN 978-7-5201-5446-8

　　Ⅰ. ①关… 　Ⅱ. ①徐… 　Ⅲ. ①国家-行政管理-研究
-中国 Ⅳ. ①D630.1

　　中国版本图书馆 CIP 数据核字（2019）第 184130 号

关系中的国家(第一卷)

著　　者 / 徐　勇

出 版 人 / 王利民
责任编辑 / 黄金平
责任印制 / 王京美

出　　版 / 社会科学文献出版社 · 政法传媒分社 （010）59367126
　　　　　　地址：北京市北三环中路甲 29 号院华龙大厦　邮编：100029
　　　　　　网址：www.ssap.com.cn
发　　行 / 社会科学文献出版社（010）59367028
印　　装 / 三河市东方印刷有限公司

规　　格 / 开　本：787mm × 1092mm　1/16
　　　　　　印　张：15　字　数：212 千字
版　　次 / 2019 年 10 月第 1 版　2023 年 6 月第 2 次印刷
书　　号 / ISBN 978-7-5201-5446-8
定　　价 / 98.00 元

读者服务电话：4008918866